# 常州文博论丛

## 2022年（总第8辑）

常州博物馆 编

文物出版社

图书在版编目（CIP）数据

常州文博论丛. 2022 : 总第 8 辑 / 常州博物馆编.
-- 北京 ： 文物出版社，2022.12
ISBN 978-7-5010-7880-6

Ⅰ．①常… Ⅱ．①常… Ⅲ．①文物工作－常州－文集
②博物馆－工作－常州－文集 Ⅳ．①K872.533.04-53
②G269.275.33-53

中国版本图书馆 CIP 数据核字(2022)第 224036 号

# 常州文博论丛

## 2022 年（总第 8 辑）

常州博物馆 编

责任编辑：张小舟
责任印制：张道奇
书名题签：谢稚柳
封面设计：程星涛

出版发行：文物出版社
社　　址：北京市东城区东直门内北小街 2 号楼
邮　　编：100007
网　　址：http://www.wenwu.com
经　　销：新华书店
印　　刷：常州报业传媒印务有限公司
开　　本：889mm×1194mm　1/16
印　　张：11.75
版　　次：2022 年 12 月第 1 版
印　　次：2022 年 12 月第 1 次印刷
书　　号：ISBN 978-7-5010-7880-6
定　　价：68.00 元

# 目　录

# 常州戚家村画像砖墓新探

◇ 黄督军

**内容提要**：常州戚家村画像砖墓发现于 20 世纪 70 年代，墓室内有大量模印的画像砖和花纹砖。根据发掘简报，墓葬形制为南朝时期特色，出土器物却带有唐、五代时期风格。报告发表以来，不同学者针对墓葬的年代和画像砖的艺术内涵展开讨论，但较少涉及墓葬形制和墓主人的研究。本文基于这一"旧材料"展开"新观察"，结合新的考古发现，推测墓葬年代为南朝萧梁时期，墓主人可能是齐高帝萧道成之孙，南朝梁史学家、书法家、文学家萧子云。

**关键词**：常州 戚家村 画像砖墓 齐梁时期

常州地处江南，襟江带湖，历史文化遗产丰富。春秋时期季子分封延陵，汉代为延陵县，六朝时先后置毗陵典农校尉、毗陵郡、晋陵郡等；隋代废晋陵郡设常州，隋炀帝建"毗陵宫"，隋末农民起义，地方割据势力沈法兴一度定都于此；唐代常州为全国"十望"之一，领晋陵、义兴、无锡、武进四县；五代十国时期，先后属杨吴、南唐及吴越国等势力；宋代以后一直为郡府所在地。

常州是一座"古今叠压"型城市，现代老城区自汉代延陵县始，一直作为郡、州、府治所在地，不同时期遗存彼此叠压，根据往年考古发现，沿大运河以南的兰陵-茶山地区是重要的古墓埋藏区。该区域因不同时期古墓密集，似若群山，加之这里是茶叶贸易的要道，因此得名"茶山"。

这一区域古墓的特点是不同时期的墓葬分布集中，年代跨度从春秋一直延续到明清时期。其中春秋、汉、六朝及隋唐时期墓葬多位于土墩或高地之上，宋代以后则往往位于土墩边缘或平地。本文所讨论的戚家村画像砖墓即位于常州古城以南茶山地区的古墓分布集中区(图一)。

**一、发掘概况**

戚家村画像砖墓位于常州市天宁区兰陵街道茶山社区原戚家村附近，1975 年冬在平整土地过程中被发现，1976 年考古人员对其进行了清理发掘。

根据发掘简报①，墓葬方向朝南，平面呈椭圆形，为单室砖室墓，由甬道及墓室组成 (图二)。甬道顶部为券顶，墓室顶部已倒塌，推测为穹隆顶。墓葬早年被破坏，封门墙用三顺一丁素面砖砌筑，甬道中间有长方形石柱和石门坎，推测原来有一道石门。墓室东、西、北壁为弧形，长 4.5、宽 3.06 米。墓壁西北角上悬砌一石辟邪，头朝墓里，尾露壁外。墓室中有四块长方形石板砌成棺台。墓葬甬道和墓室内壁面布满画像和花

图一　常州城南古墓葬分布示意图

1.许家村墓群,2.毛家坟墓群,3.朱夏墅墓群,4.南宋墓园,5.张抑墓园,6.沈家村墓群,7.船坊头墓群,8.桂花园墓群,9.慈墅村墓群,10.孙家村墓群,11.唐荆川墓,12.酱品厂汉墓,13.劳动东路汉墓,14.清潭体育场墓群,15.广成路明墓,16.兰陵宋墓,17.恽家墩墓群,18.褚家塘画像砖墓,19.野茅坟墓群,20.烈士陵园墓群,21.烈帝村隋墓,22.田舍村六朝墓,23.陈冾墓,24.王家村明墓,25.摇树村墓群,26.半月岛五代墓,27.名力纺织墓群,28.花园底明代白氏家族墓群,29.邓家村明墓,30.泰和之春墓群

纹砖,均为模印,共850余块,分39种内容,包括神仙鸟兽、世俗人物、花纹符号三类。神仙鸟兽包括"千秋万岁""飞天""天禄辟邪"、龙、虎、狮子、凤、凰、魌头等;世俗人物包括侍女、武士等形象;花纹符号类有花卉纹、几何纹、数字符号等,花卉纹以莲花和忍冬纹最为突出(图三)。

该墓早年遭到破坏,出土遗物包括石器、瓷器、铜器等,石器有石龟趺(背上有榫眼,推测为镶嵌墓志之用)、石凭几、石猪、石座等;瓷器数量较多,以青瓷为主,少量酱釉瓷器和白瓷器,器形有碗、盏、罐、壶、粉盒等,其中青瓷碗有三种,一种为玉璧形足,另一种为斜壁平底,还有一种为敞口大平底。铜器为铜钱,包括剪轮五铢和"大泉五十"。

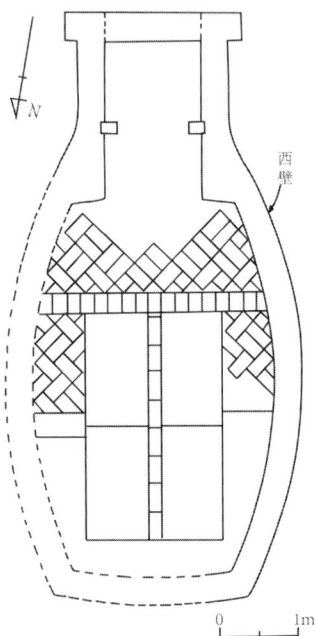

图二　戚家村画像砖墓平面图

图三　画像砖照片

戚家村画像砖墓的特殊之处在于,其墓葬形制具有明显南朝时期特征,而部分出土遗物却有唐代中晚期甚至五代时期风格,这就对墓葬时代的判定带来困扰。发掘者认为"墓中封门墙完整,没有拆动的痕迹,除瓷器外不见后代遗物,排除了二次葬的可能",而混杂在墓底的瓷器碎片因"墓底仅有很薄的一层淤土",推测是在"埋葬后不久就被破坏以致坍塌",因此其时代尚无法确定。而关于墓主人,认为其"生前应是豪华的门阀世族"。

## 二、研究综述

1979年常州戚家村画像砖墓简报发表以来,不同的学者从画像砖题材、墓葬形制以及年代进行了讨论。林树中在《常州画像砖墓的年代与画像砖的艺术》[②]一文中根据墓葬出土遗物和画像风格推断该墓年代为隋代或唐初。徐伯元、林志芳等在《江苏常州南郊画像、花纹砖墓》[③]简报中,公布了褚家塘和田舍村两座花纹砖墓的材料,该墓距戚家村画像砖墓不远,特别是田舍村画像砖墓,形制和出土遗物有很多相似性。谭杨吉[④]、姚律[⑤]、于成龙[⑥]等,分别从画像砖的艺术风格、图像主题思想和图像类型进行了研究。蒋天颖在《常州戚家村画像砖墓断代的新视角》[⑦]一文中,从墓葬形制的角度探讨了此墓的时代问题,根据墓葬"四隅券进"、甬道石门的设置、直棂假窗等都是隋唐墓所不具备的,时代应为南朝时期。此外,邵建伟[⑧]、张宣逸[⑨]等根据画像砖的题材,分别讨论了多元信仰和天禄纹的发展演变等问题。

综上所述,戚家村画像砖墓的主要学术焦点有:1.画像砖本身的内容、艺术特性和反映的文化内涵。2.墓葬的时代。关于前者的研究文章很多,后者仅少数学者探讨,而关于墓主人的身份的研究则少有人提及。

## 三、墓葬年代分析

墓葬年代判定有着诸多方法,最直接的是使用科技手段进行测年,采集墓葬中的炭、有机质、木质材料等可以获得相对精确的时间。戚家村六朝墓发掘距今已四十多年,囿于当时的技术条件,显然无法再开展测年工作。其次为地层学,该墓是被破坏后的抢救性发掘,墓葬地层信息已经无存,也无法使用此方法进行断代。因此,时代判定就要依托于考古学中的类型学分析。

判断一个墓葬的年代,在没有确切纪年材料情况下,往往使用类比分析的方法。作为对比研究的材料包括墓葬形制和出土遗物,但如果墓葬被破坏已经不是"原生"状态,那么首先要分析发掘的遗物与墓葬的关系,是否是后期混入的,因为我们往往根据墓葬中时代最晚的遗物作为推断墓葬年代的依据,但是这个"最晚",是指和墓葬本身共生的遗物,后期盗墓、破坏等混入的显然不具备判断墓葬年代的作用。回到戚家村画像砖墓来看,导致其年代无法确认的关键就是墓葬形制与出土遗物二者作为判定年代的依据,是否具备"原生性"。

发掘者在报告中认为出土遗物可以作为判断墓葬年代的依据,是因为"墓葬封土中未见混杂其他遗物。墓室顶部早已坍塌,墓底仅有很薄的一层淤土,在棺台四周的淤土中发现很多瓷器碎片。这说明此墓埋葬后不久就被破坏以致坍塌。墓中封门墙完整,没有拆动的痕迹。除瓷器外也未见后代遗物,这就排除了二次葬的可能性"这一叙述有以下论点:埋葬不久就被破坏,且不存在二次葬,墓底淤土中的瓷器碎片应当和墓葬同时,因此可以作为墓葬年代判定的依据。作为发掘者,显然更加了解现场情况。但也应注意到:1.淤土的厚薄不应作为墓葬坍塌年代的判定依据,因为该墓建于土墩上,地势较高,淤土的产生主要受地下水与泥土沉积的影响,不存在淤土薄就说明墓葬刚埋葬就坍塌的情况。2.封门墙完整也无法排除不存在二次葬。墓葬中封门是否未动过,还要结合地层、墓道等信息综合分析,某些情况下,将封门完全拆毁,二次葬后再重新封好的情况也是存在的,而且此墓甬道中有石门坎,但石门已无存,说明甬道处已经遭受破坏和

位移,因此也就无法保证墓葬的“原真性”。基于以上原因,墓葬中的随葬品是有可能后期混入的,不宜作为墓葬年代判断的依据。

那么对戚家村画像砖墓年代判定最直接的依据就是墓葬本身,包括墓葬形制、结构和画像砖。墓葬形制上,发掘者提出“这种椭圆形穹隆顶单室墓是常州地区南朝墓葬所常见的形式。墓室四角悬砌石辟邪,拱券式墓顶,墓壁三顺一丁式砌法,与南京西善桥南朝墓相似……画像砖、花纹砖的内容与邓县彩色画像砖也有很多共同之处”,这也是判断墓葬属于南朝时期的依据。蒋天颖关注到墓葬西壁(图四)砌法应为“四隅券进式穹隆顶”,这一砌法根

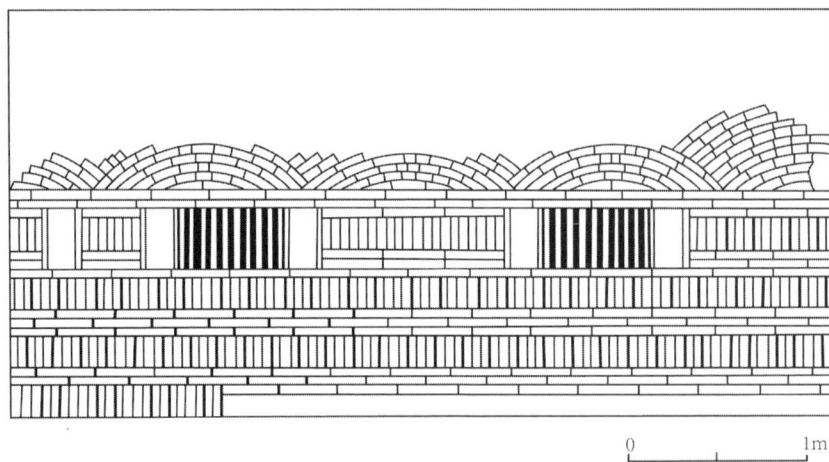

图四　戚家村画像砖墓西壁

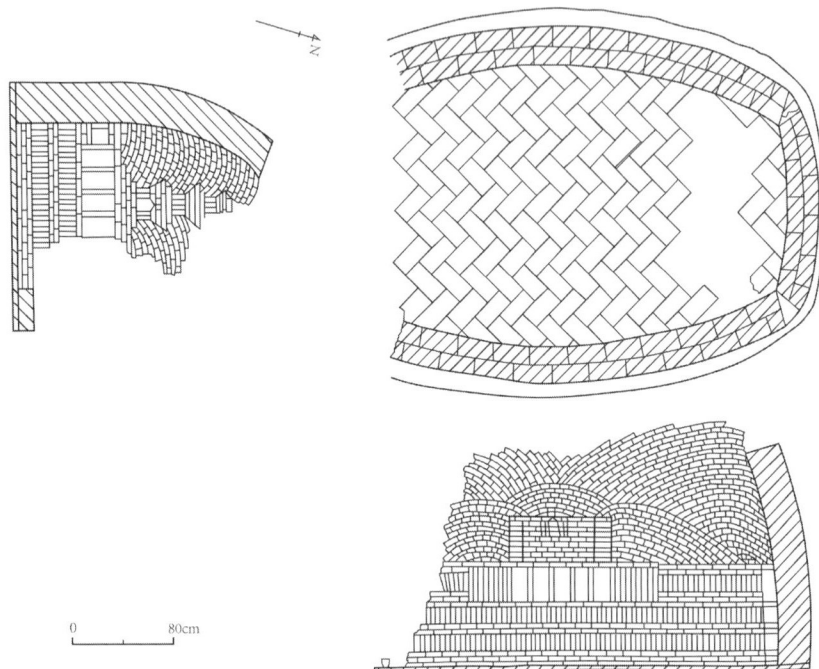

图五　余杭小横山 M13 平、剖面图

据韦正《六朝墓葬的考古学研究》中的研究,在汉末三国早期出现,东晋早期突然消失,主要流行于长江中下游地区。余杭小横山东晋南朝墓中也有此类墓葬发现,年代为南朝末期至隋初,特别是其中M13,与戚家村画像砖墓砌法类似(图五)。此外,甬道内石门柱和石门槛等,根据分析原来有一道石门,这一做法常见于南朝时期贵族墓葬,因此推断该墓应属南朝时期。

那么,除了上述的墓顶和石门两个因素之外,在墓葬形制上是否还有作为时代判定用于对比分析的材料?回到报告本身,我们注意到有以下几点:1.墓葬平面:椭圆形单室墓,墓壁呈弧形。2.砌法为三顺一丁。3.墓顶为穹隆顶(四隅券进式?)。4.墓壁装饰直棂假窗。5.墓葬四角有悬砌的辟邪—悬空灯台(羊角灯)。6.封门墙,甬道内有一道石门。7.墓室铺地砖为席纹(人字形)。8.石棺座:墓室中有四块长方形石板,中间嵌一条长砖,组成棺台。9.画像砖、花纹砖均为模印,浮雕且布局严格对称。10.有的墓砖侧面或端面有编号的数字,推测与拼接砖画有关。除此之外,可供研究的方面还有很多,受篇幅所限,本文主要从以上内容入手,分析墓葬的年代。

首先是平面呈椭圆形(或称酒瓶状)的砖室墓,有研究者称之为弧壁凸字形[10],这种类型墓葬在孙吴中期便已出现,如江苏溧阳孙吴凤凰元年墓[11],墓的结构分甬道、前室、过道和后室,后室中部略为弧出。主要流行于东晋晚期至南朝时期,如江苏南京六朝谢珫墓[12]、江苏丹阳胡桥南朝大墓[13]、南京西善桥油坊村南朝大墓[14]等,整体趋势是越往南朝后期,其墓壁的弧度越大。

其次墓葬的砌法为三顺一丁,这一砌法早在汉代便已出现,但大规模流行和使用是在东晋至南朝时期。戚家村画像砖墓发掘者认为是穹隆顶,有研究者根据其西壁的造型,结合余杭小横山M13对比,推测应为"四隅券进式",这一做法主要流行于孙吴中期至东晋时期,如南京江宁"天册元年"孙吴墓[15]、宜兴周墓墩西晋墓[16]、南京仙鹤观东晋墓M6[17]等,最晚的一例为江苏镇江东晋画像砖墓[18],为隆安二年(398)墓,此外,余杭小横山一批南朝至隋初墓葬也有此类做法出现。关于墓葬中装饰直棂假

窗,一般认为从东晋早期开始出现,与孙吴、西晋时期墓葬有着较为明显的区别,如南京北郊郭家山五号墓[19]、南京望江矶南朝墓[20]、南京西善桥宫山南朝壁画墓[21]等。戚家村画像砖墓的四壁转角有砌筑悬空的石辟邪,这一做法又被称为"羊角灯",这一做法是与"四隅券进式"起券方式密切关联的,主要流行于孙吴中期至西晋时期,如江宁上坊孙吴大墓[22]前、后室四角有牛首形灯台、南京市麒麟镇西晋墓在墓室内的四角距墓底高0.9米处,伸出半截砖作为灯台,清理时上面均发现有一件青瓷盏,但是这一做法到东晋、南朝时期已经比较少见。

关于甬道设门的情况,东晋主要流行木门,设置石门的做法主要流行于南朝中晚期,且均为贵族宗室墓葬,石门往往配合人字栱,有的墓葬设置有两道石门,如南京西善桥南朝大墓[23]、江苏丹阳胡桥南朝大墓[24]、南京尧化门南朝梁墓[25]、南京西善桥砖瓦厂南朝墓[26]、南京隐龙山南朝墓M1[27]、南京甘家巷蔡家塘1号南朝墓[28]等。墓葬中放置石棺座的做法仅见于南朝中期以后,两晋时期有砖砌的祭台和棺座,到南朝时期出现石质材料,而且这一做法仅见于南京及周边地区,一般用四块长方形石板两两拼接而成,作为放置棺木的棺座,如南京隐龙山南朝墓M1、南京郊区板桥镇南朝墓、南京梁桂阳王萧象墓[29]、南京郊区对门山南朝墓[30]等(图六)。

关于模印的画像砖,发掘者认为其内容与邓县彩色画像砖有很多共同之处,但不见出行图及故事性题材的砖画,就画像砖中人物形态分析,持剑武士、丫鬟、飞天等形象脸部趋于丰满,身体稍显肥硕,呈现了从南朝末向盛唐发展的过渡形态。就戚家村画像砖本身风格来说,与南朝时期画像砖墓相比确实有很大的差异。目前发掘的南朝时期画像砖墓主要集中于南京地区,一般齐梁时期帝陵装饰"竹林七贤与荣启期",宗室贵族装饰花卉、人物等图像,但对比发现,这些画像往往以模印线条拼接为主,与戚家村六朝墓的整体做法与形象似乎不太一样,正如刘卫鹏在《东晋南朝画像砖的继承与流变》[31]一文中所言:南朝时期画像砖的使用形成了两个中心区域,一个是以建康为核心,包括今南京、丹阳、常州、扬州等地,是六朝都城圈范围;另一个

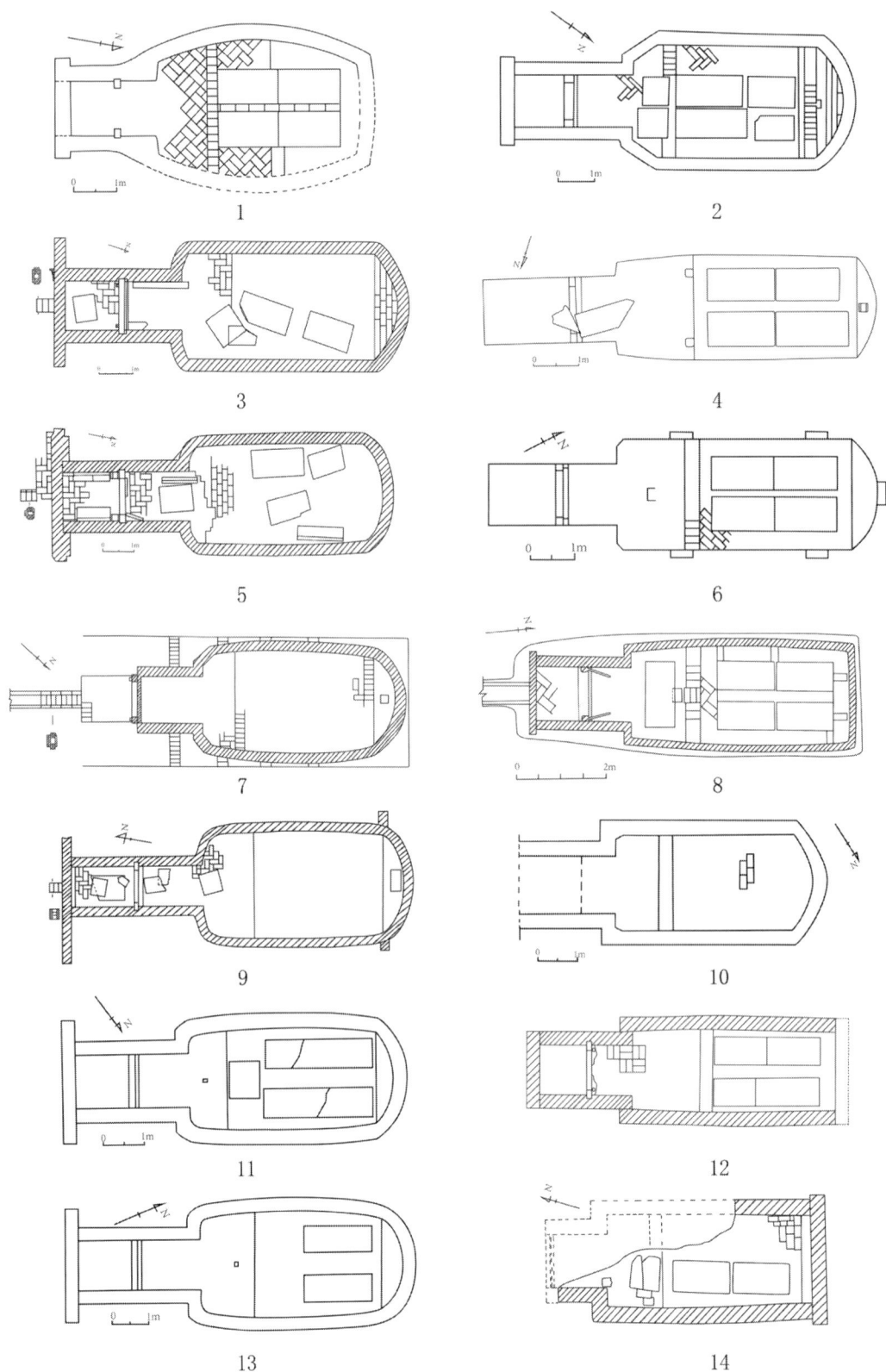

图六　同类型墓葬平面示意图

1.常州戚家村画像砖墓,2.南京蔡家塘 M1(始兴王萧澹?),3.南京桂阳王萧象墓,4.南京宫山南朝墓,5.南京尧化门南朝墓,6.南京对门山南朝墓,7.南京甘家巷 M6(萧秀？),8.南京东杨坊南朝墓,9.南京白龙山南朝墓(临川王萧宏),10.南京燕子矶梁普通二年墓,11.南京板桥南朝墓,12.南京隐龙山南朝墓 M2,13.南京仙鹤门南朝墓,14.南京西善桥南朝墓是以襄阳为核心的雍州,即今湖北襄阳、谷城、河南邓县等,这里是南北政权对立的前线,也是文化交流极为频繁的区域。南朝时期画像砖呈现出两个明显的特征,一是线刻的流行和广泛运用,二是浮雕的发展和创新,而长江下游地区南朝画像砖似乎存在由线条、半浮雕向高浮雕发展的趋势,年代越晚,浮雕画像越流行,这种变化一直延续至隋代。

综上分析,从墓葬形制到画像砖的风格特点,常州戚家村画像砖墓的年代应为南朝中晚期,大致相当于南朝萧梁时期。

**四、墓主人身份研究**

发掘简报中关于墓主人身份指出:"从墓葬形制、规模分析,墓主人生前应是豪华的门阀世族"。由于简报发表时间早,当时可以参考的相关墓例不多,随着之后数十年考古工作的开展,特别是南京

地区六朝墓葬材料的大量公布,为进一步深入了解戚家村画像砖墓墓主人的身份提供了新的资料。

戚家村六朝墓的特色比较鲜明:弧壁凸字形平面、甬道内有一道石门、由四块石板组成的石棺床、画像砖以及随葬品石质居多,如石凭几、石凭几、石俑等。通过查阅资料,墓葬的这些特征也见于南京市栖霞区东杨坊南朝墓[32]、梁朝桂阳王萧象墓[33]、南京蔡家塘一号墓[33]、南京甘家巷M4、M6和M30[35]、南京西善桥南朝墓[36]、南京西善桥宫山南朝墓[37]、南京西善桥油坊村南朝大墓[38]、南京尧化门南朝梁墓[39]、南京隐龙山南朝墓[40]、南朝梁桂阳王萧融夫妇墓[41]、南京白龙山南朝墓[42]、燕子矶梁墓、对门山南朝墓[43]、板桥南朝墓、仙鹤门南朝墓[44]、灵山南朝墓[45]、丹阳胡桥南朝大墓[46]等。对这些墓葬的对比分析如下(表一)。

**表一 部分南朝墓葬信息汇总表**

| 序号 | 名称 | 地点 | 墓室尺寸(米)(宽为最宽处) | 时代 | 墓主信息 |
|---|---|---|---|---|---|
| 1 | 戚家村画像砖墓 | 常州茶山 | 长4.5、宽3.06 | — | 门阀世族 |
| 2 | 东杨坊南朝墓 | 南京栖霞区 | 长5.02、宽2.12 | 宋晚齐早 | 官员或贵族 |
| 3 | 萧象墓 | 南京甘家巷 | 长6.48、宽2.96 | 南梁 | 桂阳王萧象 |
| 4 | 蔡家塘一号墓 | 南京甘家巷 | 长5.83、宽3.05 | 六朝晚期 | 始兴王萧憺? |
| 5 | 甘家巷M4、M6、M30 | 南京甘家巷 | 长约6.5、宽约3 | 南梁 | 萧秀家族 |
| 6 | 西善桥南朝墓 | 南京西善桥 | 长3.62、宽2.2 | 南梁 | 萧氏宗室勋贵 |
| 7 | 宫山南朝墓 | 南京西善桥 | 长6.85、宽3.1 | 南朝晚期 | 王侯一级 |
| 8 | 油坊村南朝大墓 | 南京西善桥 | 长10、宽6.7 | 南朝晚期 | 陈宣帝显宁陵? |
| 9 | 尧化门南朝墓 | 南京甘家巷 | 长6.2、宽3.48 | 南梁 | 萧统 |
| 10 | 隐龙山南朝墓 | 南京江宁隐龙山 | 长5.64、宽2.46 | 刘宋中晚 | 南朝刘宋宗室墓 |
| 11 | 萧融夫妇墓 | 南京甘家巷 | 长6.5上、宽3.15 | 南梁 | 桂阳王萧融 |
| 12 | 白龙山南朝墓 | 南京白龙山 | 长7.7、宽3.7 | 南梁 | 临川王萧宏 |
| 13 | 燕子矶梁墓 | 南京燕子矶 | 长5、宽2.35 | 普通二年 | 辅国将军 |
| 14 | 对门山南朝墓 | 南京尧化门 | 长5.9、宽2.44 | 南梁 | — |
| 15 | 板桥南朝墓 | 南京板桥 | 长5.16、宽2.42 | 南梁 | 萧梁宗室 |
| 16 | 仙鹤门南朝墓 | 南京仙鹤门 | 长5.84、宽2.9 | 南梁 | 萧梁宗室 |
| 17 | 灵山南朝墓 | 南京灵山 | 长5.8、宽2.9 | 南梁 | 萧梁宗室 |
| 18 | 胡桥南朝大墓 | 丹阳胡桥 | 长9.4、宽4.9 | 南齐 | 萧道生 |

根据上表所列,与戚家村画像砖墓形制相似的墓葬主要集中于南朝齐晚期至梁代,而又以梁代最为集中。墓主人主要以萧梁宗室或勋贵为主,其中判别墓主人身份差异一般有以下几个参考:1.墓葬

的规模大小(墓葬尺寸、形制等),2.是否有石门,3.是否有石棺座,4.随葬品中石质数量的多寡,5.是否有墓志,6.画像砖图像内容等。

针对墓葬尺寸与墓主人身份的对比,张科在

《南京地区南朝墓葬的阶层划分及相关问题》⑫一文中认为大致可以5、6.9、7.8、8.9和13米为界,将南京地区南朝墓葬分为六个阶层。其中戚家村六朝墓总长约6.9米,当为三品左右官员或宗室。当然,判断一座墓葬墓主人身份除了墓葬长度之外,还有许多其他依据,在地表墓园、石刻等反映等级的设施无存的情况下,根据墓葬的一些特色进行类比分析,有助于获得墓主人的一些信息。

从戚家村画像砖墓平面形制、石门、石棺座以及石墓志座(龟趺)等出土情况,结合墓葬的尺寸大小,大致推断墓主人与甘家巷M30(萧推?)、燕子矶普通二年(辅国将军)、板桥南朝墓(萧梁宗室)相一致,约为三品官员或皇族宗亲。从墓葬规模来看其地位显然要低于齐梁时期王一级的大墓,但从石门、石棺座等来看,又具备了宗室贵族墓葬的一些特点。

同时具备以上条件,又与常州(南朝时为晋陵郡)有关的人物经过查阅文献,南朝梁史学家、书法家、文学家、"三萧"之一,齐高帝萧道成之孙,豫章王萧嶷第九子的萧子云似乎有一定联系。

据《梁书》卷三十五,列传第二十九载:"子云字景乔,子恪第九弟也。年十二,齐建武四年,封新浦县侯,自制拜章,便有文采……七年,出为仁威将军、东阳太守……二年,侯景寇逼,子云逃民间。三年三月,宫城失守,东奔晋陵,馁卒于显灵寺僧房,年六十三。"可知萧子云为齐梁宗室成员,历任秘书郎,后迁太子舍人、司徒左长史、员外散骑常侍、国子祭酒、侍中、仁威将军、东阳太守、宗正卿等职,其品级与上述萧推(宁远将军、晋陵太守)、辅国将军等相当,并且因战乱亡故于常州。根据戚家村画像砖墓的形制和画像特点,较之其他同类型墓年代稍晚,这也与萧子云死亡的年代相符。

当然,以上仅为一说,墓主人也可能为其他宗室成员或勋贵大臣。

## 五、结语

常州戚家村画像砖墓的发掘距今已经过去45年,在这期间,相同形制的墓葬不断被发现,特别是南京地区以齐梁宗室贵族墓为代表的一批具备墓主人信息与年代特征的墓葬出土,为戚家村画像砖墓的研究提供了新的材料。

通过本文的梳理回顾,戚家村画像砖墓的年代当为南朝萧梁后期,墓主人为宗室成员或勋贵大臣,根据文献推测有可能为齐高帝萧道成的孙子,梁代史学家、文学家、书法家萧子云。

此外,在整理资料过程中,对南朝萧梁时期的宗室贵族墓葬有了一定的"观感",即这一时期王侯一级墓葬形制和随葬品比较接近,似乎有着统一的"模板":如弧边凸字形或椭圆形平面布局、甬道内石门以及石门顶部"人字栱"、石棺座、石贡台以及石质随葬品,包括石俑、石墓志、帐座等遗物,都可以作为判断墓主人身份等级的参考。相信随着考古工作的开展,六朝各个时期的墓葬类型与分期将更加明晰。

**注释:**

①骆振华、陈晶:《常州南郊戚家村画像砖墓》,《文物》1979年第3期,第32-41、97页。

②林树中:《常州画像砖墓的年代与画像砖的艺术》,《文物》1979年第3期,第42-45、48页。

③杨玉敏、夏星南、徐伯元、林志方:《江苏常州南郊画像、花纹砖墓》,《考古》1994年第12期,第1097-1103页。

④谭杨吉:《不羁的风范——从常州博物馆藏画像砖画看南朝艺术风格的转变》,《黑龙江史志》2013年第17期,第56-57页。

⑤姚律:《常州戚家村画像砖墓图像主题思想浅见》,《长江文化论丛》,南京大学出版社,2013年,第50-66页。

⑥于成龙:《馆藏戚家村南朝画像砖浅析》,《文物天地》2015年第11期,第21-24页。

⑦蒋天颖:《常州戚家村画像砖墓断代的新视角》,《常州文博论丛》第三辑,文物出版社,2017年,第28-33页。

⑧邵建伟:《常州南朝画像砖墓多元信仰主题阅读》,《南方文物》2019年第6期,第271-276、2、301页。

⑨张宣逸、杨蕴菁:《浅析常州天禄纹画像砖》,《文史杂志》,2020年第5期,第81-82页。

⑩韦正:《六朝墓葬的考古学研究》,北京大学出版社,2011年。

⑪汪遵国:《江苏溧阳孙吴凤凰元年墓》,《考古》1962年第8期,第412-413、10页。

⑫华国荣:《南京南郊六朝谢琉墓》,《文物》1998年第5期,第4-14、2页。

⑬南京博物院:《江苏丹阳胡桥南朝大墓及砖刻壁画》,《文物》1974年第2期,第44-56页。

⑭罗宗真:《南京西善桥油坊村南朝大墓的发掘》,《考古》1963年第6期,第291-300、290页。

⑮许长生、周维林:《南京江宁孙吴"天册元年"墓发掘简报》,《东南文化》2009年第3期,第26-31、129-131页。

⑯罗宗真:《江苏宜兴周墓墩古墓清理简报》,《文物参考资料》1953年第8期,第90-103页。

⑰王志高、张金喜、贾维勇:《江苏南京仙鹤观东晋墓》,《文物》2001年第3期,第4-40、91、97、2、1页。

⑱陆九皋、刘兴:《镇江东晋画像砖墓》,《文物》1973年第4期,第51-58、77页。

⑲周裕兴、张九文:《江苏南京北郊郭家山五号墓清理简报》,《考古》1989年第7期,第603-606、678、597页。

⑳马涛、张金喜、周维林、孙辰:《南京市麒麟镇西晋墓、望江矶南朝墓》,《南方文物》2002年第3期,第16-21页。

㉑罗宗真:《南京西善桥南朝墓及其砖刻壁画》,《文物》1960年第Z1期,第37-42页。

㉒王志高、马涛、龚巨平等:《南京江宁上坊孙吴墓发掘简报》,《文物》2008年第12期,第4-34、1页。

㉓罗宗真:《南京西善桥油坊村南朝大墓的发掘》,《考古》1963年第6期,第291-300、290页。

㉔南京博物院:《江苏丹阳胡桥南朝大墓及砖刻壁画》,《文物》1974年第2期,第44-56页。

㉕霍华:《南京尧化门南朝梁墓发掘简报》,《文物》1981年第12期,第14-23页。

㉖南京博物院:《南京西善桥南朝墓》,《东南文化》1997年第1期,第61-65页。

㉗王志高、邵磊、许长生、张金喜:《南京隐龙山南朝墓》,《文物》2002年第7期,第41-58页。

㉘金琦:《南京甘家巷和童家山六朝墓》,《考古》1963年第6期,第303-307、318、6页。

㉙陆建方、王根富:《梁朝桂阳王萧象墓》,《文物》1990年第8期,第33-40、29页。

㉚魏正瑾、阮国林:《南京郊区两座南朝墓清理简报》,《文物》1980年第2期,第24-30页。

㉛刘卫鹏:《东晋南朝画像砖的承继与流变》,《厦门大学学报（哲学社会科学版）》2018年第1期,第140-147页。

㉜祁海宁、张金喜:《南京市栖霞区东杨坊南朝墓》,《考古》2008年第6期,第36-42、2页。

㉝陆建方、王根富:《梁朝桂阳王萧象墓》,《文物》1990年第8期,第33-40、29页。

㉞金琦:《南京甘家巷和童家山六朝墓》,《考古》1963年第6期,第303-307、318、6页。

㉟南京博物院、南京市文物保管委员会:《南京栖霞山甘家巷六朝墓群》,《考古》1976年第5期,第316-325、351-356页。

㊱南京博物院:《南京西善桥南朝墓》,《东南文化》1997年第1期,第61-65页。

㊲姜林海:《南京西善桥南朝墓》,《文物》1993年第11期,第19-23页。

㊳罗宗真:《南京西善桥油坊村南朝大墓的发掘》,《考古》1963年第6期,第291-300、290页。

㊴霍华:《南京尧化门南朝梁墓发掘简报》,《文物》1981年第12期,第14-23页。

㊵王志高、邵磊、许长生、张金喜:《南京隐龙山南朝墓》,《文物》2002年第7期,第41-58页。

㊶阮国林:《南京梁桂阳王肖融夫妇合葬墓》,《文物》1981年第12期,第8-13、98页。

㊷王志高、贾维勇:《江苏南京市白龙山南朝墓》,《考古》1998年第12期,第46-52页。

㊸魏正瑾、阮国林:《南京郊区两座南朝墓清理简报》,《文物》1980年第2期,第24-30页。

㊹易家胜:《南京郊区两座南朝墓》,《考古》1983年第4期,第328-333、390页。

㊺邵磊:《南京市灵山南朝墓发掘简报》,《考古》2012年第11期,第52-61、112页。

㊻南京博物院:《江苏丹阳胡桥南朝大墓及砖刻壁画》,《文物》1974年第2期,第44-56页。

㊼张科:《南京地区南朝墓葬的阶层划分及相关问题》,《中国国家博物馆馆刊》2021年第11期,第6-23页。

(作者单位:常州市考古研究所、南京大学历史学院)

# 浙江长兴白阜村土墩墓发掘简报

◇ 长兴县博物馆

**内容提要:** 2019年7月,在浙江省湖州市长兴县画溪街道白阜村抢救性发掘了三座土墩墓,其中2019CBD3M1属于典型的石床型土墩墓,一墩一墓形式,时代约为西周中晚期。虽然土墩破坏严重,但墓葬保存完整,出土了西周时期印纹硬陶罐、原始瓷豆、原始瓷碗、陶鼎等一批重要器物,对研究南方地区商周时期墓葬形制、丧葬习俗等方面具有较高参考价值。

**关键词:** 长兴 土墩墓 原始瓷 印纹硬陶

长兴县地处浙江省北部,长江三角洲杭嘉湖平原,太湖西南岸,苏浙皖三省交界。地势上属于浙北低山丘陵向太湖西岸平原过渡的地区,地势西高东低。春秋时属吴,吴王阖闾使弟夫概筑城于此,城狭长,名长城。后属越,越为楚所灭,遂属楚。

2019年7月,长兴县博物馆在对浙江省湖州市长兴县画溪街道五青线道路拓宽工程沿线考古调查时,发现白阜村北侧路段拓宽范围内有三座土墩墓(图一)。鉴于三座土墩墓均已遭到较严重的破坏,长兴县博物馆立即组织工作人员对其进行了抢救性考古清理,发掘清理工作自2019年8月8日开始,至8月15日结束。现将墓葬的发掘情况简报如下:

**一、墓葬形制**

经过考古调查和勘探,共发现三座土墩墓,编号分别为2019CBD1、2019CBD2、2019CBD3(简称D1、D2、D3)。三座土墩墓均位于白阜村北侧山脚缓坡地带,其中D1和D2位置临近,D3相距稍远(图

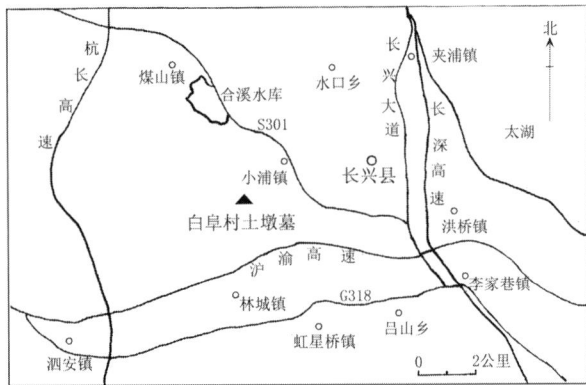

图一 白阜村土墩墓地理位置图

二)。D1和D2均已严重破坏,土墩和墓葬形制不明,仅出土少量陶片,本文不再叙述。D3因早期破坏,封土形制难以辨识,在清理过程中发现墓葬一座,编号2019CBD3M1(简称D3M1)。D3土墩土质较为致密,土色为黄褐色,其中夹杂少量白膏土。D3M1位于土墩中心区域,表土以下约25厘米。墓葬为长方形石床墓,石床长约3米,宽约1.7米。墓葬大致呈东西向,方向246度。石床由大小不一的

石块铺垫在略加平整的地表上而成,北侧部分已被破坏,石块缺失。随葬器物集中摆放于墓葬东西两端。石床上除随葬器物外,未见葬具及人骨骼痕迹(图三、四)。

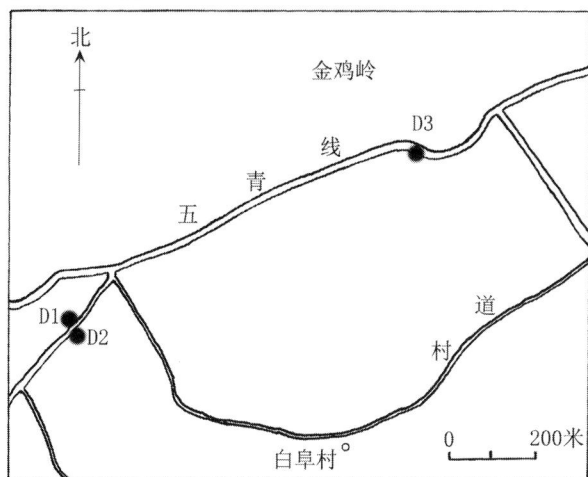

图二　白阜村土墩墓分布示意图

图三　D3M1全景(由南向北摄)

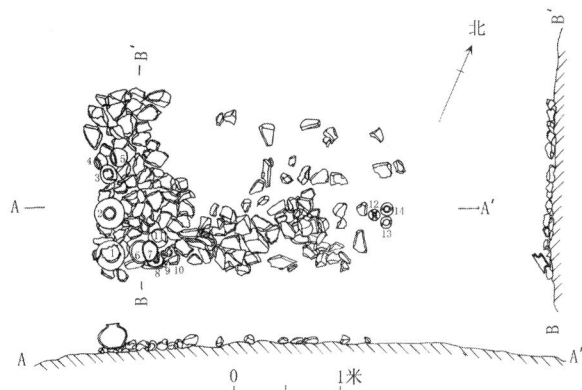

图四　D3M1平、剖面图

1—5、12—14.印纹硬陶罐,6—8、10.原始瓷豆,9.原始瓷碗,11.夹砂陶鼎

**二、出土器物**

D3M1共出土器物14件,其中印纹硬陶器8件,原始瓷器5件,夹砂陶器1件。

(一)印纹硬陶器8件,均为陶罐,依照形制大小,可分为大罐2件,小罐6件。

D3M1:1,大罐,口微敛,短颈,圆肩鼓腹,平底。口沿和底部残,肩部有双弦状半环耳一对,其中一耳残缺。颈部和腹部饰有数道细密弦纹,腹部拍印复线菱形纹和回纹。胎壁较厚,质地较粗。通高23.8厘米、口径10.8厘米、底径17厘米(图五、六)。

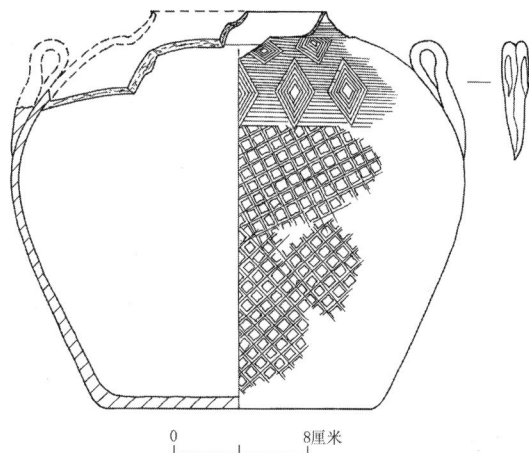

图五　D3M1:1

图六　D3M1:1

D3M1:2,大罐,口微敛,短颈,圆肩鼓腹,平底。口沿和底部残,肩部有双耳,均残缺。颈部和腹部饰有数道细密弦纹,腹部拍印复线菱形纹和回纹。胎壁较厚,质地较粗。通高21.4厘米、口径11.6厘米、底径18.8厘米(图七、八)。

D3M1:3,小罐,口微敛,短颈,扁鼓腹,平底略内凹,底端略外撇,不规整。口沿略残,肩部有双耳一对,均已缺失。颈部和腹部饰有细密弦纹,腹部拍印复线菱形纹。胎壁较厚,质地较粗。通高9.6厘米、口径9.8厘米、底径13.2厘米(图九、十)。

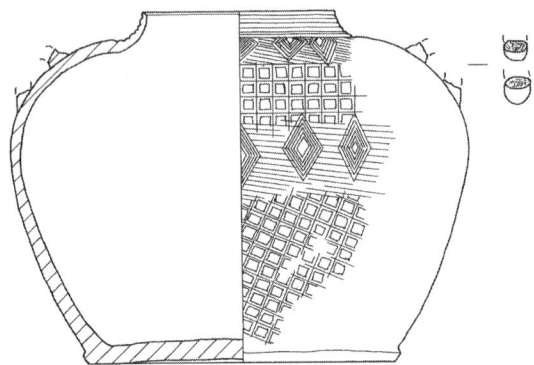

图七　D3M1∶2

图八　D3M1∶2

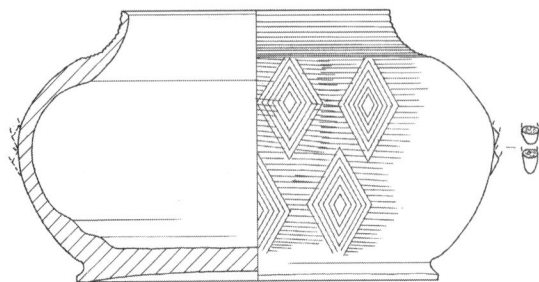

图九　D3M1∶3

图十　D3M1∶3

D3M1∶4,小罐,口沿略残,口沿外撇,短颈,扁鼓腹,平底略内凹,底部不规整。颈部有数道弦纹,腹部饰有密集曲折纹。胎壁较厚,质地较粗。通高9.5厘米、口径10.2厘米、底径12.4厘米(图十一、十二)。

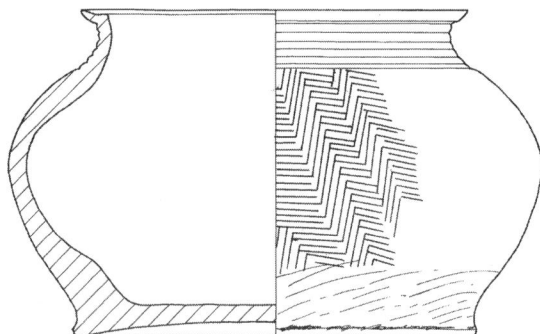

图十一　D3M1∶4

图十二　D3M1∶4

D3M1∶5,小罐,口沿残缺,口沿外撇,短颈,扁鼓腹,平底略内凹,底部不规整。颈部有数道弦纹,腹部饰有密集曲折纹。胎壁较厚,质地较粗。通高9.4厘米、口径11.3厘米、底径11.8厘米(图十三、十四)。

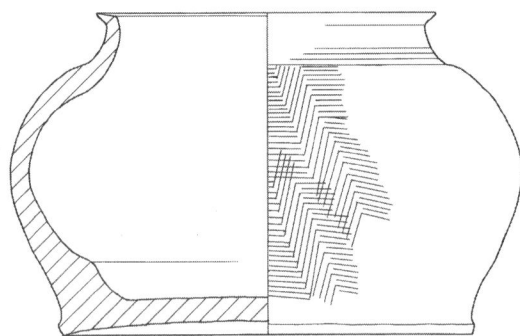

图十三　D3M1∶5

图十四　D3M1:5

D3M1:12，小罐，口微敛，短颈，扁鼓腹，平底略内凹，底端略外撇，不规整。颈部有数道细密弦纹，腹部拍印折线纹，自肩至底堆塑四条锯齿状扉棱。胎壁较厚，质地较粗。通高 6.8 厘米、口径 4.4 厘米、底径 8.4 厘米(图十五、十六)。

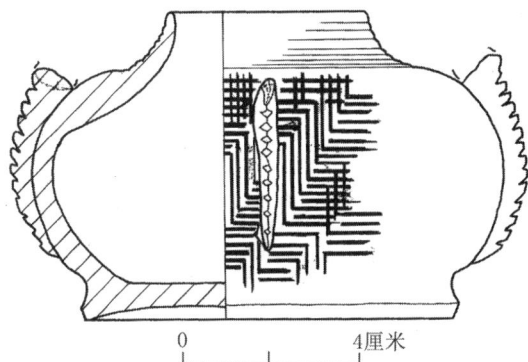

图十五　D3M1:12

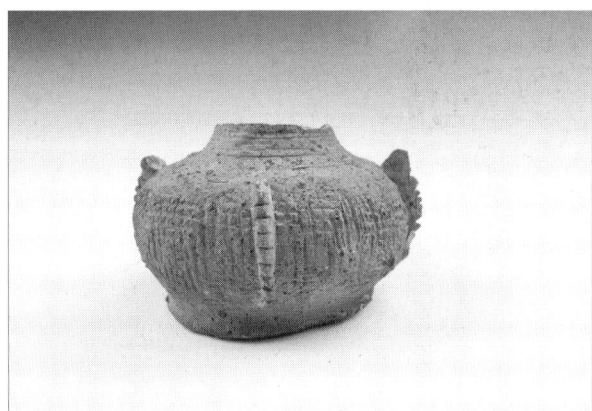

图十六　D3M1:12

D3M1:13，小罐，口微敛，短颈，扁鼓腹，小平底，底端略外撇，不规整。口沿和底部残，肩部有双弦状半环耳一对。颈部和腹部饰有数道细密弦纹，腹部拍印复线菱形纹。胎壁较厚，质地较粗。通高 6 厘米、口径 6 厘米、底径 7.8 厘米(图十七、十八)。

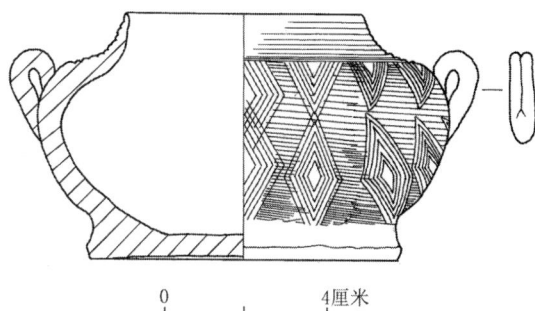

图十七　D3M1:13

图十八　D3M1:13

D3M1:14，小罐，口微敛，短颈，扁鼓腹，小平底，底端略外撇，不规整。口沿略残，肩部有双弦状半环耳一对。颈部和腹部饰有数道细密弦纹，腹部拍印复线菱形纹。胎壁较厚，质地较粗。通高 5.8 厘米、口径 6.6 厘米、底径 7.5 厘米(图十九、二十)。

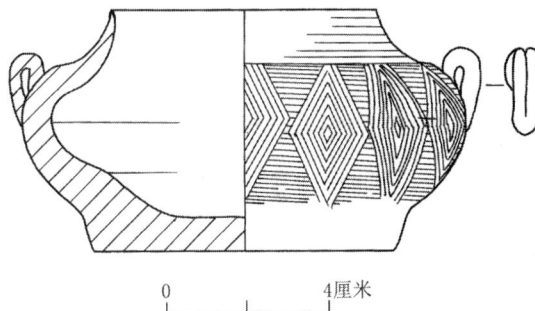

图十九　D3M1:14

图二十　D3M1:14

(二)原始瓷器5件,其中豆4件,碗1件。

D3M1:6,原始瓷豆,侈口,折腹,喇叭形把,肩部有四道线弦纹,弦纹中间饰有短斜线纹。胎壁较薄,胎色泛白,质地较细并杂有较粗的颗粒。内壁施满釉,外壁施釉至把上端,釉层较薄且亮度较弱。釉色为较淡的暗青色。通高6.3厘米、口径13.7厘米、底径9厘米(图二十一、二十二)。

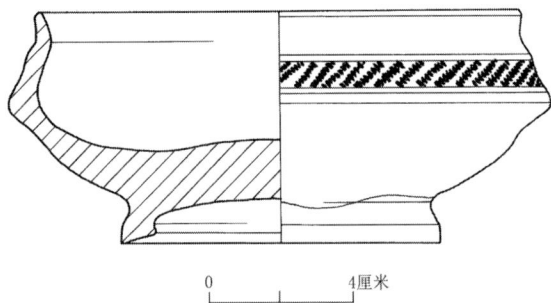

图二十一　D3M1:6

图二十二　D3M1:6

D3M1:7,原始瓷豆,口沿和底略残,直口,折腹,喇叭形把,外壁口沿下有三道凹弦纹。胎壁较薄,胎色灰白,质地较粗。内壁施满釉,外壁施釉至把上端,釉色较浅,大致呈黄绿色。通高5.7厘米、口径12.8厘米(图二十三、二十四)。

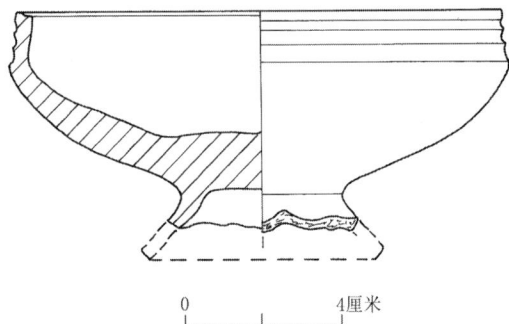

图二十三　D3M1:7

图二十四　D3M1:7

D3M1:8,原始瓷豆,口沿和底略残,侈口,折腹,喇叭形把,口沿和肩部均有细密的弦纹。胎壁较薄,胎色灰白,质地较细并杂有较粗的颗粒。内外壁均不施釉。豆底有刻划符号。通高5.6厘米、口径14.8厘米、底径6.3厘米(图二十五、二十六)。

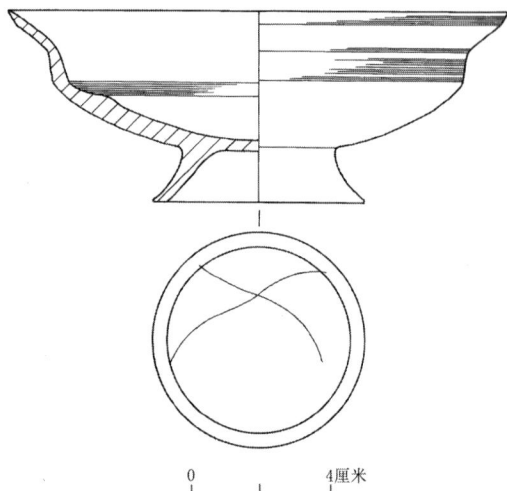

图二十五　D3M1:8

图二十六　D3M1:8

D3M1:10,原始瓷豆,口沿和底略残,侈口,折腹,喇叭形把,肩部有细密的弦纹。胎壁较薄,胎色灰白,质地较细并杂有较粗的颗粒。内外壁均不施釉。通高4.2厘米、口径8.6厘米、底径4.6厘米(图二十七、二十八)。

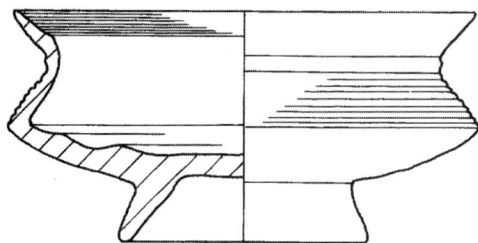

图二十七　D3M1:10

图二十八　D3M1:10

D3M1:9,原始瓷碗,口沿略残,直口,折腹,矮圈足外撇,口沿和外壁有数道凹弦纹。胎壁较厚,胎色灰白,质地较粗。内外均施满釉,釉色较浅,大致呈黄绿色。通高4厘米、口径8.4厘米、底径4.9厘米(图二十九、三十)。

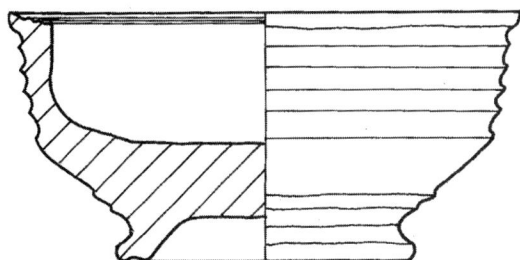

图二十九　D3M1:9

图三十　D3M1:9

(三)夹砂陶器1件,为陶鼎。

D3M1:11,陶鼎,略残,口内敛,扁圆腹,圜底,小矮足。胎质较为疏松,为红褐色夹砂陶。通高10厘米、口径12厘米(图三十一、三十二)。

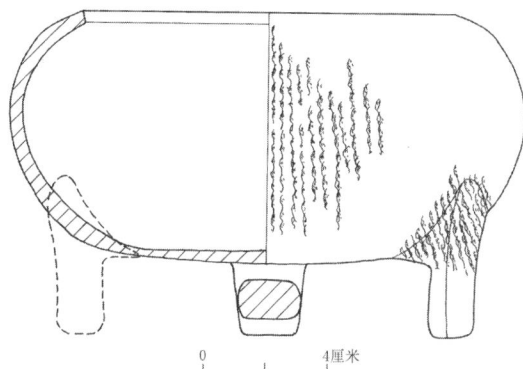

图三十一　D3M1:11

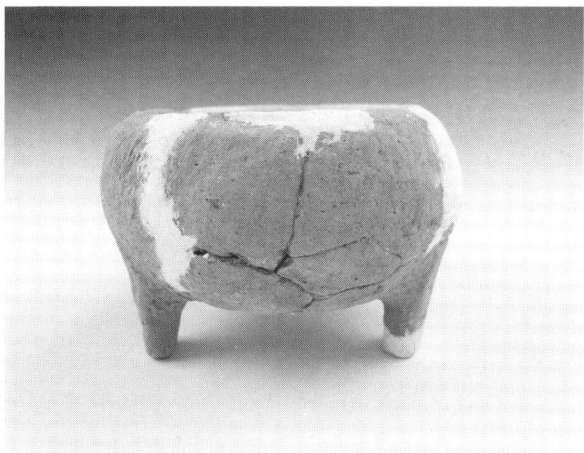

图三十二　D3M1:11

三、结语

土墩墓是商周时期广泛流行于古代吴、越地区的一种特殊墓葬形式,主要分布在今江苏南部、浙江大部及皖南部分地区，尤其在宁镇地区和环太湖地区分布密集。石床型土墩墓最早出现于西周早期，它的出现与抬高墓葬底平面，利于更好的防水防潮的意图密不可分。具体表现为墓底有明确界定墓葬平面范围的石结构墓床，随葬器物多见于石床平面上，石床平面均为长方形，大多用一层小石块或卵石紧密平铺。石床型土墩墓延续时间不是很长，主要流行于西周时期，与其他类型的土墩墓并行发展，到春秋早、中期，该类型土墩墓逐渐消失①。石床型土墩墓在浙江、江苏等地发现数量较多，例如浙江长兴石狮 D1M2 和 M6、D3M1、D4M6②，浙江德清独仓山 D2M1③，浙江衢州西山土墩墓④，江苏大港烟墩山 M2⑤，江苏句容浮山果园一号墩 M11 和 M12⑥等，时代涵盖西周早期至春秋早期。白阜村土墩墓 D3M1 属于典型的石床型土墩墓，且为一墩一墓形式。其形制与德清独仓山 D2M1 石床墓最为相近，独仓山 D2M1 年代约为西周中晚期。

白阜村土墩墓 D3M1 出土器物多为印纹硬陶器和原始瓷器，印纹硬陶均为罐类器，原始瓷多为豆类器。从随葬品组合看，印纹硬陶器和原始瓷器始终是土墩墓较为稳定的组成部分，且占据主要部分。这一特点在浙江全省及太湖北岸的苏州、常州、无锡等地区土墩墓出土的随葬品反映一致。而以德清独仓山与南王山土墩墓为例，随葬器物中印纹硬陶器和原始瓷器占比 90% 以上⑦。白阜村土墩墓 D3M1 出土的印纹硬陶器和原始瓷器与长兴便山土墩墓⑧第一期(年代约为西周中晚期)出土器物有诸多相似之处，如印纹硬陶罐 D3M1:1、D3M1:2 与长兴便山 D408:13、D407:6 形制近似，器表均饰弦纹、复线菱形纹和回纹，线条粗壮，印痕较深；印纹硬陶罐 D3M1:5 与长兴便山 D494 下:18 形制近似，器表均饰弦纹和折线纹；原始瓷豆 D3M1:10 与长兴便山 D494 下:24 等形制近似，豆盘口沿及腹部均饰大量细密弦纹。此外，印纹硬陶罐 D3M1:12 器表竖向锯齿状扉棱装饰与德清南王山 D1M1:1、7、8、9 形制近似；原始瓷豆 D3M1:8 豆底十字交叉状刻划符号与德清独仓山 D7M1 原始瓷碟 D7:21、D9M3 原始瓷碗 D9:49 较为一致；原始瓷碗

D3M1:9 与德清独仓山 D2M1:10 形制近似，器表均饰较粗弦纹。德清南王山 D1M1、德清独仓山 D2M1 时代约为西周中晚期，德清独仓山 D7M1 和 D9M3 时代约为春秋早期⑨。

通过墓葬形制和随葬器物综合对比，推断白阜村土墩墓 D3M1 年代大致为西周中晚期。虽然白阜村土墩墓的规模不大，但其墓葬形制和出土器物等方面较为典型，为研究南方地区商周时期墓葬形制、丧葬习俗等方面提供了新的资料。

发掘人员：孟国平、何炜、钱斌等

摄影：钱斌、王晓

绘图：钱斌、景纪魁

执笔：钱斌、程晓伟、何炜

**注释：**

①浙江省文物考古研究所编著：《浙江考古(1979-2019)》，文物出版社，2019 年，第 228-245 页。

②浙江省文物考古研究所：《浙江长兴县石狮土墩墓发掘简报》，载《浙江省文物考古研究所学刊(1980-1990)》，科学出版社，1993 年，第 170-184 页。

③浙江省文物考古研究所、德清县博物馆编著：《独仓山与南王山：土墩墓发掘报告》，科学出版社，2007 年。

④金华地区文管会：《浙江衢州西山西周土墩墓》，《考古》1984 年第 7 期。

⑤江苏省丹徒考古队：《江苏丹徒大港土墩墓发掘报告》，《文物》1987 年第 5 期。

⑥镇江市博物馆浮山果园古墓发掘组：《江苏句容浮山果园土墩墓》，《考古》1979 年第 2 期。

⑦浙江省文物考古研究所、德清县博物馆编著：《独仓山与南王山：土墩墓发掘报告》，科学出版社，2007 年，第 113 页。

⑧浙江省文物考古研究所：《浙江长兴县便山土墩墓发掘报告》，载《浙江省文物考古研究所学刊(1980-1990)》，科学出版社，1993 年，第 128-169 页。

⑨浙江省文物考古研究所、德清县博物馆编著：《独仓山与南王山：土墩墓发掘报告》，科学出版社，2007 年。

# 宁夏固原南郊水厂汉墓发掘简报

◇ 宁夏回族自治区文物考古研究所

**内容提要**：2015 年 4 月，为配合宁夏中南部城乡饮水安全连通工程原州区南郊水厂及总管工程项目，宁夏回族自治区文物考古研究所在工程用地范围内进行了抢救性发掘，共发掘了 5 座汉墓，其形制完整，出土物丰富，为研究固原地区汉代丧葬习俗提供了资料。
**关键词**：固原 汉墓 天井

南郊水厂墓地位于原州区开城镇小马庄村西北侧边缘（图一），墓葬分布在拟建水厂西南、西北50-2400 米处的黄土塬地，现地表为耕地，墓葬封土多在机修梯田中挖毁，墓区周边地势较为平坦。2015 年 4 月为配合宁夏中南部城乡饮水安全连通工程原州区南郊水厂及总管工程项目的实施，宁夏回族自治区文物考古研究所在该区域进行考古发掘，现将发掘的五座汉墓简报如下。

## 一、M23

M23 位于南郊水厂墓地发掘区西北部，西邻M24，两墓相距 26 米。该墓为坐北朝南的斜坡墓道单室土洞墓，方向 160°。平面呈"中"字形，由墓道、天井、封门及墓室四部分组成，全长 14.74 米（图二）。

墓道位于墓葬南端，开口于②层扰土层下。水平方向长 9.34、宽 1.3-1.5 米，墓道墙壁上残存工具痕迹，工具痕呈斜凹三角长条状，这种竖向紧密排列的脊状处理方法，类似于给墙壁加上筋骨，能起到加固壁面、防止垮塌的作用。墓道底呈斜坡

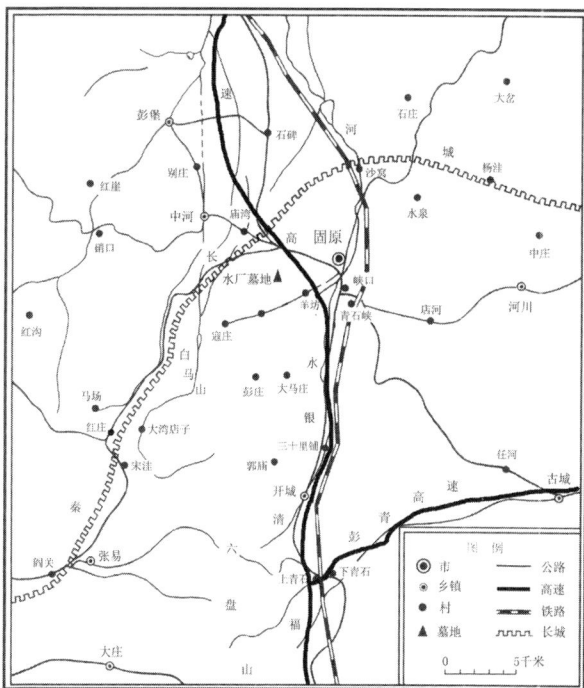

图一 固原南郊水厂墓地位置图

状，全长 10.2 米。天井位于墓道与墓室之间，开口距地表 0.5 米。平面呈横长方形，南北宽 1.7、东西长 2.0 米，最深处距地表 4.25 米。天井东西壁北端

在高约 1.6 米处各掏挖一窝,用以安插门楣。天井北侧壁下为木封门,封门整体呈方形,由门框、门扇、门楣等部分组成,通高 1.6 米、宽约 2.0 米。墓室位于整个墓葬的最北端,为长方形土洞室,北端 0.3 米略向外扩,东、西、北三面墙壁竖直,从后部残存的墓顶及墓壁等情况推测,可能为拱形顶。墓室长 3.7 米,墓壁高约 2、宽 1.7 米。

葬具为一椁一棺,均已腐朽,但朽痕清晰。木椁平面呈长方形,挡板已腐蚀成黑褐色颗粒状灰烬,椁长 3.68、宽 1.66、残高 0.5 米,椁板厚 0.04 米。木棺平面呈梯形,棺长 2.16、南宽 1.32、北宽 1.24、残高 0.3、板厚 0.08 米。棺内人骨一具,仰身直肢,头向南、面向上,初步推测墓主为一约 55 岁的男性个体。

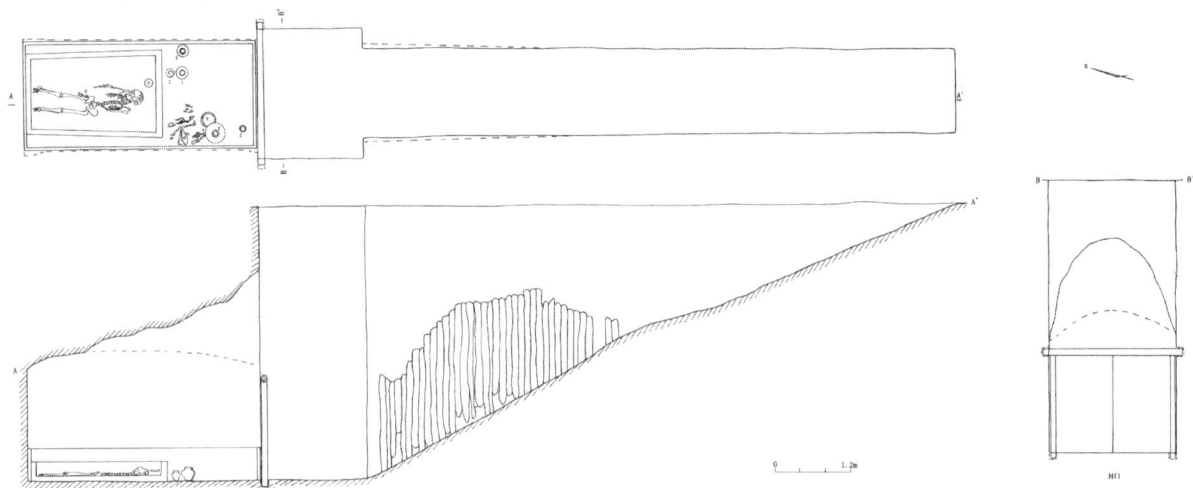

图二　M23 墓葬平、剖面图

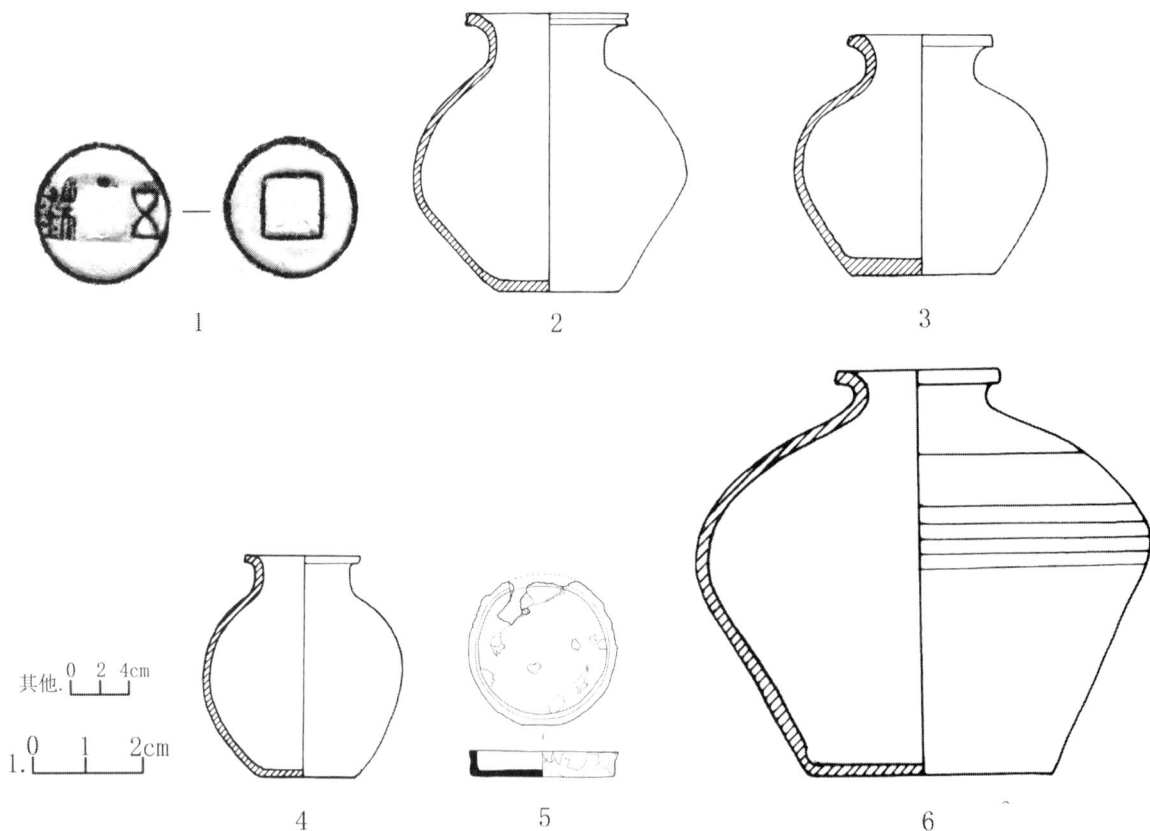

图三　M23 出土器物

1.五铢钱(M23:11),2.陶罐(M23:3),3.陶罐(M23:1),4.陶罐(M23:2),5.铁灯(M23:7),6.陶罐(M23:4)

遗物共计11件,其中陶器4件,均为陶罐,铁灯1件,铜钱4枚,漆盘2件。遗物有陶罐、铁灯、铜钱币、漆器。

陶罐 4件。均泥质灰陶,轮制。M23:1,直口,平沿,方厚唇,束颈,圆肩,鼓腹,下腹斜弧收,平底,口径12、腹径20、底径10、通高20厘米(图三:3)。M23:2,口微残,直口微侈,平沿,沿面略微下凹,方唇,束颈,短斜肩,鼓腹,下腹弧收,平底,肩部四道凹弦纹,口径7、腹径13、底径5、通高15厘米(图三:4)。M23:3,侈口,平沿略内斜,双唇,束颈,溜肩较长,腹鼓尖,下腹斜收急快,平底,口径12、腹径20、底径11、通高18厘米(图三:2)。M23:4,器形较大,胎壁厚重,大腹小口。侈口,窄沿略内斜,方厚唇,短颈,广肩,鼓腹上饰一周麦粒状绳纹,口径11、腹径32、底径12、通高30厘米(图三:6)。

铁灯 1件(M23:7)。圆形,直口,方唇,盏内面平,中部为一灯芯,平底,底部小锥形足支立,锥面0.5厘米,足底尖,足高0.5、口径约10、底径10厘米,高约3厘米(图三:5)。

铜钱 4枚。M23:8,钱文不甚清晰。正面有外郭而无内郭,穿下一短横,背面穿郭皆具,“五”字交笔弯曲,“铢”字笔画模糊。钱径2.45、穿径1、边郭厚0.15厘米,重3.7克。M23:9,钱径2.5、重3.7克。标本M23:10,宽0.1厘米,背穿有郭,面穿无郭,“五”腐蚀严重,“铢”字金字头呈三角形,朱字上下方折。钱径2.5、穿径1.1、边郭厚0.2厘米,重2.9克。M23:11,钱文深峻清晰。正面穿上一星,“五”字交弯曲,“铢”字金字头呈箭镞形,朱字上方下圆。钱径2.5、穿径1、边郭厚0.2厘米,重4.4克(图三:1)。

二、M24

M24位于南郊水厂墓地发掘区西北部,西北与M25相距55米,东与M23相距26米。

该墓为坐东朝西的单室土洞墓,平面呈“甲”字形。由墓道、甬道、封门及墓室组成,墓向260°,墓葬全长16.9米(图四)。

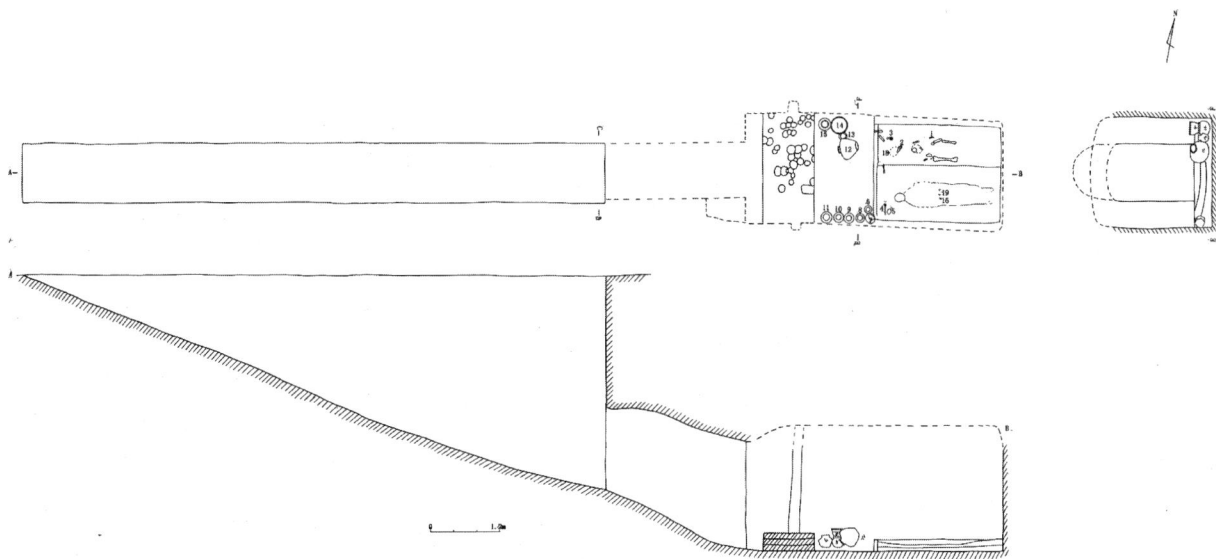

图四 M24墓葬平、剖面图

墓道位于整个墓葬西端,开口于②层下,平面呈长方形,口底同大,全长10、宽1米。墓道斜坡底,坡长10.6米,坡度30°,深约4.4米。甬道位于墓道与墓室之间,平面呈长方形,全长2.4米,拱形顶过洞宽0.94,进深2.4、东高1.4、西高1.8米。

封门位于墓室西端,仅存底部夯土门槛和两侧安放门框的门槽。门槛平面呈横长方形,南北长1.8、东西宽0.9、高0.3米,分层夯筑。

门槽位于墓室南北墙壁上,槽宽0.16、北壁门槽进深0.2、南壁门槽进深0.12、残高1.7米,门槽接近垂直。墓室位于墓葬东端,为纵向的长方形土洞,全长4.4米,宽1.84–1.86、残高1.7米。墓室分为东西两部分,西部为放置陶罐等随葬品的空间,墓室东部则为棺室。墓室东部木棺两具,仅存黑褐色木棺痕迹。

考古与文物

东西向并列放置,平面呈长方形,北棺窄小,南棺宽大,棺痕长均为2.22米,南棺宽0.93、残高0.2米,板厚约6厘米;北棺宽0.67、残高0.2米。南北棺内各葬人骨1具,保存极差,均为仰身直肢葬,头均向西。北棺人骨尚存少量肢骨残块。南棺人骨仅存头骨。

遗物有陶罐、甗(上为陶甑,下为铁釜)、环首铁削、铜削、铜镜、铜钱币、玉挂件、水晶饰件。

罐 9件。均为泥质灰陶。M24:6,小口微侈,平沿,沿面内侧略下凹,方唇,束颈,斜肩,鼓腹,下腹斜直急收,平底,轮制。口径7.4、腹径13、底径8、通高13厘米(图五:8)。M24:7,侈口,平沿,双尖薄唇,束颈,斜肩,鼓腹,平底,底部无轮旋痕。肩部饰

有一周暗弦纹带,弦纹内填栉齿状纹饰,肩腹部三道凸棱,轮制。口径10、腹径18、底径11、通高16厘米(图五:4)。M24:8,口微侈,平沿,尖唇,束颈,斜肩,鼓腹,下腹斜弧收,平底,口径8.5、腹径14、底径10、通高16厘米(图五:7)。M24:9,近喇叭状侈口,平沿,尖唇,束颈,斜肩,鼓腹,下腹斜收,平底略内凹,口径10、腹径18、底径12、通高16厘米(图五:9)。M24:10,形制与M24:9相同,口径11、腹径16、底径11、通高16厘米(图五:5)。M24:11,侈口,双唇,束颈,斜肩,腹部鼓尖,下腹壁斜收,平底,肩饰三组凹弦纹,每一组有三道,口径9.5、腹径19、底径10、通高17厘米(图五:2)。

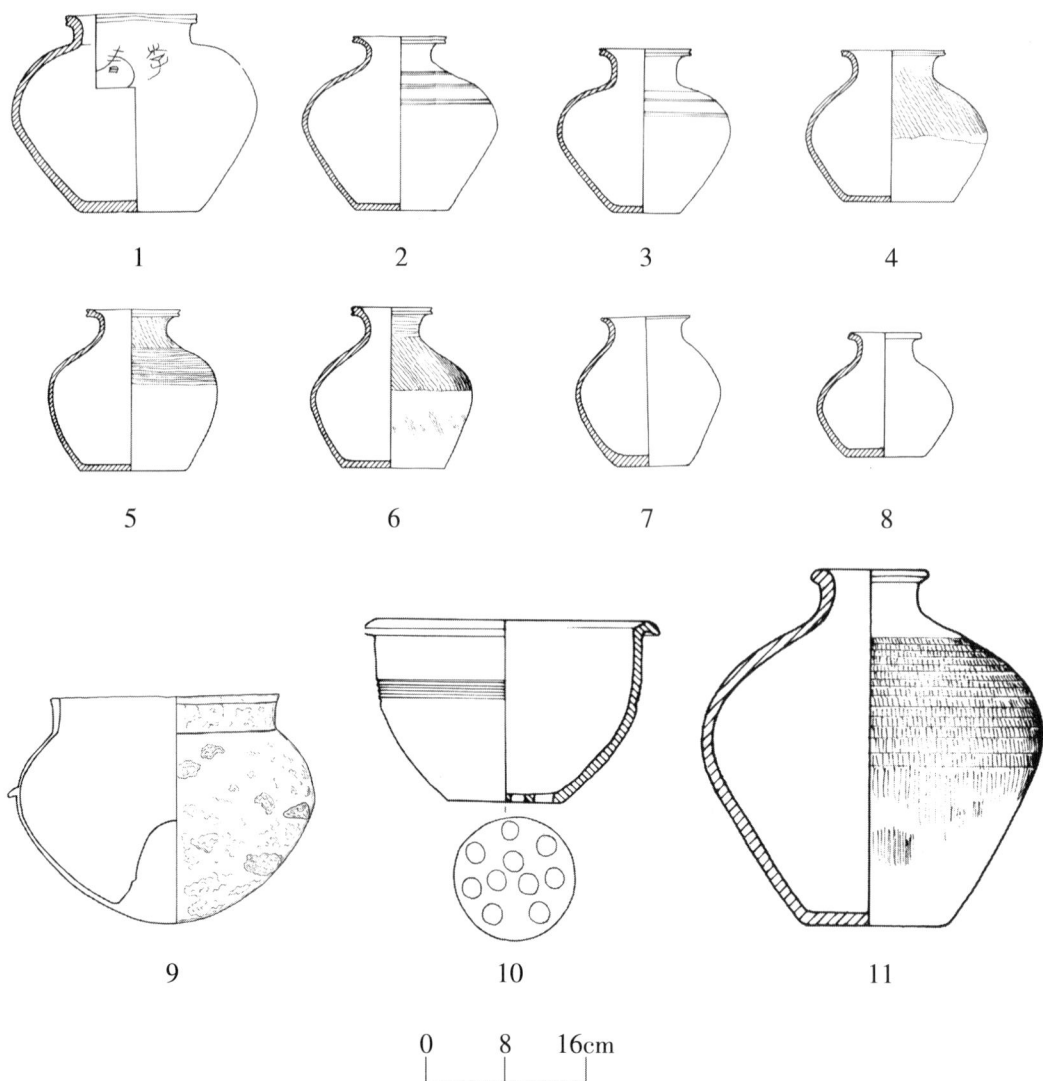

图五 M24出土器物
1.陶罐(M24:15),2.陶罐(M24:11),3.陶罐(M24:13),4.陶罐(M24:7),5.陶罐(M24:10),6.陶罐(M24:9),7.陶罐(M24:8),8.陶罐(M24:6),9.铁釜(M24:14),10.陶甑(M24:14),11.陶罐(M24:12)

M24:12,口沿略残。器形较大,小口,沿外斜,尖唇,束颈,广肩,鼓腹,下腹斜收较快,平底,底部未见轮旋痕。肩及鼓腹上饰弦断绳纹,颈根部一侧印刻两个小字,字迹较模糊,似"二升"二字,口径12、腹径34、底径15、通高34厘米(图五:11)。M24:13,形制、纹饰等与M24:11相同,口径9、腹径16.9、通高17厘米(图五:3)。标本M24:15,罐口略有变形。直口,平沿微斜,双唇,束颈,腹上部圆鼓,下腹斜直收,平底略向内凹,肩部一侧刻"李君"二字,口径14、腹径25、底径12、通高20厘米(图五:1、图六)。

甑 1套(M24:14),下为铁釜(图五:9),上置陶甑(图五:10)。铁釜侈口,斜沿,矮领,溜肩,鼓腹斜收,小平底。口径20、腹径25.5、底径8、高19、壁厚1厘米。陶甑直口微敛,宽沿外折,尖唇,折腹,上腹较直,下腹斜直收,平底作有10个圆形穿孔,折腹处饰一组4道凹弦纹,内壁下腹饰四道凹弦纹。陶甑口径31、底径12、孔径2、通高17厘米。

图六 陶罐(M24:15)肩部刻字

铁器 均为环首铁削,共3件。

M24:2与M24:3形制相同。扁圆形环首,直背直刃,背厚刃薄,断面呈楔形。M24:2,残长31.5、宽2.1-2.4、刃厚0.1-0.2、背厚0.7-0.9厘米(图七:4)。M24:3,残长15.9、环首内径1.9-2.1、外径3.3-3.9、刀身宽1.4、背厚0.4-0.8厘米、刃厚0.1-0.3厘米(图七:5-6)。M24:4,锻打而成,扁圆形环首,直背直刃,残长18、环内径1.4-2、外径2.8-4.4、背厚0.3-0.5、刃厚0.1-0.2厘米(图七:7)。

铜刀 1件(M24:17)。刀身刀柄扁平,柄端一圆穿,凹背弧刃,刀锋上卷,残长13、宽1.4、厚0.2厘米(图七:8)。

镜 1件(M24:5),残存约1/4部分,为四乳草叶纹镜。四叶纹钮座,钮部残缺不明。钮座外围为方格铭文带,每侧三字,方格相交部为一对三角纹,一侧为"君行卒",一侧残存一"令"字,残长9.9厘米(图七:3)。

琥珀饰件 1件(M24:1)。白色,龙形,角略残,尖尾,中穿一圆孔。长7.3、宽1、厚1厘米(图七:1)。

水晶饰 1件(M24:18)。出土于北棺内头骨下,圆柱形,两端盝顶形,中间一圆孔,直径1.5、高1.2、孔径0.2厘米(图七:2)。

钱币 2枚。M24:16、19,锈蚀严重字迹不清,隐约可辨为"五铢"。M24:16,径2.6、孔径、厚0.1厘米,重3.7克。M24:19,径2.7、孔径0.7、厚0.15厘米,重4.1克。

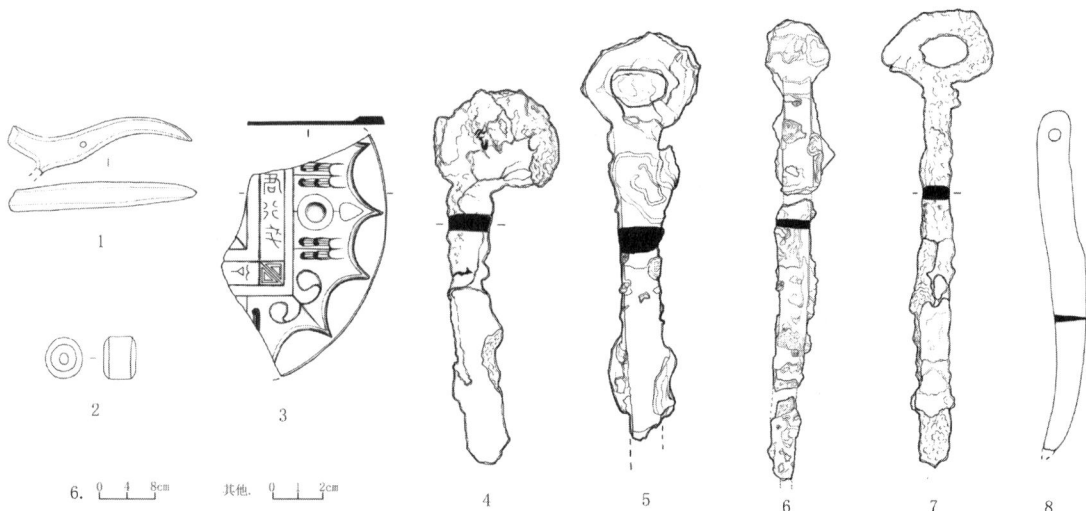

图七 M24出土器物

1.琥珀饰件(M24:1),2.水晶饰(M24:18),3.铜镜(M24:5),4.环首铁削(M24:2),5.环首铁削(M24:3-1),6.环首铁削(M24:3-2),7.环首铁削(M24:4),8.铜刀(M24:17)

### 三、M25

M25位于南郊水厂墓地发掘区西北部,西邻M26,两墓相距22米,东南与M24相邻,两墓相距55米。

该墓为坐西朝东的斜坡墓道土洞墓,平面大致呈"凸"字形,由斜坡墓道和墓室两部分组成,墓向82°,墓葬全长13.4米(图八)。

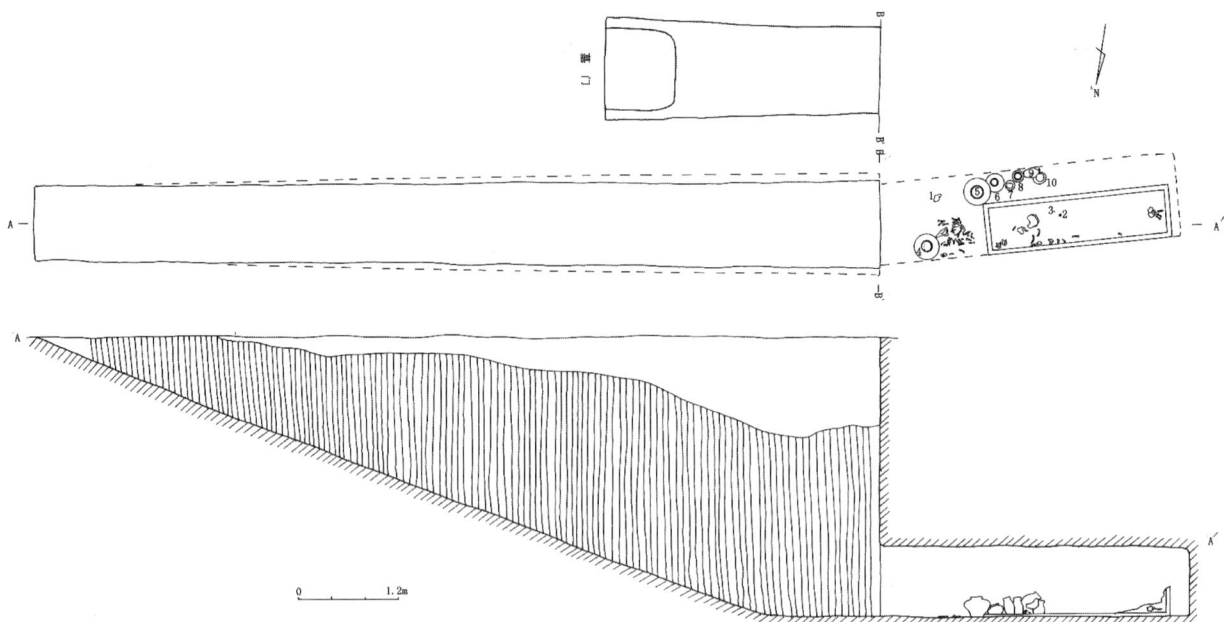

图八　M25平、剖面图

墓道位于墓葬东端,开口距现地表0.52–0.55米,平面呈西宽东窄的梯形,水平方向长9.9米,上口宽0.86–0.98、下口宽0.86–1.16米,墓道斜坡底,斜坡长9.1米,坡度20°,深3.2米,墓道南北壁有若干道纵向的工具痕。墓室位于墓道西侧,为东西纵向土洞,平面呈长方形,面阔0.92–0.96、进深3.4、高0.80米。

葬具为一木棺,仅存棺痕,据棺痕测量得知木棺长2.14、宽0.60、残高0.36米,东、南、北三面挡板仅在墓室底残留边框印痕,板厚5–6厘米。墓室人骨一具,保存极差。人骨散乱不全,根据人骨的位置关系大体可以推断,人骨系头东脚西放置,其余情况等不明,应为二次迁葬。

墓室中出土有陶罐、泥丸、铜盆、铜钱共10件。

陶罐　6件。泥质灰陶。M25:5,侈口,窄折沿,沿面外撇,尖唇,矮束颈,斜肩较缓,鼓腹,平底,肩腹结合处饰有一周索状绳纹,口径15、腹径30、底径16、通高22厘米(图九:3)。

M25:6,口稍残。侈口,窄沿略内斜,双唇,束颈,斜肩,鼓腹,肩下部饰一组5道凹弦纹,口径10、腹径17、底径10、通高12厘米(图九:4)。M25:

7,口残。侈口,圆唇,束颈,溜肩,筒形深腹,平底,口径11、腹径13、底径7.5、通高19厘米(图九:2)。M25:8,口沿稍残。形制与M25:7相同,口径11、腹径13、底径8.5、通高21厘米(图九:9)。M25:9,直口微侈,平沿,尖圆唇,束颈,溜肩,筒状深腹,小平底,口径11、腹径13、底径8、通高21厘米(图九:4)。

M25:10,完整。侈口,圆唇,束颈,溜肩,筒形腹,平底,口径11、腹径12、底径8.5、通高17厘米(图九:5)。

陶球　1件(M25:3)。泥质,胎质呈红色,圆球形。直径1.8厘米(图九:6)。

铜盆　1件(M25:4)。敞口,窄沿,方唇,深腹,腹壁斜弧收,平底,口沿下饰一周凸弦纹。口径27、底径13、通高11厘米(图九:8)。

铜钱　2枚(M25:2)。两枚钱之钱文和穿郭特征相同,正面有外郭无内郭,正面穿下一横,背面内外郭皆具,正面钱文"五铢","五"字交股弧曲,"铢"字金字头呈三角形,朱字上下笔画弯曲。直径2.5、穿径0.9、郭宽0.1厘米,重3.8克(图九:1)。

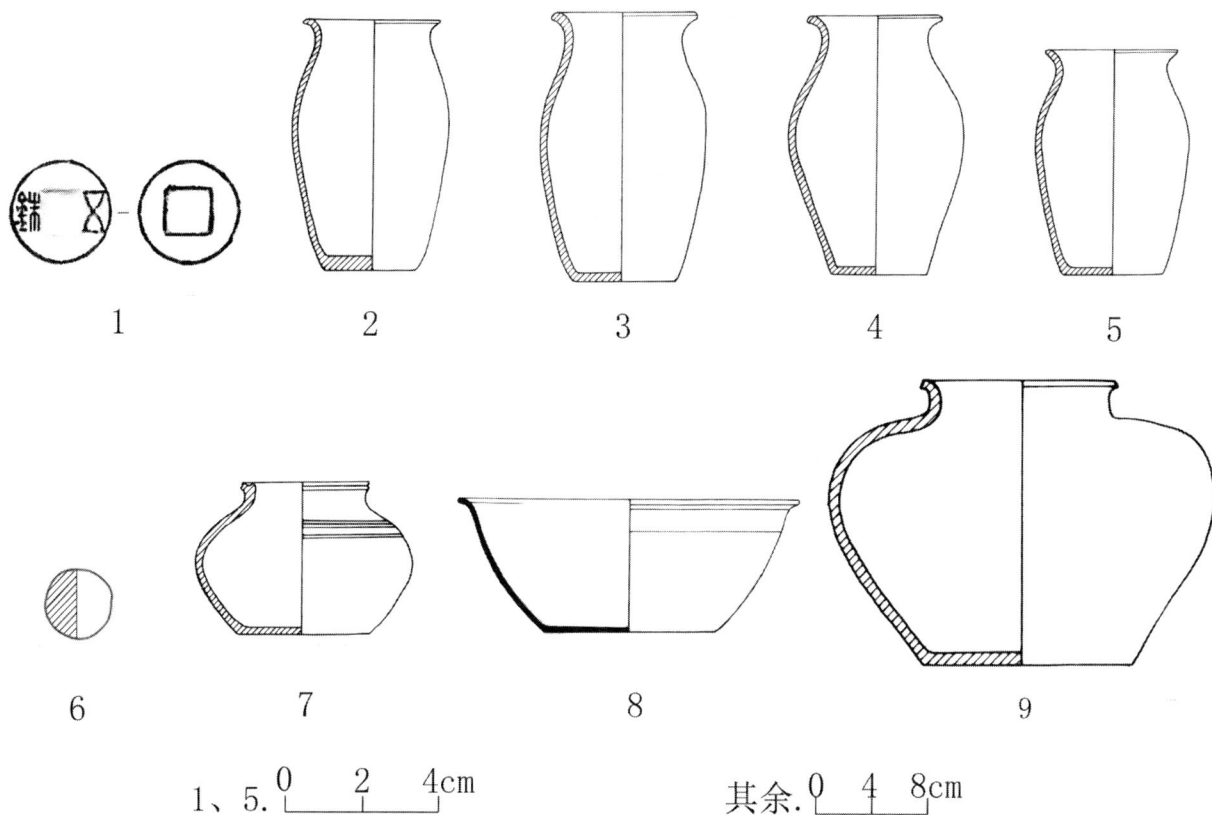

图九　M25 出土器物

1.五铢钱(M25:2),2.陶罐(M25:7),3.陶罐(M25:8),4.陶罐(M25:9),5.陶罐(M25:10),6.陶球(M25:3),7.陶罐(M25:6),8.铜盆(M25:4),9.陶罐(M25:5)

#### 四、2015GNSM26

M26 位于南郊水厂墓地发掘区西北部, 西距 M27 约 521 米, 东邻 M25, 两墓相距 22 米。

该墓为坐西朝东的斜坡墓道土洞墓, 平面呈"甲"字形。由斜坡墓道、甬道、墓室三部分组成, 墓向 60°。墓葬全长 16.2 米(图十)。墓道位于墓葬东端, 开口距现地表 0.50 米, 平面略呈梯形, 东西长 10.2、东端宽 0.88、西端宽 0.92、深 5.5 米。斜坡状底, 坡长 11.5 米, 坡度 30°。甬道位于墓道和墓室之间, 平面呈横长方形, 拱形顶, 残高为 2.2、进深 1.4、南北宽 2.1 米。在甬道与墓道结合部发现一圆形盗洞, 直径 1.6 米。墓室位于整个墓葬西端, 平面呈西北-东南方向的梯形, 东窄西宽, 长 3.9、东宽 1.6、西宽 2.1、残高 2.8 米, 从后壁顶端残存的形状可知墓室为拱形顶。

葬具为一棺一椁, 均已朽为灰迹, 仅具轮廓。木椁紧贴墓室四壁放置, 平面呈梯形。在清理过程中未发现有盖板和底板, 椁很可能只有四侧挡板, 四侧挡板的拐角均未伸出, 因此木椁可能为套接而成。木椁上有使用少量铁钉, 椁长 3.78、东宽 1.82、西宽 2.05、残高 0.4 米, 椁板厚 5~10 厘米。木棺位于木椁内西部, 从棺木朽迹观察, 其平面为长方形, 长 2.4、宽 0.78、残高 0.18、厚约 0.06 米。在木棺四壁和棺盖共发现柿蒂形鎏金铜棺花 32 件, 排列整齐, 10 个一排, 共 3 排, 应为木棺外侧的装饰。棺内人骨一具, 已朽成粉末状。从朽迹判断其葬式为仰身直肢葬, 头向东, 人骨朽痕迹长 1.62 米。

出土遗物有陶罐、陶盆、陶釜、陶壶、铜镜、铜环、铜柿蒂形棺花、铁剑、铁灯、环首铁刀、石砚、砺石。

陶罐　14 件, 均泥质灰陶。M26:1, 口稍残。侈口, 沿外斜, 薄尖唇, 束颈, 溜肩, 筒形深腹, 平底。腹壁上饰竖向绳纹, 绳纹被一道自肩部延续至腹部的螺旋状横向弦纹隔断, 口径 10、腹径 11.5、底径 8、通高 21 厘米(图十一:1)。M26:2, 口沿略残, 口大底小, 口微侈, 平沿, 尖圆唇, 束颈, 颈部一道凸弦

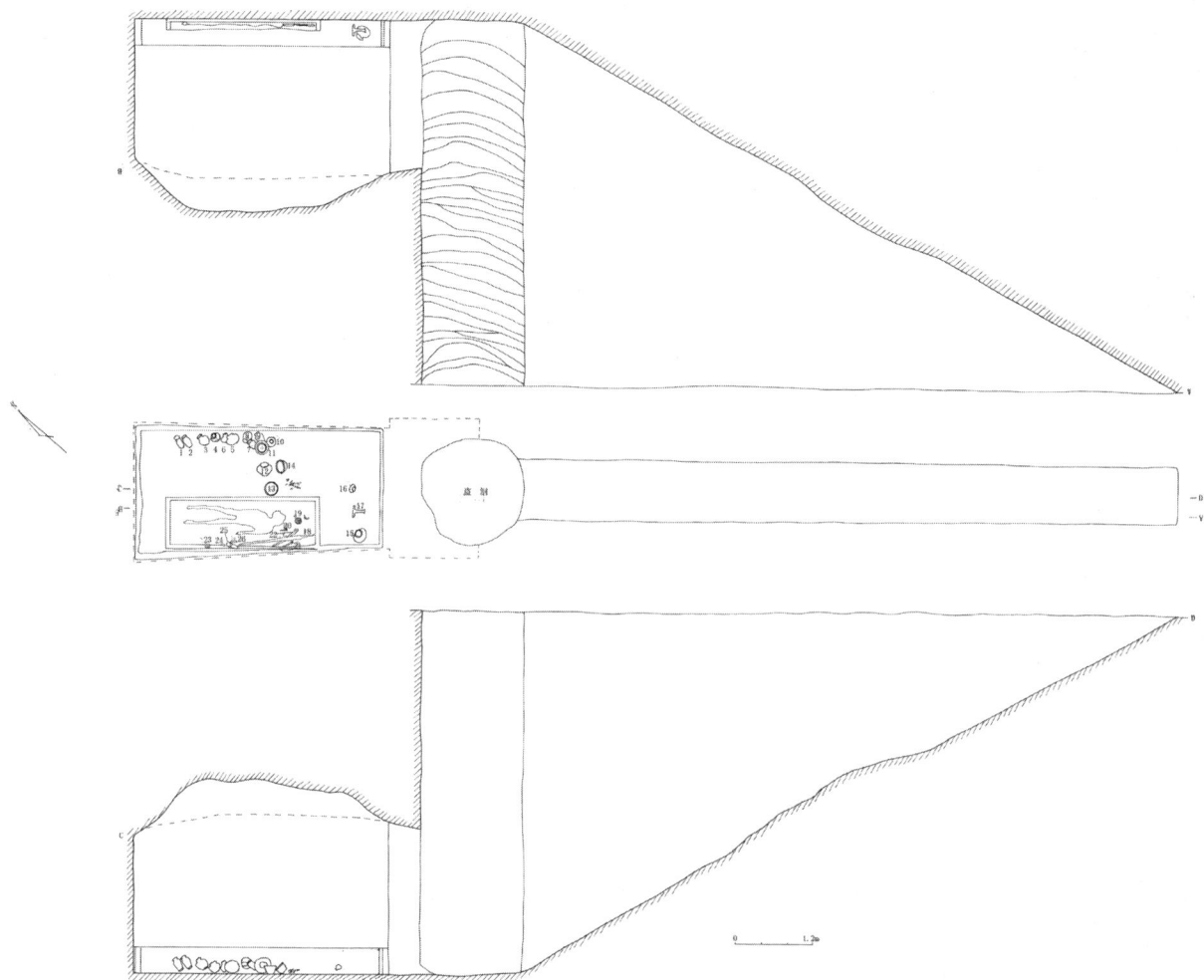

图十　M26墓葬平、剖面图

纹,溜肩,筒形深腹,平底,口径10、腹径9、底径7、通高20厘米(图十一:2)。M26:3,口沿缺损。口微侈,平沿,方唇,束颈,斜肩,鼓腹,下腹斜收,平底。口径9.5、腹径16、底径6、通高16.5厘米(图十一:3)。标本M26:4,罐口略残,敞口,尖圆唇,短束颈,斜肩,鼓腹,下腹斜收,肩中部刻划一周浅细的纹饰带,为两条弦纹之间连续的锯齿纹,口径8.5、腹径15、底径6.5、通高13厘米(图十一:4)。M26:7,口残,侈口,尖唇,束颈,筒形深腹,平底,口径9.5、腹径11、底径7、通高17.5厘米(图十一:7)。M26:8,罐口略残。侈口,沿内斜,沿面稍内凹,方唇,束颈,斜肩,鼓腹,下腹斜收,罐肩及鼓腹上留有横向弦纹,口径10、腹径13、底径5.5、通高16.5厘米(图十一:8)。M26:9,口略残。敞口,尖圆唇,束颈,溜肩,鼓腹,平底,腹壁上满饰竖向绳纹,近底壁处抹光,竖向绳纹被一条自上腹处开始的连续的凹弦纹

打断,口径10、腹径12、底径8、通高17.5厘米(图十一:9)。M26:10,口残。侈口,方唇,束颈,斜肩,鼓腹,小平底,颈上部钻一圆形穿孔,口径9.5、腹径16、底径5、通高18厘米(图十一:10)。M26:11,罐口略残。侈口,沿外斜,圆唇,束颈,广肩,鼓腹,平底,口径15.3、腹径26、底径12、通高20厘米(图十一:11)。

M26:12,大侈口,平沿,圆唇,粗束颈,溜肩,鼓腹,下腹斜收,肩部两道较细的横向弦纹,鼓腹上饰两周凹弦带,口径15.5、腹径25、底径11、通高27厘米(图十一:12)。M26:15,口沿残,大侈口,平沿,方唇,束颈,斜肩,鼓腹,下腹斜收,肩及鼓腹上饰有数道横向平行的暗弦纹,口径15、腹径26、底径12、通高24厘米(图十一:15)。M26:16,口沿残,敛口,平沿,方唇,束颈,斜肩,鼓腹,平底,口径6.5、腹径11.5、底径5.5、通高9厘米(图十一:16)。

陶盆 2件。泥质灰陶。M26:13,大口内敛,方厚唇,深腹,小平底内凹,口径21、底径8、通高10厘米(图十一:13)。M26:14,形制与M26:13基本相同。口径20、底径8、通高10厘米(图十一:14)。

陶釜 1件(M26:6)。夹砂灰陶,侈口,圆厚唇,束颈,斜肩,鼓腹,圜底,腹及底满饰交错拍印的绳纹,底部有烟炱,口径11.5、腹径17、通高14.5厘米(图十一:6)。

陶壶 1件(M26:5)。泥质灰陶,口残,器形较小不甚规整,长束颈,短斜肩,上腹微鼓,下腹斜收,平底。鼓腹上饰竖向的篦划条纹带,纹带被两周凹

弦带分割,直径5.8、腹径6.5、底径5.5、残高13厘米(图十一:5)。

铜镜 1件(M26:19),是典型的连弧星云纹铜镜。博山式钮,圆座,座外饰一周细弦纹,并有三组对称分布的短弧线与钮座相连,短弧线分成的区间内紧贴细弦纹处各饰一月牙形纹,细弦纹外饰16个内向连弧纹,镜边缘处也饰16个连弧纹。直径10、缘宽1、边厚0.4、钮高1厘米(图十二:2)。

铜环 1件(M26:23),整体呈圆形,环体一端切割成椭圆形平面,长2.67、宽1.19厘米(图十二:5)。

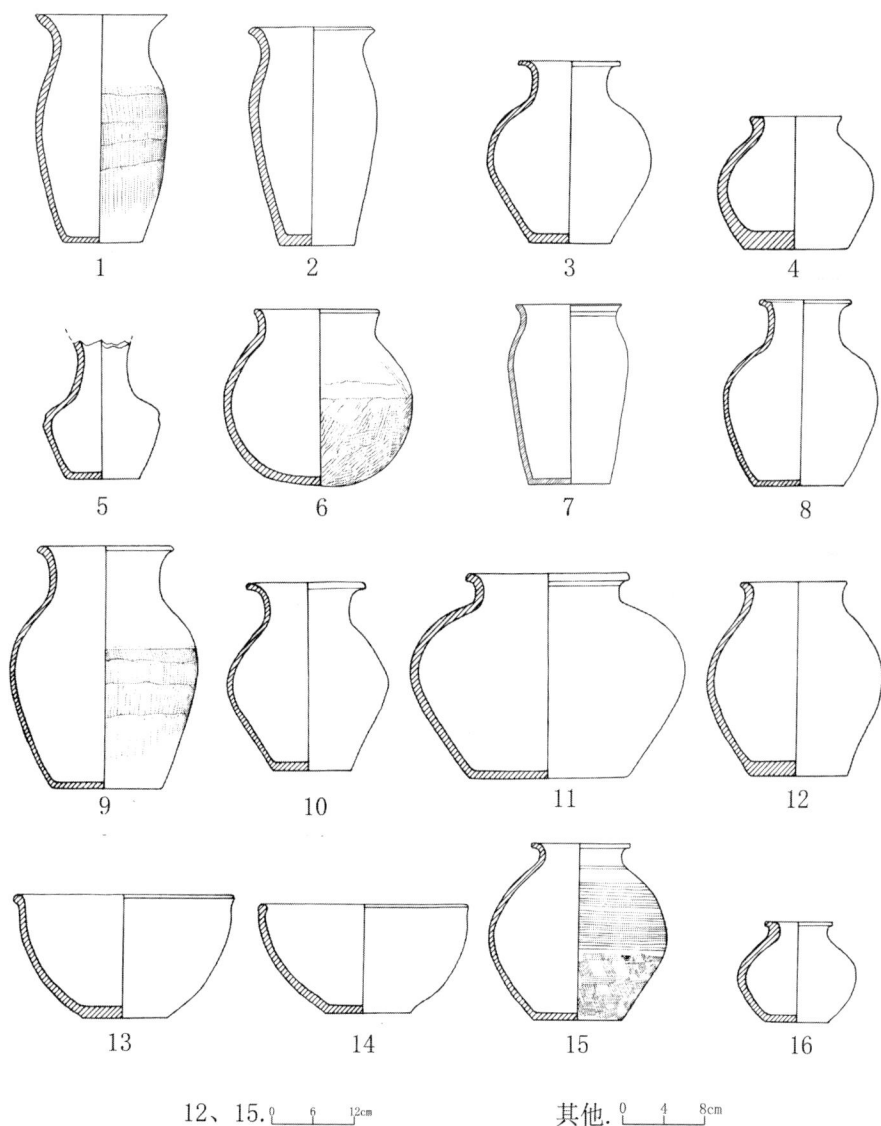

图十一 M26出土陶器

1.陶罐(M26:1),2.陶罐(M26:2),3.陶罐(M26:3),4.陶罐(M26:4),5.陶罐(M26:5),6.陶罐(M26:6),7.陶罐(M26:7),8.陶罐(M26:8),9.陶罐(M26:9),10.陶罐(M26:10),11.陶罐(M26:11),12.陶罐(M26:12),13.陶盆(M26:13),14.陶盆(M26:14),15.陶罐(M26:15),16.陶罐(M26:16)

棺花(M26:27) 32件。较完整者28件,残破者4件。花叶采用薄铜片制成,呈四叶柿蒂形,中心有一孔,内插圆形伞状铜帽钉,器表均鎏金,棺花长3.2、厚0.2厘米,泡钉帽径0.8、钉长1厘米(图十四)。

铁灯 1件(M26:17)。灯盘残破,呈浅钵形,灯柱上细下粗,灯座下折为圈足。直径6.6、残高21.5厘米(图十二:1)。

铁剑 1件(M26:18)。无剑首,剑茎略上翘,剑身、剑茎扁平,身、茎交接处有铜剑格。剑茎长22.5厘米。铜质剑格,其上残存彩绘,连接剑身侧中间稍向前凸,连接剑茎侧中间向内稍凹入,中间隆起成脊,剑鞘尚存,横截面呈椭圆形,剑身宽2.8、厚1.4厘米。剑锋至剑茎端长约117.7、剑身长约92.5

厘米(图十二:6)。

环首铁削 1件(M26:20),锻制成型,环首系弯折而成,全长14.1、环首内径1.4-2.1、外径2.8-3.3厘米(图十二:3)。

环首铁削 1件(M26:21)。锻制成型,环首系锻制后弯折而成,直背直刃,刀锋末端上扬,背厚刃薄,通长21.3、环内径1.2-1.8、外径2.5-3.5厘米(图十二:4)。

环首铁刀 1件(M26:22)。刀尖残,扁圆形环首,刀身保留有刀鞘,直背,自环首以下延伸至刀尖部,背宽约1厘米。刃部自环首以下延伸至接近尖端为直刃,尖端上弧与刀背相接。环首长轴长径6.4、内径4.1厘米,短轴内径2.2、通体残长48.8厘米(图十二:7)。

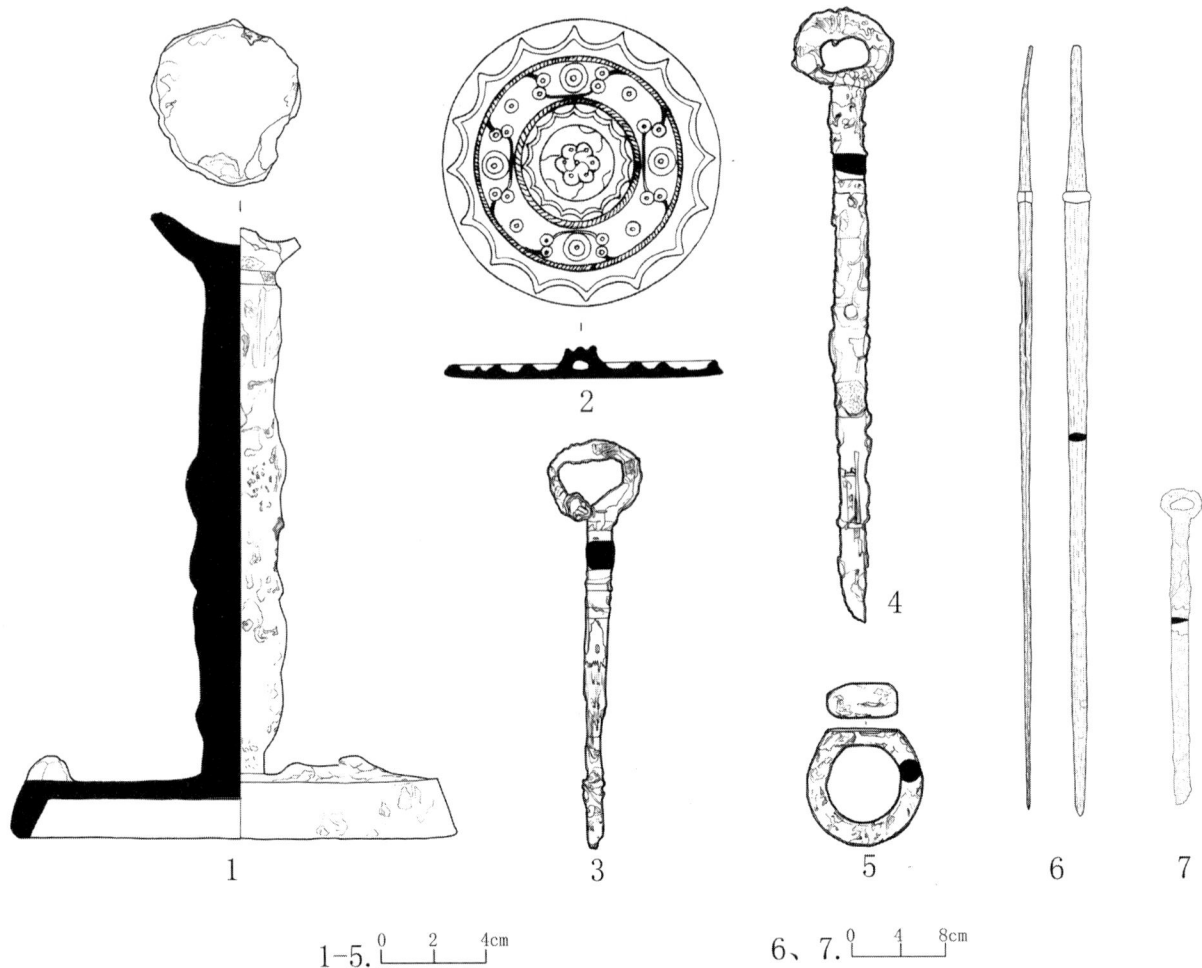

1-5. 0 2 4cm

6、7. 0 4 8cm

图十二 M26 出土器物

1.铁灯(M26:17),2.铜镜(M26:19),3.环首铁削(M26:20),4.环首铁削(M26:21),5.铁环(M26:23),6.铁剑(M26:18),7.铁刀(M26:22)

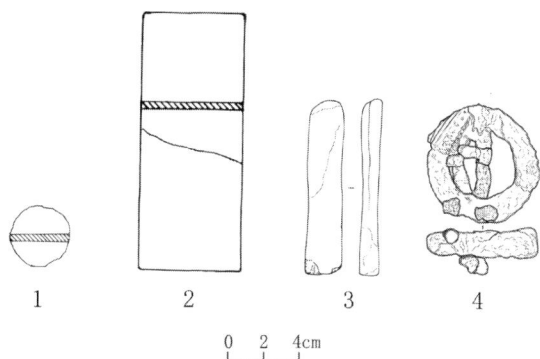

图十三　M26 出土器物

1.砚子(M26:24)，2.砚板(M26:25)，3.砺石(M26:26)，4.铁带扣(M26:28)

铁带扣　1件（M26:28）。由铁环和其内的扣环、扣舌等部分组成，铁环圆形，直径4–6厘米；扣环长方形，其上附着一原来可以活动的短棍状扣舌，扣环内径1–3.2、外径2.3–4.2厘米(图十三:4)。

石砚　1套（2件）。由砚板和砚子组成。砚板(M26:25)，灰色页岩质，平面呈长方形，器胎极薄，且非常均匀，正面有墨痕残留。长16、宽5.5、厚0.3厘米(图十三:2)。石砚子(M26:24)，出土在砚板旁，为页岩打制而成，圆形，两面均磨制光滑，侧边经过粗糙打制，一面呈黄色，另一面有黑色颜料痕迹，可能为研磨颜料之用，直径3.1、厚0.3厘米(图十三:1)。

砺石　1件(M26:26)。长条状，石质细腻坚硬，整体呈束腰形。长9.6、宽2.2、厚1.8厘米(图十三:3)。

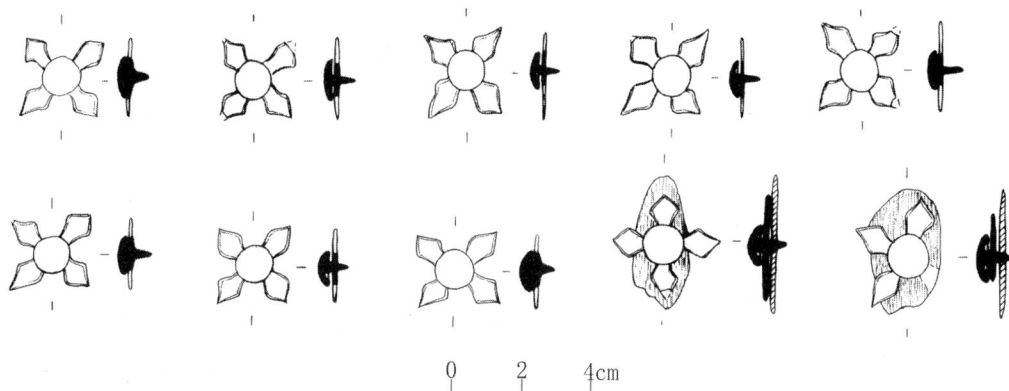

图十四　M26 出土棺花

五、2015GNSM27

M27位于南郊水厂墓地发掘区西北角，北距文广路约180米，东距M26约521米。

该墓为坐西朝东的单室土洞墓，平面呈"甲"字形。由斜坡墓道、天井、封门、墓室四部分组成，墓向88°，墓葬全长13.90米(图十五)。

墓道位于整个墓葬东端，开口距现地表0.70米，平面呈梯形，西窄东宽，南北壁向下略有收分，墓道开口东西长8.5、宽1.2–1.3、深3.9米。墓道两壁留有类似若干道平行的槽状工具痕，槽状工具痕竖向排列紧密整齐，应为使用夹板夯打形成，其目的可能是为了加固墓道壁面。槽状工具痕宽5–6、印深1–2厘米。在南壁面上印痕可看出3层夯板相接的痕迹。墓道底为斜坡加阶梯式，斜坡部分位于墓道东端，由开口东端向西3.3米为斜坡，坡度29°，坡长3.74米，以西的部分呈七级台阶状，向下延伸至天井底部。天井位于墓道与墓室之间，平面

略呈梯形，东宽西窄，口大底小。上口东西长2.1、东宽2.10、西宽2.0、下底东西长2.06、底宽1.92–2.02、深3.9米。天井西、南、北三壁留有若干道平行的槽状工具痕。封门位于墓室东侧，用填土直接封实，再经拍打、修整而成。墓室位于墓葬西端，为东西向的纵向土洞，平面呈梯形，墓顶坍塌，根据残迹推测墓顶应为拱形顶。墓室进深3.30、东宽1.92、西宽1.68、洞高2.24米。

墓室南壁下木棺一具，仅存棺痕，平面呈长方形，长1.94、宽约0.58米，底板灰烬厚约6厘米，未发现棺钉。棺内人骨一具，腐蚀严重呈粉末状，据朽迹可知其葬式为仰身直肢，头向东。

出土遗物有陶缶、陶罐、铁灯、环首铁刀、泥器。

陶缶　1件(M27:1)。泥质灰陶，口沿略残，小侈口，沿内斜，方厚唇，短束颈，广肩，肩腹接合处尖鼓，腹壁斜直，平底。肩腹接合处饰有两周麦粒状绳纹，口径13、腹径35、通高31、底径18.5厘米(图十七:9)。

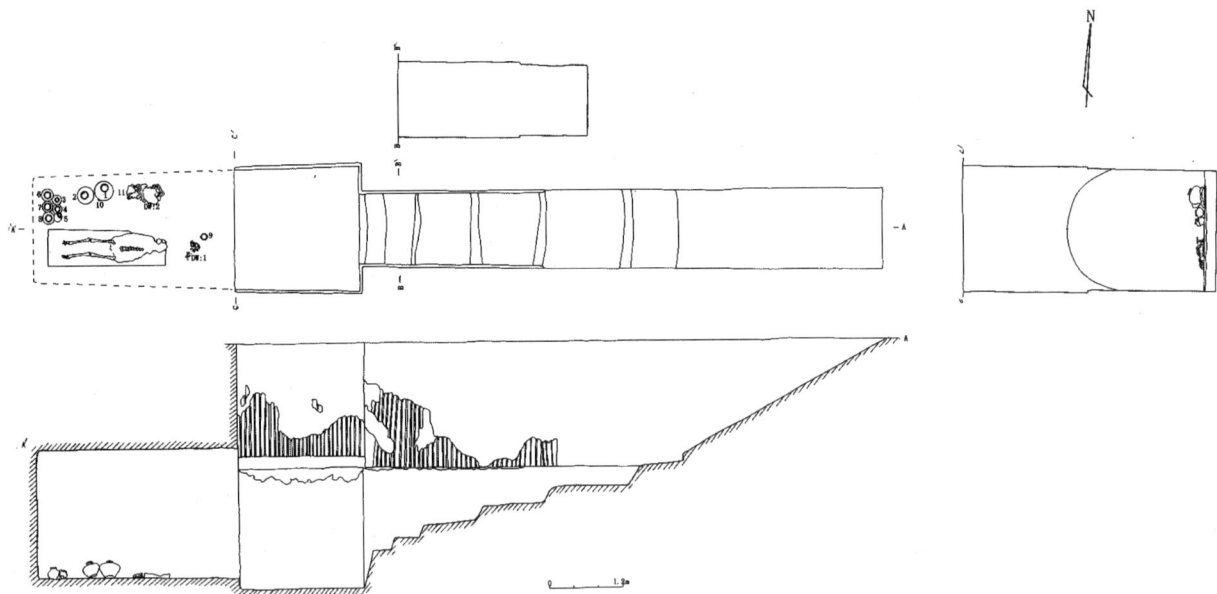

图十五  M27平、剖面图

罐  7件。均泥质灰陶，轮制。M27：2，口沿略残，侈口，沿内斜，方厚唇，短束颈，广肩，腹壁斜直下收，平底。唇面内凹，颈部饰有两周较浅的凹弦纹，肩下部饰有一组六凹弦纹，鼓腹处饰有一周间断的麦粒状绳纹。肩部有两处刻划的文字，一处单字"楊"文体较大，另一处并排刻"王東"二字，口径5、通高11、底径7.5厘米（图十六、图十七：10）。

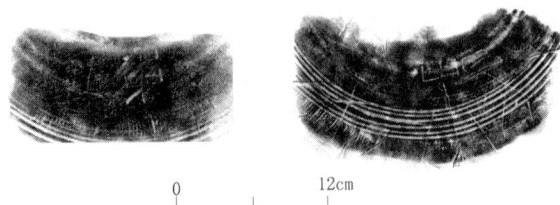

图十六  M27：2陶罐肩部刻字

M27：3、M27：5，形制相同，敛口，斜沿，双唇，束颈，斜肩，鼓腹弧收，平底，M27：3口径9、腹径14、通高14.2、底径9厘米；M27：5口径9.3、腹径14、通高13.5、底径9厘米（图十七：2、3）。

M27：4，喇叭状口，圆厚唇，束颈，溜肩，鼓腹较直，下腹斜收，平底，表面有多处小坑窝。口径9、腹径17、通高11.5、底径9厘米（图十七：1）。

M27：6，侈口，窄沿，尖唇，短颈斜直，斜肩，鼓腹，肩腹结合处饰有两周凸弦纹，下腹斜收，平底，口径13、腹径20、通高15、底径12厘米（图十

七：6）。

M27：7，侈口，方唇，短颈，窄斜肩，鼓腹，下腹斜收，平底，口径12.4、腹径16、通高11、底径11厘米（图十七：4）。M27：8，直口，平沿，方唇，束颈，斜肩，鼓腹，平底，底为手制。肩中部和鼓腹处各饰有一组二凹弦纹，口径10.2、腹径18、通高17、底径9厘米（图十七：5）。

铁灯  1件（M27：9）。灯盘方唇侈口，盘底中心一尖锥形灯芯，一侧口沿较厚，可能为搭灯捻处，灯盘背面呈三级阶面。灯柱呈竹节状，中间略粗，上下端较细，圈足，灯盘直径10.09、灯座径8.3、通高10.08厘米（图十七：7）。

环首铁刀  1件（M27：10）。锻制而成，扁环首，刀身平直，断面长方形，刀身一面粘附棺木朽迹，刀身向末端逐渐变细。通长11.2、环首内径1.1-1.8、外径2.7-3.9厘米（图十七：8）。

六、结语

这五座汉墓均为斜坡墓道单室土洞墓，墓葬长13.4-16.9米。墓向分为南北向和东西向两种。墓道平面呈长方形或梯形，大多为斜坡底，墓道坡度为20°-30°。值得注意的是，五座墓葬的墓道壁面均经过修整处理，其中M23、M25、M27墓道壁面有槽状的工具痕，固原当地属于湿陷性黄土地带，此种措施意在加固墓壁，防止垮塌。

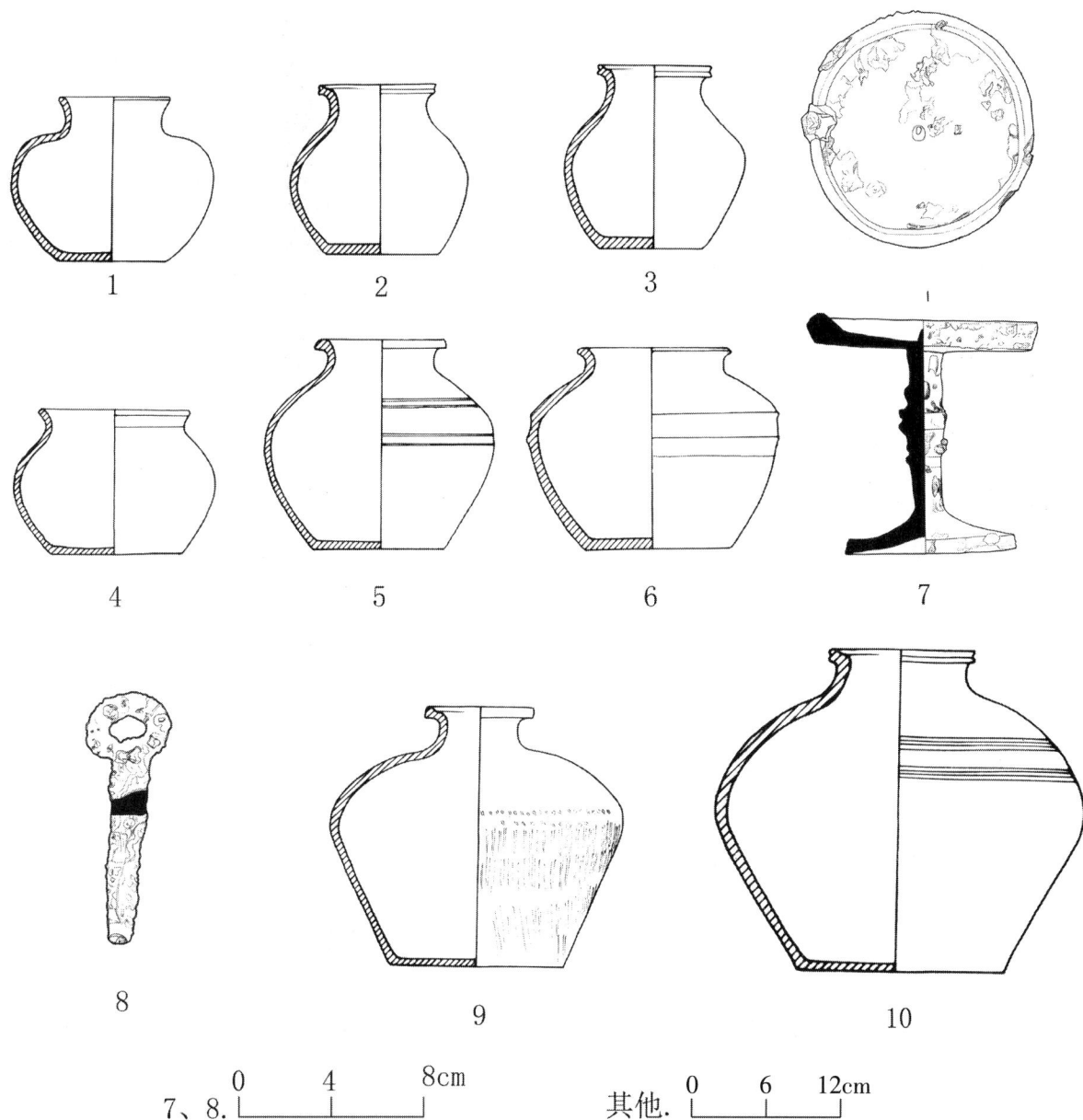

图十七　M27 出土器物

1.陶罐(M27:4),2.陶罐(M27:3),3.陶罐(M27:5),4.陶罐(M27:7),5.陶罐(M27:8),6.陶罐(M27:6),7.铁灯(M27:9),8.环首铁刀(M27:10),9.陶盃(M27:1),10.陶罐(M27:2)

斜坡墓道单室土洞墓,在西安地区为西汉早期新出现的墓型①,蒋璐等通过对包括宁夏在内的北方地区墓葬资料进行梳理后认为,宁夏斜坡墓道土洞墓自西汉中晚期延续至东汉前期。宁夏发现的汉代墓葬,根据现有的发现可以认为,其形制演变大体经过了竖穴土坑木椁墓→斜坡墓道土洞墓→斜坡墓道砖室墓的三个阶段。我们这次发现的五座汉墓形制尤其与固原九龙山汉墓②的形制接近,参考西安白鹿原汉墓、临潼上焦村等墓葬形制及关中地

区汉墓的发展规律来看,我们初步推断 M23、M27 年代约在西汉中期。M24、M25、M26 并无天井,根据学界观点,可认为其年代约在西汉中晚期延续至东汉前期。

五座汉墓共出土 2 枚铜镜,其中 M24 出土 1 枚草叶纹铜镜、M26 出土 1 枚星云纹铜镜。M24 出土的这枚草叶纹铜镜,该枚铜镜具有四叶纹钮座的特点,与河南、山东、安徽等地出土的草叶纹镜类似,据研究草叶纹镜流行于西汉前期和中期③。星云

纹铜镜在洛阳烧沟汉墓中,与武帝和昭帝五铢同时出土,大体可以肯定这类铜镜是武帝、昭帝时期的,从更广的地域范围来看,星云纹铜镜则主要流行在西汉中期的武帝、昭帝、宣帝时期④。五座汉墓中共有三座汉墓出土铜钱,俱为五铢。其中标本 M25∶2 "五"字交笔处斜直,"朱"字之头方折,正面穿下一横,标本 M23∶11"五"字交笔处略弯曲,"朱"字之头方折,均与洛阳烧沟汉墓Ⅰ型五铢钱类似⑤,属于西汉中期武帝、昭帝时期的五铢。固原南郊水厂五座汉墓的出土陶器,主要为罐、缶、釜、甑,并伴出土陶钵。陶器组合更接近西安地区西汉早中期汉墓⑥。

综合墓葬形制及随葬品的特征,我们认为这五座时代很可能在西汉中期或略偏晚,或延续至东汉早期。

春秋战国之际固原一带散布有"绵诸、绲戎、翟、獂"等游牧民族,被秦国攻占后变成秦的"义渠、大荔、乌氏、朐衍"诸属县。西汉初置高平县(今固原),属北地郡,西汉元鼎三年,析北地郡西北部另置安定郡,安定郡辖二十一县,郡治高平,乌氏、朝那、月支道等县均在今固原境内。固原地区目前发现的汉代墓以汉代中晚期以后为主,与文献所载汉武帝时期开始大量移民实边的情况相符,本次发现的五座墓葬均为斜坡墓道土洞墓,更加丰富了固原地区汉代墓葬类型。这次出土的筒形深腹陶罐较有特色,仅就发现数量而言较为少见,墓中随葬具有实用功能的圜底釜、铁釜陶甑,而尚未见陶灶模型等,一定程度上反映了该地区东汉之前的丧葬习俗。

领队:樊军

发掘:樊军、王洋洋、杜李平、陈安位

绘图:陈啸、黄丽荣

执笔:王洋洋、樊军

注释:

①西安市文物研究所:《西安龙首原汉墓》,西北大学出版社,1999 年,第 215 页。

②宁夏文物考古研究所:《固原九龙山汉唐墓葬》,科学出版社,2012 年。

③孔祥星、刘一曼:《中国古代铜镜》,文物出版社,1984 年,第 64 页。

④孔祥星、刘一曼:《中国古代铜镜》,文物出版社,1984 年,第 6 页。

⑤中国科学院考古研究所:《洛阳烧沟汉墓》,科学出版社,1959 年,第 215-224 页。

⑥韩国河、张翔宇:《西安地区中小型西汉墓的分期与年代研究》,《考古学报》2011 年第 2 期,第 213-244 页。

# 仰韶文化制陶工艺研究综述

◇ 韩玮芳

**内容提要**:本文通过对仰韶文化制陶技术文献的梳理研究,结合相关仰韶文化发掘资料,归纳出西安鱼化寨、西安半坡等仰韶遗址的制陶工艺特点,在此基础上从原料、成型、修整、装饰、烧制五个方面总结仰韶文化制陶工艺的总体特征:原料为经筛选的本地黏土,通过羼和料调节性能;成型方式主要为泥条筑成法,辅以捏塑法、模制法;修整方式多样化,有拍打、修抹、刮削、滚压等,同时慢轮修整应用逐渐广泛;装饰以绳纹、弦纹为主,间有陶衣和磨光,彩陶发展迅速;主要用横穴窑以氧化气氛烧制陶器。
**关键词**:仰韶文化 制陶工艺 制作痕迹

仰韶文化是黄河中游地区一种重要的新石器时代的彩陶文化,经过多年的调查,且随着考古发掘工作的不断深入,现已确定的区域范围是以关中、晋南和豫西一带为中心,西至甘青地区,东至河南,南到汉水的中上游,北到长城沿线以及河套地区。仰韶文化遗址分布范围广且密度大,延续时间长,制陶技术相当成熟。仰韶文化制陶工艺的研究主要集中在河南、陕西、山西地区①。

制陶工艺对研究古代制陶技术具有重要的意义。从考古发现来看,仰韶文化时期制陶业发达,制陶工艺相对成熟,已较好地掌握了原料加工、塑坯造型、修整、装饰、烧制等工序,学术界对仰韶文化的制陶技术已经有了一些基本认识。

## 一、仰韶文化制陶工艺

有些仰韶文化遗址开展过专门的制陶技术研究,以专项的研究报告发表,或是附于考古发掘报告之后,对研究仰韶陶器制作技术有很高的参考价值,如西安半坡遗址、鱼化寨遗址、淅川沟湾遗址、垣曲上亳遗址、东关遗址、渑池班村遗址、杞县朱岗遗址、郑州大河村遗址、荥阳汪沟遗址、青台遗址等。

《西安半坡》中用专门的章节详细介绍了半坡遗址仰韶文化的制陶技术,笔者以观察法判别器物的成型方式,其主要观察点有陶容器的器底、器壁、口唇、器型以及其上的修整痕迹等。半坡遗址的陶器成型方式有一次成型和分开制作后拼接成型两种。通过肉眼观察及手指触摸,可以观察到器物内壁的泥条缝隙(图二,1),察觉到泥条接缝处凹凸不平的指窝、拍打内壁所留的垫窝、器物外壁的指纹细纹以及手指抹平的修整痕迹;而用以装饰的绳纹和线纹可能是用小拍子压印而成。半坡彩陶的纹饰以几何形为主,动植物形象花纹也独具特色,二者构成了半坡彩陶纹饰的独特风格(图一,1~2)②。

西安鱼化寨遗址仰韶早期制陶工艺的研究则采用传统的肉眼观察和显微镜观察两种观察方式。

翟扶文通过系统观察该遗址仰韶文化早期的214件标本，指出该时期鱼化寨遗址制陶工艺较为精细，原料来源于就地取土，羼和料经过人工筛选，成型方式主要为泥条筑成，轮修占比最大，纹饰中绳纹和弦纹占主流③，且出现了极具代表性的彩陶(图一，3~4)④。

1

2

3

4

图一　各遗址仰韶文化时期彩陶盆

(依次引自《中国出土彩陶全集》(陕西卷)第29、18、20、15页)

1~2.西安半坡遗址彩陶盆　　3~4.西安鱼化寨彩陶盆

另外，淅川沟湾遗址仰韶陶器全部为手制，成型方式主要为泥条法，修整方式多样化，从作者的观察来看，器物的内壁有明显的垫窝痕迹⑤，说明采用了拍打的修整方法。垣曲上亳遗址仰韶陶器均为手制，成型方式以泥条圈筑法为主——泥条缝隙多呈水平状，修整方式有慢轮修整、拍印、刮削和修抹等⑥(图二，3~5)⑦。郑州大河村遗址、垣曲东关遗址和渑池班村遗址的仰韶陶器成型方式皆为泥条筑成，修整方式有刮削、拍打、湿手抹平等⑧。荥阳汪沟遗址仰韶陶器以手制为主，轮制较少，修抹和慢轮修整是最为常见的修整方法⑨。荥阳青台遗址仰韶陶器以手制泥条筑成法贯穿始终，修抹和慢轮修整应用最广⑩。华阴兴乐坊遗址仰韶陶器多泥条筑成，器型规整，且广泛轮修⑪。华阴横阵遗址仰韶陶器除小型器物采用捏塑法外,其余皆泥条盘筑,口沿部分轮修[12]。高陵杨官寨遗址仰韶陶器多为手制,泥条盘筑痕迹明显,部分陶器口沿见慢轮修整痕迹[13]。扶风案板遗址仰韶陶器多为手制,瓶类器内壁常见泥条盘筑痕迹,部分盆类器口沿处可见慢轮修整痕迹[14]。宝鸡北首岭遗址仰韶陶器以手制为主,有手捏和泥条盘筑法两种,少数器物的局部经过轮修,如罐、钵的上半部等,个别器物用两种甚至两种以

上制法做成,如有的陶瓶上半部用泥条盘筑法制做,下半部则用模制,最后再粘接起来[15]。长武碾子坡遗址仰韶陶器制法全部是手制,除小型器系直接捏塑外,其余都采用泥条盘筑,尖底瓶、平底瓶、厚胎筒形杯和瓮下半部等器物的内壁明显留有泥条和手捏的痕迹,大多数器物口沿经过慢轮修整。蓝田新街遗址仰韶陶器多为手制,而口沿和器表多经慢轮修整[16],显得周正浑圆[17]。

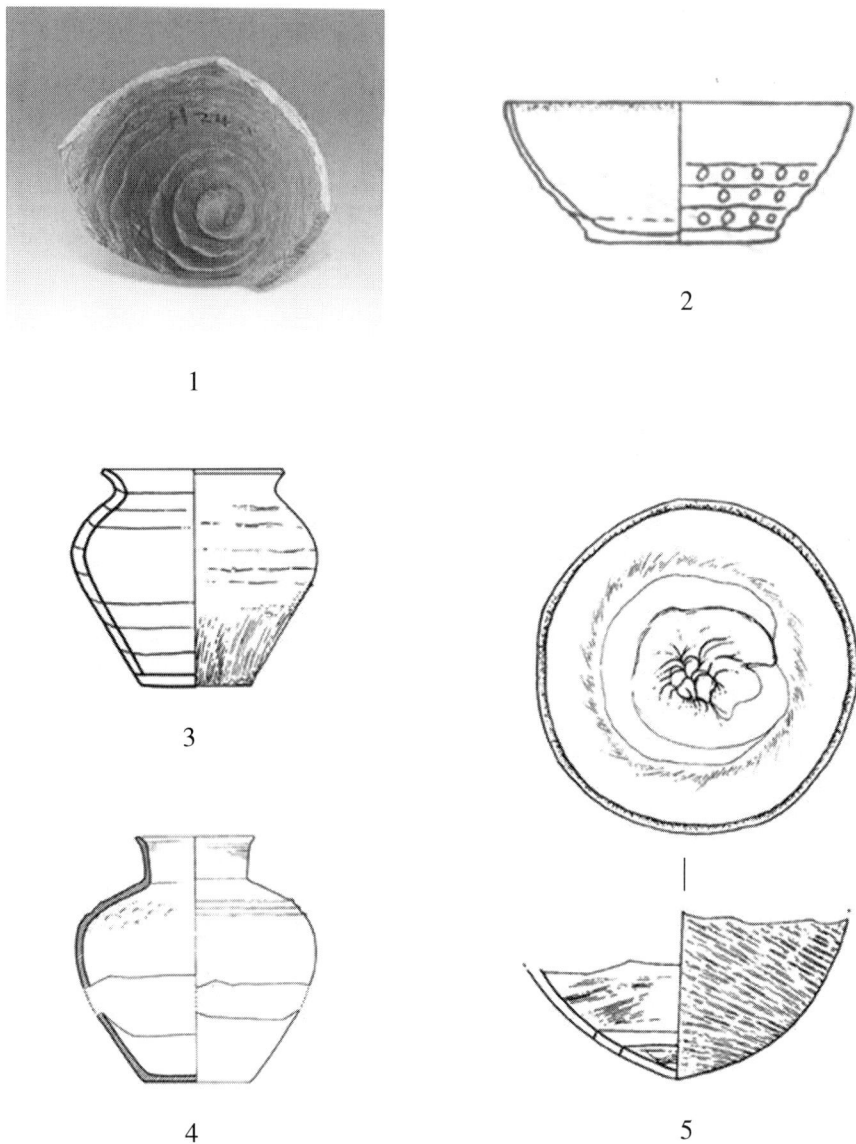

1

2

3

4

5

图二 西安半坡遗址、垣曲古城东关遗址、垣曲上亳遗址坯体成型及修整工艺

(1.引自《西安半坡》,2.引自《垣曲古城东关》,3~5.引自《垣曲上亳》)

1.瓶(H24:1),泥条盘筑;2.盆(ⅣH20:13),下腹壁用湿手指抹凹槽3周,后抹平修整;3.素面小罐(H30:17),九圈泥条依次叠筑,下腹部有纵向刮削修整痕;4.泥质罐(H11:1),肩内壁见右倾垫窝,逆时针方向拍打坯体,口沿处有慢轮修整的细密轮纹;5.尖底瓶(H78:7),内壁可见两条水平状泥条缝隙,内底中央有放射状褶皱,顺时针方向拍打修整器壁

由此可见,仰韶陶器制法多为手制,具体包括捏塑法与泥条筑成法两种,修整方式主要为慢轮修整、拍打、刮削等。

**二、仰韶文化制陶工艺工序**

通过对这些遗址制陶工艺的分析研究,发现仰韶文化制陶工艺总体上有着鲜明的特征和传统,现按制作工序分步阐述:

1.原料的选择和加工:仰韶文化时期的陶器有泥质陶和夹砂陶,泥质陶占比较高;该时期陶器的原料大多是普通易融黏土,来源主要是本地的各类黏土。陶器采用的原料可能经过筛选。如淅川沟湾遗址仰韶文化时期的泥料细腻,夹砂的颗粒较细且均匀[18];垣曲县古城东关遗址仰韶文化和渑池县班村遗址仰韶文化庙底沟类型的夹砂陶,所用的砂粒有明显的粗细之分[19],表明此时已经有了人工筛选陶土的工序。中国科学院上海硅酸盐化学与工学研究所周仁等认为"黄河流域一带的土,在化学组成上和古代陶片比较接近,我们只发现了红土和沉积土,它们的可塑性和操作性能都比较好,烧成温度也比较合适"[20]。李湘生则认为:"原始社会人们所采用的制陶原料,就是在他们住地附近的黄河及其支流岸边的这种经过自然淘洗而又极易取得的黄黏土"[21]。制作夹砂陶要掺入羼和料,仰韶文化时期的陶工制陶已经熟练地使用羼和料来调节陶土的性能。

2.成型:仰韶文化时期的陶器以手制为主。泥条筑成法是该时期陶器成型所采用的主要技法。部分小型器物或器物附件部位系捏塑而成,如罐耳、鼎足、鋬等;有的大型器物可能采用模制法成型。不同遗址陶器成型方式具有自己的特征,其中西安半坡遗址仰韶文化时期大型陶器疑似有外模具,口沿大多分筑后加到器体上[22];在鱼化寨仰韶早期标本中,泥条筑成法占比80%多,捏塑法主要应用于器物耳部,泥片贴筑法则是应用在一些器型相对简单的器物上[23];垣曲上亳遗址中,作者观察到该遗址仰韶文化中期的部分泥质类器物上遗留有细密规整的轮纹,如H73:6、H83:16、H83:19、H30:6、H30:15、H235:4、H235:7、H245:6、H245:9、H4:15、H229:14、H229:6等,推测一部分坯体是在慢轮上制作而成的[24];垣曲古城东关遗址仰韶陶器主要采用泥条圈筑和泥条盘筑两种方法[25];华阴兴乐坊遗址仰韶陶器多为泥条筑成,器形规整,如H6:137、H30②:15、H30②:11,内壁均有明显泥条盘筑痕迹[26];长武碾子坡遗址仰韶陶器制法全部为手制,除小型器系直接捏塑外,其余都采用泥条盘筑,如H2004:7、H1164:4、M1230:1、H1164:5,均可见清晰泥条盘筑凹凸痕,且尖底瓶、平底瓶、厚胎筒形杯和瓮下半部等器物的内壁明显留有泥条和手捏的痕迹[27];扶风案板遗址仰韶陶器制法多为手制,瓶类器内壁常见泥条盘筑痕迹,如H4:4[28]。另外宝鸡福临堡[29]、高陵杨官寨[30]、宝鸡北首岭[31]、华阴横阵[32]、蓝田新街[33]等遗址仰韶陶器制法也均为手制,主要采用捏塑与泥条筑成法。

3.修整:修整方式呈现多样化趋势,最为常见的修整方式有拍打、修抹、刮削、滚压、慢轮修整等。慢轮修整技术应用逐渐广泛。考古学家通过对仰韶文化时期陶器的统计分析[34]、模拟实验、经验总结[35],并结合民族学资料,认为仰韶文化时期就出现了慢轮技术,其主要用于修整口沿。制陶工具大致有竹木拍、刮板、陶锤和绕绳圆棍等。陶器成型后,经拍打修整,可以在器体内壁观察到垫窝痕迹;器物内外壁的细纹则为慢轮修整痕迹。

4.装饰:纹饰以绳纹(图三,1)和弦纹为主(图三,1~2),附加堆纹(图三,5)、指甲纹(图三,3)、戳印纹、剔刺纹(图三,4)为辅,也有陶衣和磨光,彩绘陶发展迅速,最具代表性的是鱼化寨仰韶文化早期标本中极富特色的宽窄带纹(图三,6)和鱼纹的彩陶纹样(图三,7)。纹饰大多是用拍子压印、绕绳圆棍拍打、刮板刻划而成,是在修整过程中产生的。仰韶彩陶上所涂的彩料大致有赭红、黑、白三种色彩。考古学家分析得出,仰韶时期的着色剂大部分是自然界的矿石,化学含量主要为Fe和Mn[36]。另外,陕西临潼姜寨遗址第二期出土的整套绘画工具,说明仰韶文化时期彩绘技术已经出现[37]。

5.烧制:仰韶陶器有红陶、灰陶、褐陶、黑陶等颜色,陶器烧制以氧化气氛为主、还原气氛少量。东关遗址和班村遗址出土的少量典型的仰韶文化时期的黑陶罐,采用的是窑内渗碳的方法[38],有些器

1

2

3

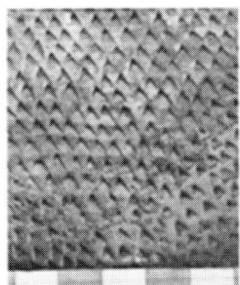

4

5

6

7

图三　各遗址的装饰工艺

（1.引自《西安半坡》图版一四八，2.引自《姜寨》，3.引自《西安半坡》，4.引自《西安鱼化寨》，5.引自《垣曲古城东关》，6~7.引自《西安鱼化寨》）

1.绳纹（P.4291），2.弦纹、绳纹（Ⅰ式 T127F35:3），3.指甲纹（P.4207），4.剔刺纹（W44:5），5.附加堆纹（Ⅰ H64:5），6.宽窄带纹（W77:2），7.鱼纹（H82:3）

物则采用套烧的方法烧成。仰韶文化时期的陶窑主要有横穴窑和竖穴窑两种，以横穴窑为主。目前发现的仰韶时期的陶窑见于半坡遗址、鱼化寨遗址、姜寨遗址、兴乐坊遗址、福临堡遗址、杨官寨遗址和零口村遗址等。考古学家在姜寨遗址发现的陶窑结构已相对完备，三座窑址皆为横穴窑，其中 Y1 保存较完整，它的窑室被破坏，窑门和火道保存完好，火膛局部被破坏(图四)。

根据对半坡遗址、鱼化寨遗址、沟湾遗址、上毫遗址等仰韶文化遗址的制陶工艺研究，可知仰韶文化时期的陶器制作工艺大体相同(表一)。仰韶时期陶器成型方式主要为泥条筑成法，但从对各个遗址仰韶时期陶器的观察总结来看，细节有所不同。从朱岗遗址仰韶文化庙底沟类型的彩陶鼓的内壁可以看出坯体呈倒立状态，为倒筑盘筑法[39]；大河村的大型尖底瓶则采用倒筑圈筑法[40]；古城东关遗址仰韶文化一期的罐、盆和小口瓶为正筑圈筑法[41]；而班村的小口尖底瓶则采用倒筑与正筑兼用的方法[42]；半坡遗址的大型器物疑似有外模具[43]；宝鸡北

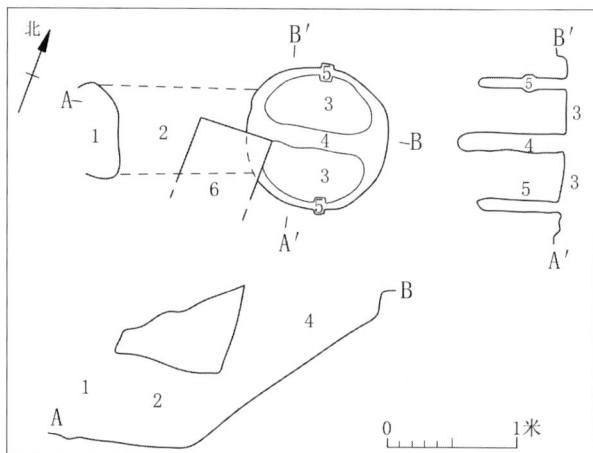

图四　姜寨 Y1 平、剖面图
(引自《姜寨——新石器时代发掘报告》)
1.窑门，2.火膛，3.窑室平台，4.中火道，5.环形火道，6.近代墓

首岭遗址的个别器物采用两种以上作法制成，如有的陶瓶上半部用泥条盘筑法制作，下半部则用模制，最后再粘接起来[44]；华阴横阵、长武碾子坡遗址仰韶陶器中的小型器物系直接捏塑，其余均泥条筑成[45]。由此可见，陶器成型的具体工艺可能与器型有关。

**表一　各遗址仰韶时期制陶工艺特点**

| 遗址名称 | 原料 | 羼和料 | 成型方式 | 修整 | 装饰 | 烧成 |
|---|---|---|---|---|---|---|
| 西安半坡遗址 | 易熔黏土 | | 泥条筑成（分筑），大型器物疑似有外模具 | 拍打、湿手抹平、慢轮修整 | 压印绳纹 | 氧化气氛 |
| 鱼化寨遗址 | 普通易融黏土 | 石英石、长石、云母等 | 捏塑法、泥条筑成法(主)、泥片贴塑法 | 轮修、刮抹、拍打 | 绳纹和弦纹（主）指甲纹、剔刺纹 | 氧化气氛(主)、还原气氛 |
| 淅川沟湾遗址 | 泥质(泥料清洗)和夹砂(颗粒筛选) | 蚌、滑石陶器 | 泥条筑成法、捏制法 | 拍打、刮削、滚压、慢轮修整 | | 氧化气氛和还原气氛、套烧 |
| 垣曲上毫遗址 | 本地普通易融黏土 | | 泥条筑成法、慢轮 | 刮削、拍打、湿手抹平、慢轮 | | |
| 垣曲县古城东关遗址 | 易熔黏土 | 砂粒、炭末、蚌壳、云母等 | 泥条筑成 | 刮削、拍打、湿手抹平、慢轮 | | 氧化气氛还原气氛窑内渗碳 |
| 渑池县班村遗址 | 易熔黏土 | | 泥条筑成 | 刮削、拍打、湿手抹平、慢轮 | | 氧化气氛还原气氛窑内渗碳 |
| 河南内乡朱岗遗址仰韶文化庙底沟类型 | | | 泥条筑成 | 刮削、拍打、湿手抹平、慢轮 | | |

(续上表)

| 遗址名称 | 原料 | 羼和料 | 成型方式 | 修整 | 装饰 | 烧成 |
|---|---|---|---|---|---|---|
| 郑州市大河村遗址仰韶文化 | | | 泥条筑成 | 刮削、拍打、湿手抹平、慢轮 | | |
| 荥阳沟湾遗址 | 普通易融黏土为主 | 灰、褐、黑颗粒为主 | 手制泥条筑成法为主 | 拍打、刮削、滚压、修抹、慢轮 | 素面磨光陶为主，另有线纹、弦纹、绳纹、篮纹、彩陶 | 还原气氛氧化气氛 |
| 荥阳青台遗址 | 普通易融黏土为主 | 灰褐色颗粒为主 | 手制泥条筑成法贯穿始终 | 拍打、滚压、刮削、修抹、慢轮 | 素面磨光陶为主，另有线纹、弦纹、绳纹、彩陶 | 还原气氛氧化气氛 |
| 华阴兴乐坊遗址 | | | 泥条筑成 | 广泛轮修，刮抹、按压 | 素面陶最多，纹饰依次为绳纹、线纹、彩陶，弦纹、附加堆纹较少 | |
| 宝鸡福临堡遗址 | | | 小型器物捏塑，其余泥条盘筑 | 轮修、刮抹、拍打 | 除素面抹光陶外，纹饰以绳纹、线纹为主，少量彩绘，还有弦纹、戳刺纹、指窝纹、附加堆纹等 | |
| 高陵杨官寨遗址 | | | 多为手制，泥条盘筑痕迹明显 | 轮修、刮抹、拍打 | 除大量素面陶外，纹饰以绳纹、线纹为主，另外还有少量的弦纹、附加堆纹和极少量的戳刺纹、划纹等。彩陶基本为黑彩 | |
| 彬县水北遗址 | | | 多为手制 | 轮修、刮抹、拍打、按压 | 多素面陶，纹饰以绳纹和线纹为主。少量彩陶，皆施黑彩 | |
| 扶风案板遗址 | | | 多为手制，瓶口沿内壁常见泥条盘筑痕迹 | 轮修、刮抹、刻划、拍打 | 除大量素面陶外，纹饰以绳纹占绝大多数，线纹次之，另有少量附加堆纹、按压纹等；彩陶主要为黑彩 | |
| 宝鸡北首岭遗址 | | | 以手制为主，有手捏和泥条盘筑法两种，少量模制 | 轮修、刮抹、压印、拍打、刻划 | 以绳纹和素面抹光为主，此外还有弦纹、附加堆纹、指甲纹、戳刺纹、划纹、席纹、植物碎屑纹和绘彩等 | |
| 华阴横阵遗址 | | | 小型器物捏制，其他泥条盘筑。 | 刮抹、拍打、刻划、轮修 | 素面居多，绳纹次之，弦纹、彩绘和附加堆纹较少 | |

(续上表)

| 遗址名称 | 原料 | 羼和料 | 成型方式 | 修整 | 装饰 | 烧成 |
|---|---|---|---|---|---|---|
| 长武碾子坡遗址 | | | 手制,除小型器系直接捏塑外,其余都采用泥条盘筑 | 轮修、刮抹、拍打、按压、刻划 | 以线纹、绳纹为主,素面抹光或磨光也有采用,彩绘极为少见。弦纹、指窝纹、戳刺纹和附加堆纹个别见到 | |
| 蓝田新街遗址 | | | 多为手制,泥条筑成 | 轮修、刮抹、拍打、按压、刻划 | 除大量素面抹光陶外,以绳纹、附加堆纹为多,亦有少量弦纹和压印纹及彩陶 | |
| 宝鸡石嘴头遗址 | | | 多为手制 | 轮修、刮抹、拍打、刻划、按压 | 多见素面陶,纹饰以绳纹、线纹和附加堆纹为主,还有极少量弦纹及篮纹 | |

### 三、小结

仰韶文化时期的陶器制作工艺大体相同,且陶器成型的具体工艺可能与器型有关。现将仰韶文化制陶工艺总结如下:原料为经人工筛选的本地黏土,通过羼和料调节性能;成型方式主要为泥条筑成法,辅以捏塑法、模制法,以手制为主;修整方式多样化,有拍打、修抹、刮削、滚压等,同时慢轮修整技术应用逐渐广泛;装饰以绳纹、弦纹为主,间有陶衣和磨光,彩陶发展迅速;主要用横穴窑以氧化气氛烧制陶器。

通过对仰韶文化制陶工艺的研究,一方面可以从制陶技术的兴衰推测仰韶文化居民生活方式的变化,另一方面一定程度上可以看到当时制陶业乃至整个手工业的发展情况,进而研究当时社会的发展面貌;还可以此为新视角对仰韶文化各遗址进行归类,在空间上找出拥有相似制陶工艺的遗址,在时间上找出拥有承继关系的遗址,时空结合,建立仰韶文化制陶工艺的序列,与当前仰韶文化的序列进行对比,剖析异同,并思考产生差异的原因。

综上所述,目前仰韶文化的制陶工艺研究尚显薄弱,主要表现在仍限于对少量孤立、单个遗址的制陶工艺的讨论研究,对某个遗址仰韶时期的陶器制作工艺有详细的分期观察,但对于仰韶文化整体的制陶工艺分期不明显;制陶技术的区域性特征不明确,不能仅从几个遗址中得出对该文化整个制陶工艺的概述;慢轮修整和装饰工艺等具体操作方法

也不明确。因此,我们必须进行更深入的研究,首先争取对尽可能多的仰韶文化遗址进行制陶工艺方面的研究,在此基础上对仰韶文化各时期制陶工艺的共性特点及个性差异进行科学的对比总结,弄清制陶工艺工序之间的划分标准和继承关系,以推动仰韶文化制陶工艺的相关研究踏上新的台阶。

注释:

① 叶喆民:《中国陶瓷史》,三联书店,2011年,第26-34页。

② 中国科学院考古研究所:《西安半坡》,文物出版社,1963年,第148-170页。

③ 尚民杰、张翔宇、郭永淇、呼安林、翟霖林:《西安鱼化寨遗址发掘简报》,《考古与文物》2012年第5期。

④ 翟扶文:《西安鱼化寨遗址仰韶早期制陶工艺的观察和分析》,西北大学硕士学位论文,2015年。

⑤ 张智尚:《淅川沟湾遗址制陶工艺观察》,郑州大学硕士学位论文,2012年。

⑥ 王小娟:《垣曲上亳遗址陶器研究》,山西大学硕士学位论文,2009年。

⑦ 山西省考古研究所:《垣曲上亳》,科学出版社,2010年。

⑧ 李文杰:《中国古代制陶工程技术史》,山西教育出版社,2017年,第57-112页。

⑨ 许朝霞:《荥阳汪沟遗址制陶工艺研究》,山西大学硕士学位论文,2021年。

⑩高维婷：《荥阳青台遗址制陶工艺研究》，山西大学硕士学位论文，2021年。

⑪刘建峰、张军龙、郭强等：《陕西华阴兴乐坊遗址发掘简报》，《考古与文物》2011年第6期。

⑫李遇春：《陕西华阴横阵发掘简报》，《考古》1960年第2期。

⑬王炜林、张鹏程、袁明等：《陕西高陵杨官寨遗址发掘简报》，《考古与文物》2011年第6期。

⑭钱耀鹏、刘斌、蔡晋等：《陕西扶风案板遗址2012年发掘简报》，《考古与文物》2017年第5期。

⑮中国社会科学院考古研究所：《宝鸡北首岭》，文物出版社，1983年。

⑯中国社会科学院考古研究所：《南邠州·碾子坡》，世界图书出版公司北京公司，2007年。

⑰杨亚长、刘军幸、张明惠等：《陕西蓝田新街遗址发掘简报》，《考古与文物》2014年第4期。

⑱张智尚：《淅川沟湾遗址制陶工艺观察》，郑州大学硕士学位论文，2012年；张贤蕊：《沟湾遗址出土史前陶器的制作工艺与产地研究》，郑州大学硕士学位论文，2018年。

⑲佟伟华、张威、许志勇、张素琳：《1982-1984年山西垣曲古城东关遗址发掘简报》，《文物》1986年第6期。

⑳周仁、张福康、郑永圃：《我国黄河流域新石器时代和殷周时代的制陶工艺科学研究》，《考古学报》1964年第1期。

㉑李湘生：《试析仰韶文化彩陶的泥料、制作工艺、轮绘技术和艺术》，《中原文物》1984年第1期。

㉒中国科学院考古研究所：《西安半坡》，文物出版社，1963年，第148-160页。

㉓尚民杰、张翔宇、郭永淇、呼安林、翟霖林：《西安鱼化寨遗址发掘简报》，《考古与文物》2012年第5期。

㉔王小娟：《垣曲上亳遗址陶器研究》，山西大学硕士学位论文，2009年。

㉕中国历史博物馆考古部、山西省考古研究所、垣曲县博物馆：《垣曲古城东关》，科学出版社，2001年。

㉖刘建峰、张军龙、郭强等：《陕西华阴兴乐坊遗址发掘简报》，《考古与文物》2011年第6期。

㉗中国社会科学院考古研究所：《南邠州·碾子坡》，世界图书出版公司北京公司，2007年。

㉘钱耀鹏、刘斌、蔡晋等：《陕西扶风案板遗址2012年发掘简报》，《考古与文物》2017年第5期。

㉙张天恩：《陕西省宝鸡市福临堡遗址1985年发掘简报》，《考古》1992年第8期。

㉚王炜林、张鹏程、袁明等：《陕西高陵杨官寨遗址发掘简报》，《考古与文物》2011年第6期。

㉛中国社会科学院考古研究所：《宝鸡北首岭》，文物出版社，1983年。

㉜李遇春：《陕西华阴横阵发掘简报》，《考古》1960年第2期。

㉝杨亚长、刘军幸、张明惠等：《陕西蓝田新街遗址发掘简报》，《考古与文物》2014年第4期。

㉞李仰松：《仰韶文化慢轮制陶技术研究》，《考古》1990年第12期。

㉟周仁、张福康、郑永圃：《我国黄河流域新石器时代和殷周时代的制陶工艺科学研究》，《考古学报》1964年第1期。

㊱李湘生：《试析仰韶文化彩陶的泥料、制作工艺、轮绘技术和艺术》，《中原文物》1984年第1期。

㊲李文杰：《中国古代制陶工艺研究》，科学出版社，1996年。

㊳李文杰：《中国古代制陶工程技术史》，山西教育出版社，2017年，第57-112页。

㊴李文杰：《中国古代制陶工程技术史》，山西教育出版社，2017年。

㊵张建华、王广才、张栓堂等：《郑州大河村遗址2014~2015年考古发掘简报》，《华夏考古》2016年第3期。

㊶佟伟华、张威、许志勇、张素琳：《1982-1984年山西垣曲古城东关遗址发掘简报》，《文物》1986年第6期。

㊷李文杰：《中国古代制陶工艺研究》，科学出版社，1996年。

㊸中国科学院考古研究所：《西安半坡》，文物出版社，1963年，第148-170页。

㊹中国社会科学院考古研究所：《宝鸡北首岭》，文物出版社，1983年。

㊺李遇春：《陕西华阴横阵发掘简报》，《考古》1960年第2期；中国社会科学院考古研究所：《南邠州·碾子坡》，世界图书出版公司北京公司，2007年。

（作者单位：西北大学文化遗产学院）

# 浅谈江苏地区出土的汉代博局镜

◇ 左　悦

**内容提要**:本文在梳理博局镜的命名溯源及相关研究的基础上,结合考古报告等资料,对江苏地区出土汉代博局镜进行整理分型,补充常见纹饰、铭文的分类分期特点,并分析其文化含义。

**关键词**:江苏　汉墓　铜镜　博局纹　四神

博局纹是汉代铜镜最具特色的纹饰之一,对于"博局纹"的来源探讨以及其与"规矩纹"的命名众说纷纭。博局镜主要流行于西汉晚期至东汉早期,王莽时期尤盛。它以博局纹为主纹,常辅以四神纹、神兽纹、禽鸟纹、龙虎纹,还多刻"尚方"铭、"十二辰"铭、"丹阳"铭等。江苏地区出土两汉博局镜的数量较多,本文对其分型、纹饰和铭文进行重新整理,并浅谈其中的文化内涵。

## 一、博局纹镜命名溯源及相关研究

### (一)博局纹的命名与溯源

关于博局纹的定名和来源主要有三种观点:第一,其代表木工中"规"和"矩"的图案,应称"规矩纹";第二,此纹饰由战国时期的山字纹、蟠螭纹,或草叶纹等演变而来;第三种,也是本文采用的观点,近年研究多认为它来自六博棋局图像,应称博局纹,这一观点因各地博局实物及图像的不断发现而颇具说服力。

博局纹初称"规矩纹",由梅原末治首次命名,梁上椿《岩窟藏镜》云"(规矩纹)由铭带四边中心各出一T形,其对向为L形,又铭带四角之对向为V

形……外人称为TLV式,国人则以字铭命名,梅原氏谓为方格规矩云"①,但他认为博局纹源于"山字纹、细地纹镜之细文及蟠螭纹"②。

赵战护《试论博局镜的命名问题》一文梳理了学界对博局纹(规矩纹)的命名的不同观点:樋口隆康、董鸿闻、梅兴铨等学者认为与矩和规的图案有关;中山平次郎提出规矩纹是"西汉中、后期草叶纹镜、叶纹镜的草叶纹变化的产物"③,但他也注意到了规矩纹与六博图案的关系。

王士伦《浙江出土铜镜选集》、熊传新《谈马王堆三号西汉墓出土的陆博》等文章都认为博局纹源自秦汉六博棋局上朱色线条的图案④。周铮《"规矩镜"应改称"博局镜"》、王旭《伊湾博局占与博局纹铜镜》,列举了"刻具博局去不羊(详)""刻治博局中兼方"等铭文⑤,更加明确了博局纹镜与"博局"的联系。

傅举有《论秦汉时期的博具、博戏兼及博局纹镜》整理了目前出土博局相关文物的墓葬,并通过图像比较(图一),认为"(所谓规矩纹)的排列组合是固定的有规律的,与博局的曲道完全相同"⑥,同时博局纹镜的产生、兴盛和消失时段又和博戏的发展趋势是吻合的,"对博局说进行了较为系统的总结"。

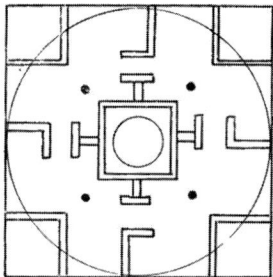

图一　博局与博局纹镜重叠吻合⑦

(二)博局镜的相关研究

铜镜研究综合性著作,以孔祥星、刘一曼《中国古代铜镜》和管维良《中国铜镜史》为代表:前者采用"规矩纹镜"的命名,将规矩镜分为四神规矩镜、鸟兽纹规矩镜、几何纹规矩镜和简化规矩镜;后者使用"博局纹镜"的命名,将其分为博局四神镜、博局鸟兽纹镜、博局八鸟镜、博局几何纹镜和简化博局镜五型⑧。

傅举有《论秦汉时期的博具、博戏兼及博局纹镜》将常见博局镜分为七类:博局蟠螭纹镜、博局草叶纹镜、博局四虺纹镜、博局四神镜、博局禽兽纹镜、博局几何纹镜、变形博局纹镜⑨。

目前对博局镜的研究集中于纹饰与铭文,如张宏林《博局铭文镜刍议》、杨玉彬《阜阳出土新莽"井田"铭博局镜及相关问题》、程万里《汉代铜镜中的四神纹饰研究》等;也着重于博局镜发展流变与时代特征的研究,如陈静《试论汉代博局纹镜的流变》、孙洁《王莽时期博局纹镜研究》。

**二、江苏出土的汉代博局镜分类**

江苏地区在两汉曾分属会稽郡(吴郡)、临淮郡、东海郡、广陵郡、丹阳郡等,亦先后分封有异姓楚国、刘姓楚国、刘姓荆国、吴国、江都国、广陵国、泗水国、下邳国等,出土博局镜数量较多,大多数都出自中小地主、官僚阶层或诸侯国贵族的墓葬。但一些发掘报告尚未发表,很多铜镜也缺少清晰详细的资料。本文以目前已发表的考古发掘报告为主,综合部分博物馆藏镜,将江苏出土的汉代博局镜大致分为如下几型:

(一)博局四神镜

出土数量最多,也最具代表性。柿蒂纹方形钮

座,座外大多有四乳丁或八乳丁。博局纹间列四神——青龙、白虎、朱雀、玄武,且"玄武的形象主要是龟蛇合体,但少数为龟蛇分离或有蛇无龟"⑩,间饰鸟兽、羽人等,镜缘饰锯齿纹或云气纹。基本出自西汉晚期至东汉早期墓葬,也有少数出自东汉晚期墓葬。其中扬州东风砖瓦厂汉代木椁墓群 M7 出土的一面博局四神镜镜背有鎏金痕迹,相对少见。无铭博局四神镜在仪征国庆前庄 12 号墓 (图二)、邗江姚庄 101 号墓等均有出土。

图二　仪征国庆前庄 12 号墓博局四神镜拓片⑪

《中国铜镜史》将带铭博局四神镜分为三式:第一式为方格铭带博局四神镜,钮座方格内刻一圈"铜华"铭,但笔者尚未在江苏出土铜镜资料中看到;第二式为分离式博局四神镜,即铭文将博局纹分为内外两部分,也少见;第三式为铭文带博局四神镜,即主纹外一圈铭文,多为锯齿纹或云气纹缘,在江苏出土博局四神镜中数量最多,铭文内容以"尚方"铭最为常见:"尚方乍(作)竟(镜)真大巧(或作"好"),上有仙人不知老,渴饮玉泉饥食枣",在江苏地区似乎只出自东汉墓葬,如高淳县下坝东汉墓、南京曹家边遗址汉墓、淮安金湖西安村墓地(图三)。

图三　淮安金湖西安村墓地博局四神镜拓片⑫

部分铭文带博局四神镜还会在座外方框乳丁间刻十二地支铭,高淳固城汉墓、新沂市乱墩汉墓群Ⅰ号墩等均有出土,其中Ⅰ号墩发掘报告将铜镜铭文最后几字释为"渴饮玉泉[保子]",笔者认为或应释为"保子",省略了"孙"字(图四)。

图四　新沂市乱墩汉墓群 I 号墩博局四神镜拓片⑬

第二类常见铭文为"佳镜"铭:无锡博物院藏1面博局四神镜(图五),铭"作佳镜哉真大好,上有仙人不知老,渴饮饥食";六合李岗汉墓出土1面(图六),将十二地支和"佳镜"铭相结合(图六):"作佳镜哉真大好,上有仙人不知老,渴饮澧泉饮食枣,左龙右虎辟除道,浮游天下敖四海,寿如金石为国保"。

图五　无锡博物院藏博局四神镜及铭文局部

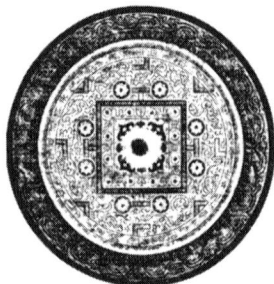

图六　六合李岗汉墓博局四神镜拓片⑭

"大山"铭常见于西汉晚期至新莽墓葬的铜镜中:盱眙东阳汉墓群 M30 出土1面(图七),内区为十二地支铭,外区铭"上于大山见神人,食玉英兮饮澧(醴)泉,驾文⑮龙,乘浮云,宜官秩,保子孙,寿万

图七　盱眙东阳汉墓群 M30 博局四神镜拓片⑯

年,贵富昌,乐未央";徐州后山西汉墓出土1面,铭"上大山,见神人,食玉英,饮澧(醴)泉,驾交(蛟)龙,乘浮云,宜官秩,保子孙",徐州闫山 M2 出土博局四神镜(图八)铭文相似,但缺少"宜官秩,保子孙"六字。

图八　徐州博物馆藏博局四神镜(闫山 M2 出土)

还有一些不常见的铭文,如盱眙东阳汉墓 M4 出土博局四神镜,缘铭"金之青"铭:"金之青,视吾形,见至□,长思君,时来游,宜子孙,乐无忧"。

常州博物馆藏1面东汉博局四神镜 (图九),座外双线方格内十二乳及十二地支铭方折环列,外铭"王氏昭(造)竟(镜)四夷服,多贺新家人民息,胡虏殄灭天下复,风雨时节五谷熟,官位尊显蒙禄食,长保二亲子孙力,传告后世乐毋极"。扬州凤凰河工地出土"骊(骃)氏作竟"铭画像镜有相似铭文,但第二句为"多贺国家人民息","新家"代替"国家"的变化,应与王莽建立新朝的历史变革相关,故笔者认为常博所藏此枚博局四神镜,时代定为新莽会更准确。

图九　常州博物馆藏"王氏昭竟"铭博局四神镜
(1980 年常州汽车修配厂胡家墩出土)

(二)博局鸟兽纹镜

江苏地区的博局鸟兽纹镜多出于新莽时期墓葬,此型镜往往尺寸较大,柿蒂纹方形钮座,座外饰博局纹和神兽,《中国铜镜史》定义其只出现四神中的青龙、白虎和朱雀,且没有固定方位,杂以鸟兽、羽人等图案。

扬州市郊新莽墓出土1面(图十),半球纽,柿蒂纹纽座,虽无铭文,但纹饰华丽。座外方栏外侧四角各有一乳丁,周有四柿蒂纹,博局纹间共四乳八鸟兽:羽人二、神像、独角兽、四神(无玄武)、熊罴各一,羽人和神像间还置青铜樽。

图十 扬州市郊新莽墓博局鸟兽纹镜拓片[17]

尹湾汉墓群出土2面:一面座内九乳丁,座外八乳丁,博局纹间饰神兽纹,外区铭文"汉有善铜出丹阳,卒以银锡清而明,刻治六博中兼方,左龙右虎游四彭,朱爵(雀)玄武顺阴阳,八子九孙治中央,常葆父母利弟兄,应随四时合五行,浩如天地日月光,照神明镜相侯王,众真美好如玉英,千秋万世长乐未央兮"[18],为典型的"丹阳"铭;另一面钮座外有十二乳丁,乳丁间铭"长宜子孙"。

徐州距山汉墓群出土1面,铭"寿言之纪从竟(镜)始,长葆(保)二亲利孙子,辟去不羊(祥)宜古木从今"。

新沂乱墩汉墓群 I 号墩出土2面,分别刻十二辰铭和"尚方"铭[19]。

(三)博局八鸟镜

与博局四神镜布局大致相同,钮外有十字形竖线,博局纹间为对称的八鸟图案,缘多锯齿纹。基本出土于东汉墓葬,苏州真山四号墩、南京浦口、江宁前郑家边东汉墓(图十一)、栖霞上坊庄汉墓(图十二)、邳州山头东汉家族墓地都有博局八鸟镜出土,铭文见"来(枣)言作竟(镜),始治(冶)同(铜)易(锡)去无宰(滓),长保二亲利孙子"("来言"铭)和"尚方"铭等。

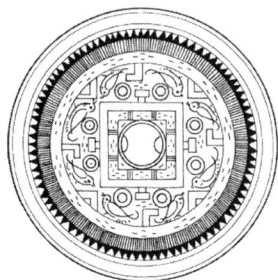

图十一 江宁前郑家边东汉墓博局八鸟镜线图[20]

图十二 栖霞上坊庄汉墓博局八鸟镜线图[21]

(四)博局龙虎纹镜

《中国铜镜史》与《中国古代铜镜》并未提及,江苏地区出土此型镜的资料也很少。高淳固城东汉晚期墓葬出土1面(图十三),圆钮,圆钮座,博局纹与龙虎纹相间,内区博局纹间为双龙双虎,外为双线波折纹,其特殊之处为,双龙双虎纹一般见于多乳神兽镜,这可能是博局镜发展到东汉中晚期,和龙虎对峙图案结合的一种新形式。

图十三 高淳固城汉墓博局龙虎纹镜拓片[22]

(五)博局几何纹镜

纹饰逐渐趋于简化,无鸟兽图案,只有菱纹等简单几何纹,缘饰锯齿纹一周,少有铭文。《中国古代铜镜》认为其演化自博局四神镜,时代为新莽或东汉初年。宿扬高速公路汉墓出土一面(图十四),博局纹与交叉菱形纹相间。

图十四 宿扬高速公路汉墓博局几何纹镜[23]

(六)简化博局镜

省略 T、L、V 中的一种或两种符号,是一种简化的博局纹。《中国古代铜镜》认为此型镜为博局四神镜的退化,时代约在东汉初到东汉中叶。江苏地区简化博局镜出土数量较少,但似乎部分时代早于东汉初年。

扬州市郊新莽墓出土1面,省略了L纹,座外方栏外饰四只对称螭虎纹。

邗江甘泉顺利东汉墓出土1面(图十五),钮座四边伸出T形纹,省略了L和V纹,四乳丁分隔四区,分饰四神图案,外区为变形几何云纹和神兽。周铭"汉有善铜出丹阳,取之为镜清如明,左龙",是省句的丹阳铭(善铜铭)。

图十五　甘泉顺利东汉墓简化博局镜拓片㉔

南京六合葛塘汉墓出土1面(图十六),省略了L纹,钮座内四角被四直线分隔开,博局纹间饰凤鸟图案,外为短斜线纹和弦纹,无铭文。

图十六　六合葛塘汉墓简化博局镜拓片㉕

(七)西王母博局镜

《中国铜镜史》与《中国古代铜镜》并未将其列作单独的博局镜型,出土较少,但除江苏外,部分博物馆和铜镜著录也见此型镜,笔者根据铜镜的博局纹间饰西王母故事,而尝试命名。

仪征化纤工地汉墓出土1面,内区饰西王母、玉兔捣药、奔兔、飞鸟、朱雀、瑞兽、羽人等(图十七),双弦纹外饰回纹带,无铭文。

扬州蜀岗新莽墓出土1面,纹饰为玉兔跪向西王母,另外三区分饰六神兽,但未见玉兔捣药的动作,只出现了药樽与药勺;丹阳铜镜青瓷博物馆藏1面东汉西王母博局镜,西王母身侧为持节羽人和玉兔捣药。

图十七　仪征市博物馆藏西王母博局镜
(仪征化纤工地汉墓出土)

(八)其他镜型

《中国古代铜镜》和《中国铜镜史》都将博局蟠螭纹镜、博局草叶纹镜归于其他镜类下,这两型镜在江苏地区均有出土,时代均为西汉,属于博局镜发展初期,部分沿袭了战国秦汉铜镜特点,与西汉早中期常用纹饰结合的镜型。

1.博局草叶纹镜

博局纹间饰连叠草叶纹,大云山江都王陵出土2面(图十八),均为兽形钮,方形钮座,座外四角分饰双叠状草叶纹,间饰龙纹,外为博局纹,缘一饰十六内向连弧纹、一饰二十内向连弧纹,无铭文。

图十八　江都王陵一号墓博局草叶纹镜拓片㉖

2.博局蟠螭纹镜

博局纹间杂蟠螭纹,素缘,主要见于徐州西汉早期后段墓葬,均为三弦钮。

徐州顾山西汉墓出土1面(图十九),钮外环绕二龙,雷纹地,钮座外方格铭"大乐贵富得□□千秋万岁延年益寿",笔者根据常见铭文和铜镜拓片推测缺失字为"所好","寿"与"大"的交角有一鱼状物。

徐州黑头山刘慎墓出土1面,博局纹间饰蟠螭纹和勾连纹,无铭。

44

图十九　徐州顾山西汉墓博局蟠螭纹镜拓片㉗

### 三、江苏出土汉代博局镜的常见纹饰及其文化含义

除博局纹外，汉代博局镜的纹饰常见四神、羽人、禽鸟、神兽、龙虎等，表达了汉代人对自然、宇宙的认识，体现了汉代的宗教神话观和艺术审美。

（一）天圆地方与四象星宿——博局纹和四神图案中的宇宙观

《淮南子·天文训》曰："天道曰圆，地道曰方"，与铜镜的圆形形制和方形钮座相呼应，被博局纹和乳丁分割成的四区亦给人以方正之感。

博局纹本身也与汉代人的宇宙观有联系，如日本学者驹井和爱认为博局纹中的 T 纹、L 纹和 V 纹，分别象征地的四方、天的四方和四维；李学勤先生则认为博局纹代表了"八极"；刘晓《试论博局纹饰的文化内涵》，提到博局纹的曲道经不同方式分割，可分别对应四方、五位、八位的不同布局。

博局镜也常用四神纹饰，表达中央——四方的空间观念和五行思想。中国古代将恒星分为"三垣"与"四象"，"三垣"环绕北极星，"四象"则布于"三垣"外围。《汉书·天文志》载："东宫苍龙……南宫朱鸟……西宫咸池……参为白虎……北宫玄武"㉘。《淮南子·天文训》也对五星（即五行）做出解释：东方，木也，其兽苍龙；南方，火也，其兽朱鸟；中央，土也，其兽黄龙；西方，金也，其兽白虎；北方，水也，其兽玄武。四神——青龙、白虎、朱雀、玄武的形象，即源于此类观念，且四神无论是作为主纹还是与其他图案组合，都遵循了上朱雀、下玄武、左青龙、右白虎的方位，即希冀通过四神分守四位，来镇守四方太平。

可以说，博局纹与四神纹饰，都与四象五行的观念和汉代人的天人意识密不可分，体现了汉代的宇宙观和五行思想。

（二）神人瑞兽图案中的宗教观与神话传说

汉代谶纬学说与神仙思想兴盛，留下了大量神话、民俗、瑞兽的记载与传说，对成仙的追捧热潮也影响了博局镜的装饰图案。

1.西王母与东王公形象

西王母是汉代具有影响力的民间信仰，西汉晚期至东汉早期，逐渐成为铜镜的常见纹饰。西汉晚期至新莽，西王母两侧尚无侍臣，仅有玉兔、九尾狐与三足乌相伴，主神地位并不明显；东汉早期，西王母多作拱手、头戴胜状，两侧增加侍臣、青鸟、龙虎等图案；东汉中晚期其对偶神东王公出现，二者属对等的主神地位，形象由简约神人逐渐接近俗世贵族。"东汉晚期，铜镜配图深受当时道教神仙思想的需要，形成了一个上下分层排列，左右尊卑有序的'诸神体系'"㉙。

江苏地区出土的西王母博局镜不多，前文提到的仪征化纤工地和蜀岗出土的两面分属西汉和新莽时期，西王母只位于四区之一，主神地位不明显；身侧虽无侍臣，只有玉兔，但又可见朱雀、瑞兽、羽人等图案，说明已向东汉早期的西王母图案系统过渡。

2.寄托于禽兽纹饰的祥瑞思想

汉代博局镜除了四神，还间饰各色神禽瑞兽，如龙、虎、蟠螭、凤鸟、熊、羽人等祥瑞图案。《汉书·爰盎晁错传》云："德上及飞鸟，下至水虫，草木诸产，皆被其泽。然后阴阳调，四时节，日月光，风雨时，膏露降，五谷孰……神龙至，凤鸟翔，德泽满天下，灵光施四海"㉚，祥瑞，既被统治者用来维护政权的正当性，也寄托了普通民众对美好生活的向往。

龙虎纹饰是这些祥瑞形象中比较特别的一类，有学者认为，此类纹饰并非刻画猛兽间的凶猛对峙，而是以龙虎交媾的图案来再现汉代人遗留的图腾崇拜，是象征着繁衍生育的神兽。

此外，上文提到的"四神"象征着阴阳五行思想与镇守四方的祈愿；鹿、羊等在汉代神话中是仙人的坐骑；鱼是仙人的使者，有引导升仙的寓意；蟾蜍与月、西王母和不死药有着紧密联系；凤鸟则与朱雀相似，是守护昆仑天阙的神鸟……博局镜，乃至其他汉镜中的神禽瑞兽图案体现了祥瑞和神话传说在汉代的兴盛。

### 四、江苏出土汉代博局镜的主要铭文

铭文也是博局镜的重要纹饰之一,江苏出土的带铭博局镜数量过半,常见"尚方"铭、"佳镜"铭、"丹阳"铭、"大山"铭等,反映了汉代的思想文化与社会生活。

#### 1.反映社会世俗思想

西汉早期至武帝时期,休养生息的政策促进了工商业的发展;而西汉末至东汉初土地兼并严重,庄园经济兴起,两个时期经济发展不同,但都出现了表达追求安居乐业、富贵平安的博局镜铭文,如"贵富昌""大乐贵富""胡虏殄灭天下复,风雨时节五谷熟"等。

在汉代三公九卿制度背景的影响下,出土博局镜也有不少铭文用于表达对高官厚爵的热衷与向往,如"官位尊显蒙禄食""宜官秩"。

另一方面,铜镜铭文还反映了百姓对延年益寿、子孙繁茂、去除不祥的向往,如"长宜子孙""保子孙,寿万年""寿言之纪从竟(镜)始,长葆(保)二亲利孙子,辟去不羊(祥)宜古木从兮"。

#### 2.反映神仙思想和五行观念

两汉时期神仙思想兴盛,这种求仙热潮也体现在博局镜的铭文中,尤其"尚方"铭中"尚方作镜真大巧,上有仙人不知老,渴饮玉泉饥食枣",常见于东汉早期墓葬博局四神镜或博局八鸟镜;再如"上于大山见神人,食玉英兮饮澧泉,驾文龙,乘浮云,宜官秩,保子孙,寿万年,贵富昌,乐未央",在江苏地区基本见于新莽墓葬中的四神博局镜。这两类铭文都表达了对长生不老、修道成仙、驾龙乘云的向往。

又有如"丹阳"铭中的"左龙右虎游四彭,朱爵(雀)玄武顺阴阳,八子九孙治中央……应随四时合五行"等句,与博局四神的纹饰相呼应,反映了阴阳五行、四方中央的天人观和五行思想。

#### 3.反映铜镜商品化的发展

在铜镜商品化发展的背景下,汉代官营铜镜作坊常使用"尚方乍(作)竟(镜)真大巧"以示制作铜镜质量之高,一些私营作坊也会使用"尚方"铭加以附会,或直接带商家名号来宣传,如常州博物馆藏"王氏昭(造)竟(镜)"铭博局四神镜;又如"汉有善铜出丹阳,卒以银锡清而明"等铭文,通过夸赞产地和材质来宣传铜镜。

#### 4.反映政治变革

博局镜盛行于新莽,铭文也在这一时期出现了很多变化,这些变化与王莽建朝改制等政治变革密不可分。如前文提到的"多贺国家人民息"向"多贺新家人民息"的转变,就反映了恭贺新莽政权建立、国家太平、人民休养生息的祈愿;博局镜中的十二地支方格铭也兴于此时,有学者认为,十二地支铭代表土德,它的流行迎合了刘歆"新五德终始说",反映了王莽利用五行观念巩固政权合法性的历史背景。

### 五、结语

铜镜中的博局纹源自秦汉六博棋局图案,同时也反映出汉代人对天象宇宙和五行的理解。本文整理了江苏出土的两汉博局镜,结合前人研究,将其分为博局四神镜、博局鸟兽纹镜、博局八鸟镜、博局龙虎纹镜、博局几何纹镜、简化博局镜、西王母博局镜、博局草叶纹镜和博局蟠螭纹镜九型。

江苏地区出土博局镜在发展初期沿袭了对战国至西汉早期的蟠螭纹、草叶纹的继承,仍带有兽形钮、三弦钮等早期汉镜的特点,纹饰线条相对简洁、程式化;西汉晚期至新莽,柿蒂纹方形钮座流行,出土博局镜风格变化较明显,特别是四神图案的大量应用和西王母等图案的融入,纹饰更加复杂灵动,故事性也更强;东汉以后博局八鸟镜、博局几何纹镜和简化博局镜等渐起,但后两者虽源自博局四神镜,却将博局镜纹饰朝着简化的方向发展;此外江苏地区还出土了较少见的博局龙虎纹镜,可能是双龙双虎纹在东汉中后期与博局纹结合的新形式。

早期博局镜少见铭文,西汉晚期至新莽时期随着纹饰的发展,铭文也丰富多样,有外区铭文带和方格铭带两种,减字省句、改字讹字现象常见,字体古朴、线条灵动。常见铭文中,"佳镜"铭、"大山"铭等西汉晚期至新莽就已出现;十二地支方格铭出现于新莽前后;"尚方"铭和"丹阳"铭一般见于东汉以后墓葬中的博局镜。这些铭文既反映了世俗思想和五行观念的兴盛,也从不同角度体现了政治的变革和经济的发展。

附表　部分江苏出土汉代博局镜一览

| 铜镜型式 | 出土/收藏地点 | 数量 | 墓葬时代 | 墓主身份 | 直径(cm) | 铭文 |
|---|---|---|---|---|---|---|
| 博局四神镜 | 常州兰陵恽家墩汉墓 M5 | 1 | 新莽至东汉早期 | | 16.2 | 不详 |
| | 常州汽车修配厂胡家墩(常州博物馆藏) | 1 | 东汉 | | | 十二辰;"王氏昭竟"铭 |
| | 无锡博物院藏 | 7 | | | 18.8 | 笔者释读"常宜子孙,□□富昌,乐未央…安宁",多字模糊难辨 |
| | | | | | 11.2 | 不详 |
| | | | | | 10.7 | |
| | | | | | 13.6 | 笔者释读"驾交"二字,疑为"上大山"铭 |
| | | | | | 16 | 笔者释读"寿如金石"四字 |
| | | | | | 13.8 | 笔者释读为"佳镜"铭 |
| | | | | | 17.7 | 不详 |
| | 邵仙引河工地和凤凰河工地墓群 | | 大多为东汉墓葬 | | 11 左右 | |
| | 扬州东风砖瓦厂汉代木椁墓群 M7 | 1 | 新莽或东汉初期 | | 17.8 | |
| | 邗江姚庄 101 号墓 | 2 | 西汉晚期 | 墓主官秩当在六百石至二千石间,或为广陵国中级武官 | 14 | |
| | 高淳县下坝东汉墓 GBM1 和 GBM2 | 4 | 东汉早期 | 中小地主身份 | 15.6 | |
| | | | | | 19.2 | "尚方"铭 |
| | | | | | 17.8 | "尚方"铭 |
| | | | | | 16 | |
| | 高淳固城汉墓 89GGM1 | 1 | 东汉晚期 | 一般贵族平民 | 17.2 | 十二辰;"尚方"铭 |
| | 溧水洪蓝木头山汉墓 M5 | 1 | 东汉早期 | | 15 | "尚方"铭 |
| | 江宁曹家边遗址汉墓 M1 | 1 | 东汉前期 | 可能为贵族或官僚 | 13.3 | "尚方"铭 |
| | 六合李岗汉墓 M1 | 1 | 新莽 | 或为堂邑县贵的家眷 | 23 | 十二辰;"佳镜"铭 |
| | 仪征国庆前庄 12 号墓 | 1 | 西汉晚期 | 应属于士大夫阶层,推测为武官 | 9.7 | |
| | 盱眙东阳汉墓 M4 | 1 | 西汉晚期至新莽 | 中小地主和官僚阶层 | 18.6 | "金之青"铭 |
| | 盱眙东阳汉墓群 M30 | 1 | 新莽 | 可能与"陈"姓相关 | 18.8 | 十二辰;"大山"铭 |
| | 淮安金湖西安村墓地 M8 和 M41 | 2 | | | 15.7 | "尚方"铭 |
| | | | | | 14.7 | |
| | 徐州闫山 M2(徐州博物馆藏) | 1 | 西汉 | | 14.1 | |
| | 距山、二龙山汉墓群 | 2 | 西汉 | | 14.1 | "□□□□真大好,□□真上有山人□□□" |
| | | | | | 10.5 | |
| | 新沂乱墩汉墓 I 号墩 | 1 | (采集,墓葬情况不详) | | | 十二辰;"尚方"铭 |
| | 徐州后山西汉墓 M1 上 | 1 | 西汉晚期至新莽 | "明音"夫妻,"明音"为地方中级官吏 | 16.8 | "大山"铭 |

(续上表)

| 铜镜型式 | 出土/收藏地点 | 数量 | 墓葬时代 | 墓主身份 | 直径 (cm) | 铭文 |
|---|---|---|---|---|---|---|
| 博局鸟兽纹镜 | 常州市酱品厂 | 1 | (采集，墓葬情况不详) | | | 十二辰 |
| | 浦口珠江镇附近 | 1 | 新莽至东汉初期 | | 13.6 | |
| | 扬州市郊新莽墓 | 1 | 新莽 | | 10.8 | |
| | 淮安山头遗址墓地 M14 | 1 | 东汉 | | 12.2 | |
| | 尹湾汉墓群 M4 | 2 | 新莽或稍晚 | 功曹史师饶所属家族墓地 | 27.5 | "丹阳"铭（"善铜"铭） |
| | | | | | 18.5 | "长宜子孙" |
| | 徐州乔家湖 | 1 | 东汉 | | 13.8 | |
| | 距山汉墓群 | 1 | 西汉 | | 11.5 | "寿言之纪从竟始，长葆二亲利孙子，辟去不羊宜古木从兮" |
| | 新沂乱墩汉墓群 I 号墩 M2 和 M14 | 2 | 西汉晚期或东汉初 | | 16.8 | 十二辰 |
| | | | 东汉 | | 15.5 | "尚方"铭 |
| 博局鸟镜 | 苏州真山四号墩 M7 | 1 | 东汉初年 | | 11.4 | |
| | 浦口珠江镇 | 2 | 新莽前后 | | | "来言"铭 |
| | | | 东汉早期 | | 16.1 | "尚方"铭 |
| | 江宁前郑家边东汉墓 M2 | 1 | 东汉中期 | | 15.4 | |
| | 南京栖霞上坊庄汉墓 M15 | 1 | 东汉中晚期 | | 11.2 | |
| | 邳州山头东汉家族墓地 M20 | 1 | 东汉早期 | 中小地主阶层 | 14.8 | "尚方"铭 |
| 博局龙虎纹镜 | 高淳固城汉墓 89GGM1 | 1 | 东汉晚期 | 一般贵族平民 | 10.8 | |
| 博局几何纹镜 | 宿扬高速公路汉墓 | 1 | | | 10.5 | |
| 简化博局镜 | 扬州市郊新莽墓 | 1 | 新莽 | | 10 | |
| | 邗江甘泉顺利东汉墓 | 1 | 东汉中期 | 可能为广陵国贵族 | 12.6 | "丹阳"铭 |
| | 六合葛塘汉墓 | 1 | 新莽至东汉早中期 | | 9.5 | |
| | 淮安山头遗址墓地 M14 | 1 | 东汉 | | 7.5 | |
| 西王母博局镜 | 仪征化纤工地 | 1 | 西汉 | | 11.6 | |
| | 扬州蜀岗新莽墓 | 1 | 新莽 | | 18.5 | |
| | 丹阳铜镜青瓷博物馆藏 | 1 | 东汉 | | 16.2 | |
| 博局草叶纹镜 | 江都王陵一号墓 | 2 | 公元前 128 年或稍后 | 江都王刘非 | 21.4 | |
| | | | | | 16.4 | |
| 博局蟠螭纹镜 | 徐州顾山西汉墓 M1 | 1 | 西汉早期偏晚 | 可能是楚王身边较为亲近的贵族 | 14 | "大乐贵富得□□千秋万岁延年益寿" |
| | 徐州黑头山刘慎墓 | 1 | 西汉早期后段 | 刘慎夫妻，刘慎可能是楚国宗室成员，做过东宫府的官 | 11.8 | |

注释：

① 转引自周铮：《"规矩镜"应改称"博局镜"》，《考古》1987年第12期，第1116页。

② 孔祥星、刘一曼：《中国古代铜镜》，文物出版社，1984年，第80页。

③ 孔祥星、刘一曼：《中国古代铜镜》，文物出版社，1984年，第80页。

④ 转引自周铮：《"规矩镜"应改称"博局镜"》，《考古》1987年第12期，第1116页；熊传新：《谈马王堆三号西汉墓出土的陆博》，《文物》1979年第4期，第36页。

⑤ 周铮：《"规矩镜"应改称"博局镜"》，《考古》1987年第12期，第1117页；王旭：《伊湾博局占与博局纹铜镜》，《文物鉴定与鉴赏》2018年第5期，第91页。

⑥ 傅举有：《论秦汉时期的博具、博戏兼及博局纹镜》，《考古学报》1986年第1期，第37页。

⑦ 傅举有：《论秦汉时期的博具、博戏兼及博局纹镜》，《考古学报》1986年第1期，第31页，图七。

⑧ 孔祥星、刘一曼：《中国古代铜镜》，文物出版社，1984年，第75页；管维良：《中国铜镜史》，重庆出版社，2006年，第87-98页。

⑨ 傅举有：《论秦汉时期的博具、博戏兼及博局纹镜》，《考古学报》1986年第1期，第37页。

⑩ 孔祥星、刘一曼：《中国古代铜镜》，文物出版社，1984年，第75页。

⑪ 仪征市博物馆：《江苏仪征国庆前庄12号墓发掘简报》，《东南文化》2017年第2期，第35页，图九。

⑫ 淮安市博物馆：《江苏淮安金湖西安村墓地发掘简报》，《考古与文物》2019年第2期，第38页，图一〇。

⑬ 新沂市博物馆：《江苏新沂市乱墩汉墓群Ⅰ号墩发掘简报》，《考古与文物》2019年第2期，第47页，图八。

⑭ 南京市博物馆、南京市六合区文化局：《南京六合李岗汉墓(M1)发掘简报》，《文物》2013年11期，第26页，图二二。

⑮ 笔者根据其他相似铭文，认为这里的"文"应释读为"交"，通"蛟"。

⑯ 南京博物院、盱眙县博物馆：《江苏盱眙东阳汉墓群M30发掘简报》，《东南文化》2013年第6期，第37页，图四。

⑰ 扬州博物馆：《扬州市郊发现两座新莽时期墓》，《考古》1986年第11期，第987页，图一。

⑱ 连云港市博物馆：《江苏东海县尹湾汉墓群发掘简报》，《文物》1996年第8期，第9页。

⑲ 发掘简报释读为"上方作□□大好□□□□□渴饮玉泉□□"，由于铜镜破损锈蚀且无图片，不确定是否为笔误，本文暂将其归为"尚方"铭。

⑳ 南京市博物馆编著：《南京考古文物新发现(第3辑)》，文物出版社，2014年，第45页，图一二。

㉑ 南京市博物总馆、南京市考古研究所编著：《南京文物考古新发现(第四辑)》，文物出版社，2016年，第51页，图四。

㉒ 南京市博物馆：《江苏高淳固城汉墓发掘简报》，《东南文化》1992年第5期，第100页，图十五。

㉓ 闫璘、薛炳宏：《宿扬高速公路汉墓出土铜镜鉴赏》，《收藏家》2018年第1期，第30页，图24。

㉔ 李健广：《江苏邗江甘泉顺利东汉墓清理简报》，《东南文化》2009年第4期，第57页，图九。

㉕ 南京市考古研究所：《南京六合葛塘汉墓M1》，《中国国家博物馆馆刊》2015年第12期，第57页，图二七。

㉖ 南京博物院、盱眙文广新局：《江苏省盱眙县大云山西汉江都王陵一号墓》，《考古》2013年第10期，第37页，图五八。

㉗ 徐州博物馆：《江苏徐州市顾山西汉墓》，《考古》2005年第12期，第54页，图一一。

㉘ [汉]班固撰、[唐]颜师古注：《汉书》，中华书局，1999年，第1053-1055页。

㉙ 杨玉彬：《汉镜神仙思想研究》，《汉镜文化研究(全2册)》，北京大学出版社，2014年，第210页。

㉚ [汉]班固撰、[唐]颜师古注：《汉书》，中华书局，1999年，第1758页。

（作者单位：南京大学历史学院）

# 我国出土筒板瓦研究综述

◇ 陈克禹

**内容提要**：本文通过系统地搜集筒板瓦及其相关研究成果，全面梳理了学界内对筒板瓦自身瓦文、规格、制作遗痕、纹饰、功能等特征以及类型学、比较、溯源及其他不同方法之于筒板瓦的运用等多方面研究成果，并对现有的单一遗址筒板瓦公布不全面、筒板瓦描述术语混乱、拓宽研究视角等问题进行评述与反思，对其未来发展做了展望。

**关键词**：筒板瓦 考古学本位 类型学 建筑学

瓦件是古代建筑遗址中较为常见的建筑材料，多用于屋顶之上以便防水、防漏及保护木架。按其样态可大体划分为筒瓦、板瓦、瓦当等类别。关于瓦件的研究著录，则在北宋时期就初见端倪，金石学家们收集瓦件，著成图录。20世纪初期，随着西方考古学的传入以及我国考古事业的深入展开，大量埋藏于地下的瓦件实物资料公诸于世。一方面，新方法启迪着学者们不再拘泥于金石学"证经补史"的窠臼，纷纷主动从考古学视角重新考察瓦件；另一方面，海量材料不断积聚的客观事实，也敦促学者们去解读其中折射的文化内涵，带动了相关研究的渐趋深入。

在所有的瓦件中，瓦当凭借区别明显的形态类型、精致的图案纹饰，自古以来一直受到学者们的重视，相关研究可谓汗牛充栋。而古代建筑遗址中数量更加丰富的筒板瓦，却常常被忽略。实际上，筒板瓦对于探讨中国古代社会手工业状况、建材标准化、匠作管理体系、建筑等级与礼仪制度、技术的

传播与交流等问题均有所助益，其重要性不言而喻。有鉴于此，本文以筒板瓦为主题，尝试就目力所及的学术研究梳理评述。

**一、筒板瓦自身特征研究**

检索以筒板瓦为研究对象或涉及筒板瓦的研究著述，发现很多倾向于筒板瓦自身特征，充分利用其文字、形制、规格尺寸、制作痕迹、纹饰等样态特征进行研究。

**1. 瓦文研究**

瓦文，顾名思义是指刻、印、写在陶瓦上的文字，一般以板瓦居多。瓦文不仅有其自身的文字美，还可能记录着当时的建筑名称、制作工匠以及相关管理机构等历史信息，而这也是时人行为的直接反映，可信性较强，成为相关研究珍贵的材料。考释瓦文曾是金石学家的研究内容之一，但直至金石学消亡却仍未偏废，至今考释瓦文的论著或单篇论文仍层见叠出。在瓦文研究中，又以关中地区和以洛阳为代表的中原地区居多，下面择要梳理。

作为秦汉时期统治者大搞基建的京畿重地、腹心之处,关中地区出土了极为丰富的筒板瓦,其中不乏带文字者。陈直的《关中秦汉陶录》[①]和袁仲一的《秦代陶文》[②]就收集到数量颇多的瓦文。陈全方、尚志儒发现秦都雍城马家庄遗址中,大量的陶瓦都有刻划文字符号,于是进行排比分析,归纳瓦文内容,择要诠释[③]。施谢捷则以文字为本位,从陕西出土的秦瓦文中择要释读了"出""阅""大""卉""柰""释""扞""沃""夹""乘""丘""保""唧""歇"等文字,并订正了《陶录》中的讹误[④]。

就洛阳地区而言,黄土斌就汉魏洛阳城文字瓦的种类、施文方式以及文字之于瓦的位置概述总结,归纳出瓦文的内容主要有月日、姓名、削字、昆字及其他等五类,指出文字瓦的相对年代应为北魏时期[⑤];次年,邵友诚就黄土斌《汉魏洛阳城出土的有文字的瓦》一文中未考释或可商榷的文字补充数条[⑥];张克以汉魏洛阳城出土"瓦削文字"为材料,在瓦文考释及北魏制瓦业组织、管理、分工、工艺等方面提出新观点[⑦];九喜也就"瓦削文字"的定名及属性、制瓦工序及瓦文内容、署名及顺序和书法特征略谈自己的看法[⑧]。王银田在汉魏洛阳城遗址出土瓦文的基础上,将所用材料的空间范围扩大,增加了大同、临漳、太原等北朝时期的都城遗址中出土的瓦文,撰写成《北朝瓦文考略》[⑨]一文,概括北朝瓦文内容可分人名、数字、建筑性质、日期等几类,并对"莫问""阿兴""阿仁""李""道""非""匠""削人""昆人"等部分瓦文进行了考释。

此外,相对古代中原地区,一些边疆地区甚至是国外的文字瓦也为学者所关注。例如张增祺搜集了云南西部地区的有字瓦,简要梳理此类瓦的制作和文字内容,着重通过文字的内容查看白族历史上有无本民族的文字[⑩]。宋国栋、陈永胜、包文胜释读了蒙古国赫列克斯浩莱山谷6号回鹘墓园遗址出土的唯一一件带有突厥鲁尼文的筒瓦[⑪],这件筒瓦的瓦文实证了回鹘向唐朝学习借鉴瓦件制作技术的史实。

### 2. 尺寸规格研究

一般而言,建筑遗址类考古发掘报告或简报披露板瓦的长度与宽度和筒瓦的长、径、瓦厚、瓦舌长、瓦舌厚等各项数据是常见的做法,但这些瓦件尺寸规格数据却未能引起学界的足够重视。张效儒关注到该现象,于是以秦汉都城出土筒瓦、板瓦及瓦当的尺寸数据为切入点进行统计分析,得到秦、汉不同时期瓦件的不同标准规格,据此认为该时期瓦件标准规格存在明显的阶段性变化,瓦件标准化程度日趋提高。而这背后的原因与工匠熟练程度和匠作制度的加强与完善是息息相关的[⑫]。以瓦件的尺寸数据为切入点进行定量统计分析,不失为一大创新点。

### 3. 制作工艺研究

最早关注筒板瓦制作工艺的是日本考古学界,东学西渐,我国学者也逐渐从制作工艺的视角下考察筒板瓦。筒板瓦的制作大体上要经过选泥、练泥、制坯、修整、切分、刮削微调、晾干、入窑烧制等步骤。

从制坯工艺上,秦建明、姜宝莲注意到秦汉筒瓦外形非常接近,但仔细观察,则会发现二者在制作工艺上的差别,即"秦筒瓦的制坯多采用泥条盘筑法;而汉筒瓦一般不用盘筑法"[⑬]。薛玲玲则专门对盱眙项王城遗址出土筒板瓦及瓦当的制坯微痕进行了细致观察[⑭],同时深刻反思了筒板瓦制作工艺的研究方法[⑮]。

在修整方面,张海蛟、尹刚、侯晓刚则聚焦于北朝瓦文所载修整筒瓦内部的"瓦削"工序和宋《营造法式》记载的"解挢"筒瓦修整工序,从古文献和筒板瓦考古发现中寻找证据,廓清了二者的做法、流布、功能、使用情况,认为宋"解挢"是在北朝"瓦削"的基础上发展而来[⑯]。

在瓦件焙烧方面,李清临发现我国四千余年砖瓦史中,青灰色砖瓦始终占据主导,而此类砖瓦的烧制,却与从窑顶向窑内渗水的"浇水转釉"技术息息相关。有鉴于此,李清临根据砖瓦窑的考古发现,详尽梳理了新石器时代晚期至明清时期的"浇水转釉"技术的起源、产生与发展[⑰]。

前文所述是学者们探讨筒板瓦制作工艺时,对某个具体环节的审视。当然,也有学者就筒板瓦制作全过程进行整体考察。王元以秦雍城豆腐村制陶作坊遗址中筒板瓦、瓦当等遗物和陶窑遗迹为材料,分析了豆腐村制陶作坊的从坯料备制到入窑焙烧完整的生产工艺流程,指出雍城时期秦人已然具备生产专业化、规模化的能力[18]。蔡彦所撰写的硕士毕业论文以砖瓦的生产工艺完整流程为切入点,选取了雍城、绥中秦行宫、楚都寿春城和闽越王城作为典型案例,对四个遗址出土的砖瓦分别进行制作工序的类型学分期,加以对比,探索工匠的来源。同时运用统计学方法,探析四个遗址的砖瓦标准化程度。通过比较四个遗址的工匠来源和标准化程度来管窥帝国对不同地区的工匠管理制度[19]。与之类似,孙科科对晋阳古城遗址出土瓦件[20]、章昀对南越国宫署遗址出土砖瓦[21]、胡强对邺南城东魏北齐宫城遗址范围内出土的釉陶瓦[22]都进行了完整制作工艺的论述。还有学者通过现场观摩传统灰陶板瓦的制作,以古代陶瓦为材料,略谈古瓦的制作技术[23]。

### 4.纹饰研究

纹饰是筒板瓦不可分割的一部分。在魏晋南北朝以前,筒板瓦的凹凸面一般都施有各式各样的纹饰,如绳纹、布纹、麻点纹、篦纹、方格纹、细密弦纹、指甲纹、小菱形纹、棱纹等等,特别是绳纹瓦在数量上占有绝对优势。

尽管以筒板瓦为物质载体的绳纹频频出现,但却常常被视为一个细而微的技术性问题而为学者们所忽略。直到 20 世纪 90 年代,才有学者关注到筒板瓦上的绳纹。尚志儒对秦瓦上绳纹粗细程度及排列方式进行观察,运用考古类型学划分型式,得出"秦瓦……总的趋势是绳纹越来越粗,纹饰越来越草率"[24]的结论。该文一经发表,就产生了巨大影响。后来战国秦至秦统一时期某些出土绳纹筒板瓦的建筑遗址的断代,也常以此结论作为判定其相对年代的一个重要参考。尽管尚文对瓦件上绳纹"由细到粗变化"的研究论断已经相当精辟,然而,对于绳纹粗细程度的判定以及出现此种变化的原因却并未解释,不免有所缺憾。付永旭为解决"绳股印痕倾斜方向"这一问题,则专门对绳与绳纹进行了民族考古调查与考古复制实验。实验结果表明,绳纹麦粒状印痕向左或向右倾斜,分别对应着麻绳双股顺时针扭结和双股逆时针扭结这两种制绳技术,与

施纹工具无关[25]。在考古复制实验的前提下,付永旭又对河南偃师二里头文化时期的绳纹陶片进行了观察和分析,探索其中蕴含的技术信息[26]。

布纹筒板瓦也是考古学中一类常见的遗物,并且流行的时间较长。段清波、于春雷以此类常见的瓦片入手,系统地观察了陕西早期长城沿线的布纹瓦片,结合河西魏长城沿线、战国秦昭王长城和汉故塞沿线瓦片特征,厘清了布纹瓦与麻点纹瓦的关系,得出"布纹瓦起源于战国时期的魏国,并且随着魏国的西进传播到秦地"的认识[27]。

许卫红观察了凤翔邓家崖遗址出土的秦瓦内壁纹样,发现瓦的内壁纹饰主要由制胎痕迹、修饰痕迹以及少量的装饰痕迹组成[28]。其中制胎的痕迹包括篮纹、布纹、网纹以及几何纹,修饰痕迹主要是篦纹。而这样细致入微的观察对于秦瓦制作工艺的探讨无疑具有很大的帮助。

### 5.功能研究

将筒板瓦排列组合覆盖于屋顶之上用于防水防漏、保护木架的功能已经为人熟知,而将筒瓦两两扣合顺次连接用作排水设施,或将板瓦相扣组成葬具的做法也非罕事,这些都是筒板瓦较为常见的功能。然而,还有某些形制特殊的瓦件被发掘出来,这类瓦件的功能作用也吸引着学者进行解密。例如渤海国境内发现较多的曲背檐头筒瓦,此种未有文献记载的瓦引起了部分学者的兴趣。宋玉彬曾系统地搜集了相关材料,对曲背檐头筒瓦的传播问题进行了研究[29]。国庆华也探讨了曲背檐头筒瓦的使用功能和配置关系,初步推测用于与板瓦扣合[30]。武松在前辈学者研究基础上,厘清曲背檐头筒瓦的类型与年代,通过唐文化影响下的凹曲屋面、翼角起翘类建筑的梳理,指出曲背檐头筒瓦增加屋面翼角起翘效果的功能[31]。

当然,还有一种情况是常见的瓦件却用于特殊的情景,其背后的内涵值得深究。如李金凤、白彬关注到明清时期华北、黄河中下游一带以朱书板瓦作为随葬品的习俗,以河南卫辉县大司马明清墓地为案例,深入探究了朱书板瓦的作为"煞鬼镇墓符"的功用和深层含义[32]。

### 二、不同研究方法之于筒板瓦的运用

除了筒板瓦自身某些特征的研究之外,也不乏不同研究方法之于筒板瓦运用者。将目力所及的研究成果系统归纳总结,发现学者们所使用的研究方法具体包括以下方面:考古类型学视角下的分型定式、分期断代;筒板瓦的比较研究;以考古发掘成果为根基的瓦件溯源;建筑学视角下对筒板瓦的考察;与筒板瓦相关的其他研究。

**1.类型学研究**

目前看来,对筒板瓦研究所使用的方法还是以考古类型学为主流。具体表现为:建筑遗址类考古发掘报告中,发掘者在公布所选取典型的筒板瓦材料时,往往都会按照形制或纹饰,将其分型定式,进行初步的分类;而以筒板瓦为对象的学术研究中,所使用的方法也是以类型学居多,如粟慧对三峡地区西周至两汉时期的筒板瓦及瓦当[③]、丁晓雯对陕西地区秦瓦[③]、王艺对晋阳古城筒板瓦[⑤]、刘振东和张建锋对西安地区西汉的砖瓦[③]、李睿哲对集安地区高句丽遗迹出土的砖瓦[③]、刘俊喜以及徐国栋和林海慧对北魏平城时期的筒板瓦[③]、田玉娥对河南洛阳出土的唐代筒板瓦[③]、梁会丽对渤海国八连城出土文字筒板瓦[④]、书海对回鹘汗国首都哈剌巴拉嘎斯古城出土的筒板瓦[④]、李含笑对渤海国釉陶筒板瓦[④]、邓鸿山对越南北部11-14世纪的灰陶和釉陶筒板瓦[④]都进行了类型学的分析研究。

运用类型学研究筒板瓦,是以筒板瓦自身形制的变化作为主要依据,分型定式,从中找寻发展变化规律,再辅以大的时代背景,推断出不同形制筒板瓦的相对年代及早晚关系,构建出发展框架。但学者们的研究对象往往不只是单个遗址,而是某一大的区域,那么这种研究由于缺乏地层学证据支撑,往往会受到不同程度的质疑。在这种情况下,学者们以筒板瓦自身形制为主线,或结合瓦的纹饰,或结合瓦件上的制作工艺遗痕来划分型式,以求增强说服力。其中较为典型的是《西汉砖瓦初步研究》一文。该文选取西汉长安城遗址的砖瓦为材料,以瓦件制作技法的发展演变为线索,结合自身的形制及纹饰特征,将砖、板瓦和筒瓦进行考古类型学的型式划分。再根据砖瓦材料的遗址背景及年代,对其进行初步的分期研究,从而构建出西汉京师地区砖瓦发展的基本年代框架。

**2.比较研究**

比较也是考古学研究中经常运用到的思维方法,通过将"不清楚的"考古学研究对象与"清楚的"事物进行对比,既能明晰二者间的异同之处、联系有无,又能在不经意间迸发出其他新思想、新认识的火花。具体到筒板瓦研究,既有同一遗址不同时期瓦件的比较,也有同一时期不同遗址,甚至是国内遗址与国外遗址出土瓦件的比较。

国庆华根据古代地中海地区的瓦屋遗存及建筑原理的若干材料,来重新审视以往学界关于战国秦至秦统一时期的诸如槽型板瓦、半圆形瓦件、带瓦当大半圆筒瓦、带梯形平台筒瓦等一类特殊瓦件的制法和功能的观点,并指出国际化视野对瓦件研究具有重大意义[④]。杨荣昌以石碑地秦汉建筑遗址中出土的筒板瓦及瓦当入手,着重比较了秦汉不同时期瓦件在陶质、陶色、规格、纹饰、制法等方面的异同,结果表明秦瓦较之汉瓦色偏青灰,陶质细腻而坚硬,形体略大[⑤]。郭建桥将日本平安时代的建筑瓦屋面和男女瓦等瓦件的种类、形制与我国唐代建筑瓦屋面和筒板瓦在内的瓦件进行对比研究,以此探讨唐代建筑文化对日本的深远影响[⑥]。

**3.溯源研究**

瓦件的起源在筒板瓦研究中是一个重要的课题。考古学传入我国后,成为筒板瓦溯源的有效手段。考古学者们依靠不断更新的筒板瓦考古新发现,逐步构建出我国筒板瓦产生及发展的总体框架。

20世纪七八十年代,陕西岐山凤雏村西周1号宫殿基址和扶风召陈西周建筑基址出土一批陶瓦,而这是当时考古发掘出土最早的瓦件,因此一度被学界认为瓦源于西周早期。随着陆陆续续的陶瓦考古新发现,学者们也开始突破陶瓦源于西周早期的既有认识。郑州商城宫殿区发现弧形板状陶器残片,发掘者撰写报告时明确称之为板瓦。李乃胜团队运用现代科技手段对郑州商城遗址出土的一批商代筒板瓦进行了测试,结果表明这批陶瓦完全符合一般意义上瓦的标准,说明我国在商代早期就能够烧造工艺性能较好的建筑用瓦[⑰]。二里头宫城内6号夯土基址出土了两件扣合的半筒状陶器,发掘者虽称为陶水管,但何驽考证其为筒瓦[48]。山西襄汾陶寺城址宫殿区出土的陶板曾引起较为广泛的讨论,发掘者在撰写报告时按陶板的外形初步分为平行四边形或直角梯形的 A 型和等腰梯形的 B 型二型。刘军社将之与西周条形砖的外形相比较,认为这种陶板为板砖[49]。而李乃胜团队运用现代科技手段对山西襄汾陶寺遗址宫殿区出土的 3 片陶板进行了物相组成、烧成温度、抗折强度、硬度与吸水率等方面的测试,结果表明 3 片板瓦均为黏土矿物经 1000℃ 以上的高温烧成,其上述方面均有较佳的性能,甚至在抗折强度、硬度与吸水率方面还要优于秦砖汉瓦[50]。同样,以发掘者为代表的学者根据对陶板的科学检测结果和 A 型陶板量大、粘泥、纹饰清晰、可以拼合排列等特性,认为陶板实为板瓦,大为提前了我国用瓦的历史[51]。自此以后,虽也有少部分学者认为陶寺陶板无凹槽或弧度,不防渗水,故板瓦说存疑[52],但也未能撼动“陶寺陶板为板瓦说”的主流地位。如果说学界对陶寺 A 型陶板为板瓦还略存争议,那么宝鸡市第三次全国文物普查队在宝鸡桥镇遗址断崖处龙山文化层中采集到的完整泥质红陶篮纹筒瓦则毫无异议。该筒瓦时代确切,特征明显,将我国用瓦历史提前至新石器时代晚期的龙山文化时代[53]。宋江宁、常经宇、马明志系统地搜集了黄土高原地区新石器时代晚期龙山文化时代的陶瓦,划分了陶瓦的型式,细致地观察了这批材料的制作工艺,并就陶瓦的应用场景及功用展开了讨论,得出“大型陶瓦见于高等级地面式(台基)建筑,中小型陶瓦则见于地穴式或窑洞式建筑”“陶瓦并不覆盖整个屋面,而是仅限于屋沿和屋脊等关键位置”等重要认识[54]。湛轩业、傅善忠、梁嘉琪主编的《中华砖瓦史话》以考古发掘为基础,图文并茂地系统梳理了我国自新石器时代至近现代的砖瓦史,概述了我国筒板瓦从产生到发展演变的全过程,并就砖瓦发明、存在意义、社会地位等问题进行详细的阐述[55]。

此外,也有学者就某一类具体的瓦件进行梳理,如徐美莉关注到中国传统建筑中以小青瓦独立覆盖屋顶的方法最广泛,故而借助考古发掘实物资料、带有小青瓦屋顶的汉代帛画、画像石图像、《清

明上河图》等,梳理了此类瓦件的历史[56]。

4.建筑学视角下的筒板瓦

不同的学科有其固有的优势和劣势,多学科融合、跨学科合作是考古学发展的必由之路,业界内早有学者对其就有了深刻的认识。而这种跨学科综合研究的态势在筒板瓦研究中也愈演愈烈,学者们摆正了筒板瓦作为建筑构件的位置,越来越多地与建筑学相联系。

随着考古工作的推进,年代更早的筒板瓦逐渐被发现,而其产生的历史背景和内在原因也越来越备受学术界的关注。彭小军全面搜集了新石器时代出土陶质筒板瓦的遗址点,通过归纳这些遗址均分布在龙山时代黄土高原及其周围的时空特征,并结合现代黄土高原的窑洞式建筑,认为二者间可能存在某种联系,甚至窑洞式建筑是陶瓦出现的催化剂[57]。国庆华、田亚岐、毕雅玮在考古学和建筑学的双重视角下审视秦雍城出土的瓦件材料,通过分析瓦件特点、排列组合规律以及瓦作营法,进而判断瓦件在屋顶上的使用部位,了解战国秦时期的屋瓦体系[58]。陈薇系统地搜集了考古发掘出土的三代至秦汉时期筒板瓦材料,从陶瓦材料与建筑的整体性出发,以陶瓦的产生及发展为线索,并与木构的发展相关联,提出“陶瓦催生木构发展”“瓦屋催熟木构体系”的史论[59]。沈丽华、吕梦以出土瓦件数量适中、种类丰富的邺城遗址核桃园 5 号建筑基址作为案例,出土瓦件全部收集、分类、统计,进而推测出该建筑的瓦件组成、屋顶结构、用瓦数量以及被破坏毁弃的原因等问题[60]。同样,吕梦、龚国强、李春林也对唐青龙寺遗址出土的筒板瓦和瓦当全部收集与整理,进行统计分析。根据瓦件自身的使用面状态、规格尺寸及装饰纹样,再结合瓦件样式与出土位置之间的对应关系,从而对重建后青龙寺的基本用瓦制度与营建状况进行复原[61]。

5.其他研究

针对板瓦的考古绘图问题,陈洪萍[62]等学者指出手工测绘板瓦精度低、误差大,而目前的计算机绘图也存在无法保障板瓦线条流畅性的问题,故以山西大同北魏平城遗址中的板瓦为例,深入探究了利用计算机软、硬件绘制板瓦考古线图的标准化工

作流程新方法，即先获取板瓦的正射影像图，再布图并获取表面纹理，绘制瓦的轮廓线，最后再添加相关信息。与之类似，张效儒探讨了 SPSS 软件在瓦件研究中的应用⑧。

### 三、现有问题及未来展望

浮光掠影般梳理了我国筒板瓦研究，明显看到从筒板瓦上瓦文的考释到分期断代，从规格尺寸标准化的讨论到制作工艺的审视，从瓦件的对比到溯源及功能研究等等，研究的视阈更加广泛，甚至有不少是新开拓的。而对筒板瓦研究从考古学单一视角到与建筑学跨学科合作的双重视角，紧紧围绕一个共同的学术目标向前迈进，则彰显了研究的深度。

诚然，我国筒板瓦研究已经取得不菲的成绩，但也还存在着一些问题。其一，单一遗址材料公布尚不全面。古代建筑一般都会使用到大量的筒板瓦建材，随着该建筑的毁坏、倒坍，数以万计的筒板瓦深埋于地下。而考古发掘者在编写发掘报告时，或许是囿于人力、物力、财力、精力有限，对筒板瓦介绍却大多以选取典型为主，材料公布得并不全面。当然，也很少有研究者亲自到某单一遗址考古工地收集和整理全部的瓦件。这样一来，尽管学者们希冀在该建筑的性质、瓦屋体系、结构构造等方面有所突破，但奈何材料的不完整，使得相关研究难以深入。其二，对筒板瓦的客观描述缺乏统一标准。在不同的考古报告中，对筒板瓦各个部位的名称可谓人言言殊。如筒板瓦的首尾端就有着上下端、大小端的不同陈述，筒板瓦的面更是有凹凸面、正反面、里外面、内表面等等。又或者对筒板瓦上绳纹粗细的描述，发掘者往往凭肉眼直接观察，主观臆断粗细程度，而没有经过测量的客观数据做支撑，或者经过测量却未言明粗细度的标准，这些都会使读者或研究者产生困扰，不便于后续的研究。其三，如上文所述，虽然考古发掘者公布筒板瓦是以选取典型的做法为主，但筒板瓦遗存总体体量大，所以还是会积聚大量的材料。如何更有效地分析、利用筒板瓦的海量材料，继续拓宽相关的研究视角，也值得深思。

针对筒板瓦研究的现有问题，笔者认为未来的发展方向或许还可以从以下方面考虑：

第一，三维可视化技术与数据库在筒板瓦考古中的应用。运用三维可视化技术就可以更为直观、全方位的为学者们展示建筑遗址的地层堆积、遗迹情况和筒板瓦的具体状况。以各个探方为基本建模单元，根据地层剖面图及遗迹平、剖面图建立 3D 模型；再根据筒板瓦平、剖面图建立高清、等比例的 3D 模型；最后基于筒板瓦出土位置的相关数据，将筒板瓦 3D 模型还原至地层或者遗迹模型中，相关资料传送至网络数据库，向公众展示，实现资源共享。这样一来，既可以解决单一建筑遗址材料公布不全面的问题，又可以让学者自行观看筒板瓦具体式样，便于后续研究的展开。

第二，与其他建筑构件的综合考察。时至今日，基本上筒板瓦自身的发展演变总体框架已经建立起来，在此基础上的类型学研究意义不大，但是较多地与其他建筑构件相关联，从建筑学的视角考量，应是具有前景。例如，根据筒板瓦的尺寸规格，再结合不同瓦件在屋顶使用的具体位置、不同瓦件间的排列组合及基址的面积范围，大致可以推测出屋顶用瓦数量，进而复原该建筑屋顶形制。根据瓦的数量及单瓦的重量，可以得到屋顶总重量，而这又为缺少屋重而孤立研究木构的僵局提供了一个破局的思路。秉持瓦件整体与联系的理念，也有助于学者对筒板瓦单一维度的观察转换到多维度的思考，开拓思路。

第三，筒板瓦的统计分析。在考古发掘报告中，披露的瓦件形制以及制作痕迹等信息，都被学者们很好地捕捉利用。而关于瓦件尺寸的信息却并未有效利用，缺乏统计分析，也缺乏研究数据能够反映的深层次问题。同时，面对海量的筒板瓦材料，如果仅仅依靠人力进行统计分析，未免势单力薄、捉襟见肘。而 SPSS、Systat 等统计分析软件的使用，无疑是快速有效的方式。通过系统搜集同时期或不同时期、单一遗址或多个遗址筒板瓦的长、宽、径、厚等各项数据进行统计分析，不仅可以洞察瓦件之间尺寸的相似性和差异性、阶段性变化的有无和空间分布特征，还可以更进一步探究与之相关的匠作制度体系问题。

总而言之，随着逐渐丰富的筒板瓦材料，日益开拓的研究视角，筒板瓦研究大有可为。

注释:

① 陈直:《关中秦汉陶录》,天津古籍出版社,1994年。

② 袁仲一:《秦代陶文》,三秦出版社,1987年。

③ 陈全方、尚志儒:《秦都雍城新出陶文研究》,《文博》1987年第4期,第36-40页。

④ 施谢捷:《陕西出土秦陶文字丛释》,《考古与文物》1998年第2期,第69-79页。

⑤ 黄士斌:《汉魏洛阳城出土的有文字的瓦》,《考古》1962年第9期,第484-492页。

⑥ 邵友诚:《汉魏洛阳城出土瓦削文字补谈》,《考古》1963年第5期,第281页。

⑦ 张克:《北魏"瓦削文字"考》,《文博》1989年第2期,第47-50页。

⑧ 九喜:《洛阳北魏"瓦削文字"新考》,《东方艺术》2011年第2期,第68-93页。

⑨ 王银田:《北朝瓦文考略》,《华夏考古》2013年第1期,第137-148页。

⑩ 张增祺:《南诏、大理国时期的有字瓦——兼谈白族历史上有无"白文"的问题》,《文物》1986年第7期,第39-46页。

⑪ 宋国栋、陈永胜、包文胜:《蒙古国赫列克斯浩莱山谷6号回鹘墓园出土突厥鲁尼文瓦考析》,《文物》2016年第4期,第51-53页。

⑫ 张效儒:《秦汉都城瓦件的考古学研究》,《考古与文物》2020年第4期,第78-84页。

⑬ 秦建明、姜宝莲:《秦汉筒瓦内筑与外筑工艺的变革》,《文物鉴定与鉴赏》2010年第7期,第94-98页。

⑭ 薛玲玲:《盱眙项王城遗址出土筒瓦、板瓦及瓦当的制坯工艺研究》,南京大学硕士学位论文,2013年。

⑮ 薛玲玲:《筒瓦和板瓦制作工艺研究方法的思考》,《中国文物报》2013年6月14日第007版。

⑯ 张海蛟、尹刚、侯晓刚:《"解挤"与"瓦削"——古代筒瓦内部修整技术的考察》,《文物鉴定与鉴赏》2019年第19期,第40-46页。

⑰ 李清临:《中国古代砖瓦生产中"浇水转釉"技术的起源与发展》,《考古与文物》2016年第1期,第96-104页。

⑱ 王元:《雍城豆腐村制陶作坊的生产工艺研究——兼论秦人的模式化生产方式》,《装饰》2017年第10期,第80-82页。

⑲ 蔡彦:《战国到汉初砖瓦制作工艺》,吉林大学硕士学位论文,2013年。

⑳ 孙科科:《晋阳古城出土瓦件的制作工艺研究》,山西大学硕士学位论文,2020年。

㉑ 章昀:《南越国宫署遗址出土的砖瓦及其生产初探》,《文博学刊》2019年第3期,第66-74页。

㉒ 胡强:《邺南城东魏北齐宫城釉陶瓦及相关问题》,《文物世界》2019年第1期,第9-12页。

㉓ 孙乃哲:《灰陶板瓦传统制作工艺及其相关问题初探——古代陶质建筑材料制作技术研究之一》,《洛阳考古》2020年第2期,第43-47页。

㉔ 尚志儒:《秦瓦研究》,《文博》1990年第5期,第252-260页。

㉕ 付永旭:《绳与绳纹的民族考古调查、实验与研究》,《南方文物》2016年第4期,第215-222页。

㉖ 付永旭:《绳纹施制技术的分析和实验》,《考古学集刊》2018年,第237-253页。

㉗ 段清波、于春雷:《布纹瓦及在秦地的传播——来自陕西早期长城沿线的观察》,《考古与文物》2013年第3期,第57-61页。

㉘ 许卫红:《凤翔邓家崖遗址秦瓦内壁纹样》,《秦文化论丛》2003年第10辑,第404-412页。

㉙ 宋玉彬:《曲背檐头筒瓦研究》,载中国考古学会、沈阳市文物考古研究所所编:《庆祝宿白先生九十华诞文集》,科学出版社,2012年,第373-384页。

㉚ 国庆华:《唐时期瓦作新识——渤海上京筒瓦和兽头之启示》,《中国建筑史论汇刊》2014年第2期,第269-290页。

㉛ 武松:《渤海曲背檐头筒瓦新探》,《边疆考古研究》2020年第2期,第383-391页。

㉜ 李金凤、白彬:《河南卫辉县大司马明清墓地出土朱书板瓦初探》,《四川文物》2012年第1期,第58-65页。

㉝ 粟慧:《三峡地区西周至两汉时期瓦材研究》,重庆师范大学硕士学位论文,2015年,第4-25页。

㉞丁晓雯：《陕西地区秦瓦研究》，西北大学硕士学位论文，2007年，第9-21页。

㉟王艺：《晋阳古城出土板瓦和筒瓦的初步研究》，山西大学硕士学位论文，2014年，第10-22页。

㊱刘振东、张建锋：《西汉砖瓦初步研究》，《考古学报》2007年第3期，第339-358页。

㊲李睿哲：《高句丽遗迹出土砖瓦研究——以集安地区为中心》，吉林大学硕士学位论文，2012年，第9-11页。

㊳刘俊喜：《北魏平城遗址陶瓦的初步研究》，《山西大同大学学报（社会科学版）》2009年第6期，第37-41页；徐国栋、林海慧：《北魏平城时期的板瓦和筒瓦》，《华夏考古》2014年第4期，第110-115页。

㊴田玉娥：《洛阳唐瓦浅议》，《河南科技大学学报（社会科学版）》2011年第3期，第16-18页。

㊵梁会丽：《八连城出土文字瓦研究》，《西部考古》2014年第8辑，第194-204页。

㊶书海：《回鹘汗国首都哈剌巴拉嘎斯古城出土的建筑顶部瓦件研究》，吉林大学硕士学位论文，2017年，第6-22页。

㊷李含笑：《渤海釉陶的考古学研究》，吉林大学硕士学位论文，2019年，第31-44页。

㊸邓鸿山：《越南北部11-14世纪的砖瓦与屋顶装饰材料》，吉林大学博士学位论文，2013年，第73-90页。

㊹国庆华：《藉古代地中海地区瓦屋的若干材料之助看秦瓦历史中的几个问题》，《中国建筑史论汇刊》2013年第2期，第147-171页。

㊺杨荣昌：《石碑地遗址出土秦汉建筑瓦件比较研究》，《考古》1997年第10期，第87-93页。

㊻郭建桥：《日本古代寺院建筑瓦屋面及与我国唐代屋面作法的联系》，《古建园林技术》1997年第4期，第25-31页。

㊼李乃胜、李清临、曾晓敏、宋国定：《郑州商城遗址出土商代陶板瓦的工艺研究》，《建筑材料学报》2012年第4期，第562-564页。

㊽何驽：《二里头2005VT111出土的陶水管"筒瓦"解》，《黄河·黄土·黄种人》2019年第4期，第16-17页。

㊾刘军社：《陶板为砖说》，《中国文物报》2005年11月2日第007版。

㊿李乃胜、何努、毛振伟、王昌燧：《陶寺遗址出土的板瓦分析》，《考古》2007年第9期，第87-93页。

51何驽：《陶寺遗址出土陶瓦略论》，《中国文物报》2006年6月30日第007版。

52陈春君：《陶寺陶板为板瓦说存疑》，《衡阳师范学院学报》2014年第4期，第85-88页。

53陈亮：《宝鸡桥镇出土龙山时期筒瓦略谈》，《宝鸡文理学院学报（社会科学版）》2010年第3期，第37-39页。

54宋江宁、常经宇、马明志：《黄土高原地区龙山时代陶瓦研究》，《考古与文物》2022年第2期，第119-131页。

55湛轩业、傅善忠、梁嘉琪：《中华砖瓦史话》，中国建材工业出版社，2006年第1页。

56徐美莉：《中国境内小青瓦的使用历史》，《中华文化论坛》2014年第4期，第86-91页。

57彭小军：《史前陶瓦与窑洞式建筑的关系性蠡探》，《文物春秋》2020年第6期，第3-10页。

58国庆华、田亚岐、毕雅玮：《秦雍城豆腐村与马家庄遗址出土瓦件的建筑学模拟实验观察》，《文博》2013年第5期，第22-28页。

59陈薇：《瓦屋连天——关于瓦顶与木构体系发展的关联探讨》，《建筑学报》2019年第12期，第20-27页。

60沈丽华、吕梦：《邺城遗址核桃园5号建筑基址出土瓦制品的整理与研究》，《南方文物》2020年第3期，第195-204页。

61吕梦、龚国强、李春林：《唐长安青龙寺的用瓦制度与寺院营建》，《考古与文物》2020年第4期，第96-104页。

62陈洪萍、王娜、赵晓丹、尚美斌、王家鑫：《利用计算机软件绘制北魏平城板瓦考古线图的新方法》，《敦煌研究》2020年第5期，第101-108页。

63张效儒：《SPSS在瓦件研究中的应用》，《大众考古》2021年第4期，第28-36页。

（作者单位：中央民族大学民族学与社会学学院）

# 中国出土剪刀的初步研究

◇ 吕晓辉

**内容提要**:剪刀是用于裁衣、剪纸、梳妆的日常实用工具,也是用于随葬的器物之一。剪刀虽小,却承载着古人浓厚的生活气息。文章拟在前人研究的基础上,对剪刀做进一步的分类,分析其变化规律,并简要探讨其功能作用。

**关键词**:剪刀 分类 演变 功能

《释名·释兵》载:"剪刀,剪进也,所剪稍进前也……封刀、铰刀、削刀皆随时名之也"。杨毅《中国古代的剪刀》一文中认为,中国剪刀的演变经历了从交股剪刀到双股剪刀的历史过程[1]。陈巍《11~13 世纪中国剪刀形态的转变及可能的外来影响》认为,在中国境内双股剪刀有可能是从北向南传播的,也有可能是通过欧亚草原从西向东传播而来[2]。李克敏《张小泉、王麻子剪刀传统工艺的调查研究》系统总结了传统手工制剪工艺,并利用现代科学理论和技术手段对这些工艺进行了分析研究[3]。黄琦、张璐《浅析 11–19 世纪中国支轴式剪刀的形制演变》将支轴剪的发展分为三个时期,分别为 11 至 13 世纪实验期,13 至 14 世纪短暂过渡期,14 至 19 世纪支轴剪的完形化时期[4]。吕洪年《民间器物崇拜述略》对民间的针剪崇拜做了介绍[5]。本文为方便叙述与讨论,如图一所示,将剪刀分为剪尖、剪刃、剪背、把环四部分,双股剪刀还增加了销轴。

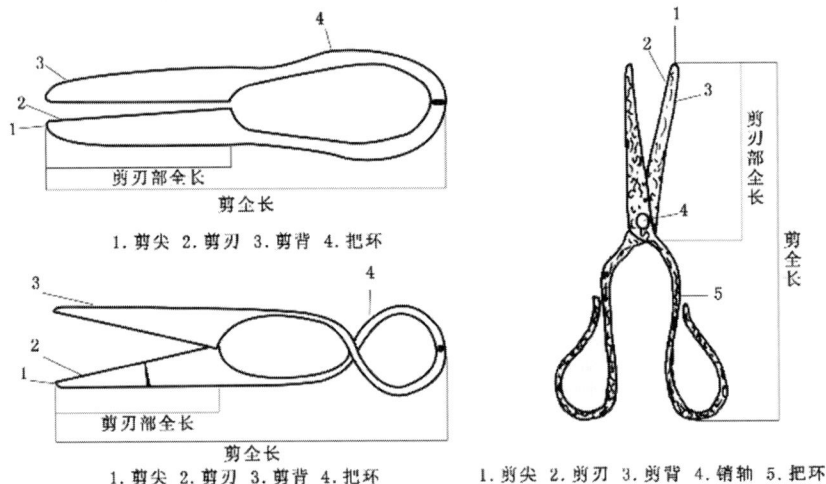

图一　剪刀各部位名称

**一、中国考古出土剪刀的发现及分类**

本文所选用出土剪刀材料,多出于墓葬之中,质地有铁质,也有铜制、银质、铅质和陶质剪刀,拟将剪刀分为交股剪刀、U型剪刀和双股剪刀三种类别,并按类别分别介绍如下:

A类:交股剪刀。可分为两亚类:

Aa类:压背式剪刀。

AaⅠ类:剪柄与剪刃背部呈一条直线或略弧,剪刃末端向内凸出。广东淘金坑西汉墓M17:25,铁质,长12.8厘米。出土时与镊一起放置于铜镜下,上有绢、绳残留,推知原来有绳缚连,再以绢帛包裹装盛于漆盒之中[6](图二:1)。山西夏县王村东汉墓出土1件,铁质,通长11,刃长5厘米[7](图二:2)。湖南长沙连山东晋墓M1:2,铁质,锈蚀严重,一尖残,以铁条弯折而成,交股,股径较细窄,后端呈弧形,前端内侧锻打出刃,直背,长26.2厘米[8](图二:3)。吐鲁番北凉武宣王沮渠蒙逊夫人彭氏墓79TAM383:11,铅质,长11厘米[9](图二:4)。洛阳孟津朱仓北魏墓M1:8,铁质,通长18.9厘米[10](图二:5)湖北谷城县肖家营墓地M70:9,柄端为圆环相交,厚背,薄刃,锈结面上有丝织物包裹痕迹,长22厘米[11](图二:6)。

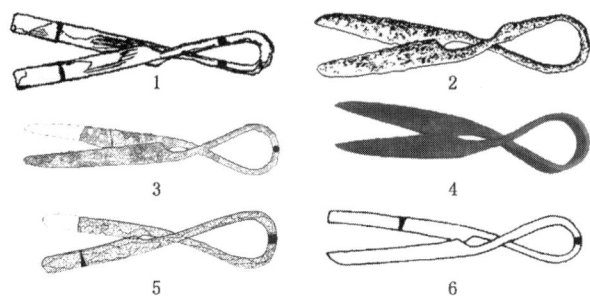

图二　AaⅠ类剪刀

1.广东淘金坑西汉墓M17:25,2.山西夏县王村东汉墓,3.湖南长沙连山东晋墓M1:2,4.吐鲁番北凉武宣王沮渠蒙逊夫人彭氏墓79TAM383:11,5.洛阳孟津朱仓北魏墓M1:8,6.湖北谷城县肖家营墓地M70:9

AaⅡ类:剪柄与剪刃呈一条直线或略弧,剪背末端向外凸出。陕西西安杜陵陵园遗址k1:18,铁质,出土于主室中厢,双股交叉,刃前端已残,残长5.7厘米[12](图三:1)。湖南耒阳城关六朝唐宋墓M199-2,铁质,刃长8.4、通长16.4厘米(图三:2),南阳市妇幼保健院东晋墓M:19,铁质,长约17.5厘米[13](图三:3)。广东揭阳东晋墓出土1件,通长16.6厘米,同出器物有杯、陶纺轮、罐[14](图三:4)。湖南资兴晋南朝墓385:16,铁质,刃长7.5,全长20.5厘米[15](图三:5)。辽宁朝阳两晋十六国时期墓葬出土1件,通长19.7厘米[16](图三:6)。

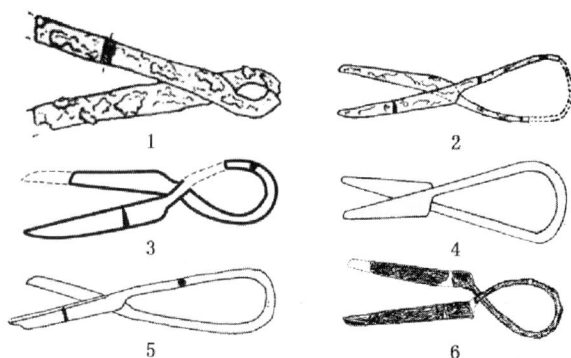

图三　AaⅡ类剪刀

1.陕西西安杜陵陵园遗址k1:18,2.湖南耒阳城关六朝唐宋墓M199-23,3.南阳市妇幼保健院东晋墓M:19,4.广东揭阳东晋墓,5.湖南资兴晋南朝墓385:16,6.辽宁朝阳两晋十六国时期墓葬

AaⅢ类:剪刃部与柄部之间无明显转折痕迹。洛阳市南昌路东汉墓92CM1151:53,铁质,通长13厘米[17](图四:1)。广东和平县南朝墓葬HPDM5-9,铁质,长16厘米[18](图四:2)。河南偃师县杏园村北魏墓M926:2,通长24厘米[19](图四:3)。贵州平坝马场南朝墓37:5,铁质,通长18.8厘米[20](图四:4)。

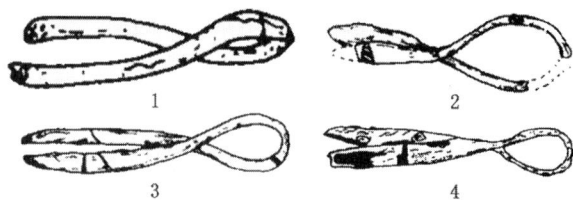

图四　AaⅢ类剪刀

1.洛阳市南昌路东汉墓92CM1151:53,2.湖广东和平县南朝墓葬HPDM5-9,3.河南偃师县杏园村北魏墓M926:2,4.贵州平坝马场南朝墓37:5

Ab类:压环式剪。

AbⅠ类:"8"字形柄环,柄长与刃长相等或柄略长于刃。河南洛阳烧沟村汉墓M160:038,铁质,通长26.2,刃长11.5[21](图五:1)。辽宁朝阳十六国

时期墓葬出土 1 件，铁质，长 22 厘米[22]（图五：2）。襄樊檀溪隋墓 M38:5，铁质，通长 32 厘米[23]（图五：3）。湖北宜城市皇城村出土 1 件，铁质，通长 32，刃长 15.2[24]（图五：4）。安徽南陵铁拐宋墓 M1:122，铁质，通长 24.2 厘米[25]（图五：5）。辽宁朝阳东大屯孤山子辽墓 M1:19，铁质，长 35 厘米，刃宽 2.8 厘米[26]（图五：6）。

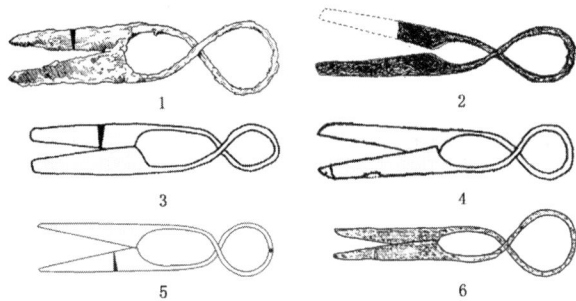

图五　Ab I 类剪刀

1.河南洛阳烧沟村汉墓 M160:038，2.辽宁朝阳十六国时期墓葬，3.襄樊檀溪隋墓，4.湖北宜城市皇城村，5.安徽南陵铁拐宋墓 M1:122，6.辽宁朝阳东大屯孤山子辽墓 M1:19

Ab II 类：刃较短，柄较长。咸阳马泉镇西汉空心砖墓 M2:3，铁质，上粘附一束竹丝朽骸，其上又粘附一层褐底红彩漆皮，剪的背面附有细密的布帛类朽痕，可见，铁剪是用布帛类织物包裹置于漆盒内，同出的还有镊子、耳勺、铜镜，漆盒为竹胎，外髹褐漆，上又以红漆描绘精美的图案，剪已锈蚀，柄断面为圆形，刃较短，长 9.3 厘米[27]（图六：1）。陕西紫阳白马石汉墓 IM13:3，两刀直刃直背，前端成尖锋，刀后两股交叉，尾部弯曲成一环，长 20.1，刃长 8.2 厘米，同出器物有铁锄、铁斧、铁剪[28]（图六：2）。

图六　Ab II 类剪刀

1.咸阳马泉镇西汉空心砖墓 M2:3，2.陕西紫阳白马石汉墓 IM13:3

B 类：U 型剪刀。浙江武义陶器厂三国墓出土 1 件，铁质，通长 22.5 厘米[29]（图七：1）。安陆王子山唐吴王妃杨氏墓 M1:215，银质，由银丝扭弯而成刃成于丝两端，通长 7.3 厘米[30]（图七：2）。河南卫辉大

司马墓地 M18:13，直股剪，柄呈"U"型，两刀直背直刃，前端呈尖峰，锈蚀严重。长约 11.2 厘米[31]（图七：3）。隋韦协墓出 M5:12，铁质，残断为两部分，手执部分为环状，刃部残断，残长 15.2 厘米[32]（图七：4）。

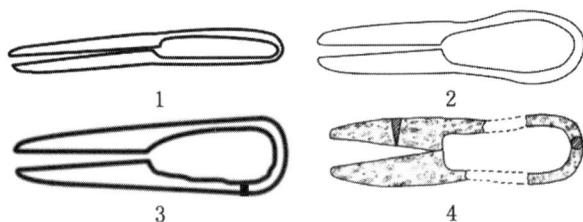

图七　B 类剪刀

1.浙江武义陶器厂三国墓，2.安陆王子山唐吴王妃杨氏墓 M1:215，3.河南卫辉大司马墓地 M18:13，4.隋韦协墓 M5:12

C 类：双股剪刀。可分为四亚类：

Ca 类：短柄，长刃。河南方城盐店庄村宋墓出土 1 件，铁质，墓葬已被严重损毁，具体尺寸数据不详[33]（图八：1）。广东深圳宋墓出土 1 件，直刃，尖嘴，弯把，交股处用卯榫，锈蚀严重，刃长 13，把长 10 厘米[34]（图八：2）。辽宁康平辽代墓出土 1 件，铁质，通长 27 厘米[35]（图八：3）。

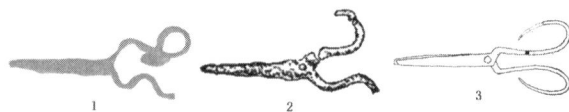

图八　Ca 类剪刀

1.河南方城盐店庄村宋墓，2.广东深圳宋墓，3.辽宁康平辽代墓

Cb 类：中柄，中刃。吉林前郭查干吐莫辽墓 M14:1，铁质，由刃、柄两部分组成，刃部与现代剪子相同，柄与现代剪子不同的特点是现代剪子柄外卷，而墓中出土的剪柄内卷。通长 24 厘米，刃长 12 厘米[36]（图九：1）。吉林省德惠县后城子金代古城 F1:32，铁质，通长 23，刃长 12.4 厘米[37]（图九：2）。察右后旗种地沟墓地 M6:1，铁质，通长 22 厘米[38]（图九：3）。河北磁县南开河村元代木船 3:9，铁质，通长 19 厘米[39]（图九：4）。吉林省辉南县辉发城址 2010THIT131②:15，铁质，双股剪，中部用铆钉作轴，加以固定，把手系弯折而成半环状，末端外卷，锻打而成。通长 20 厘米[40]（图九：5）。武昌龙泉山明代楚昭王墓北 36-1，铜制，厚背，长直刃，"S"形把。

长 8.4,把宽 4.1 厘米⑪(图九:6)。北京琉璃河明清居址 F10H41:3,铁质,具体尺寸数据不详⑫(图九:7)。

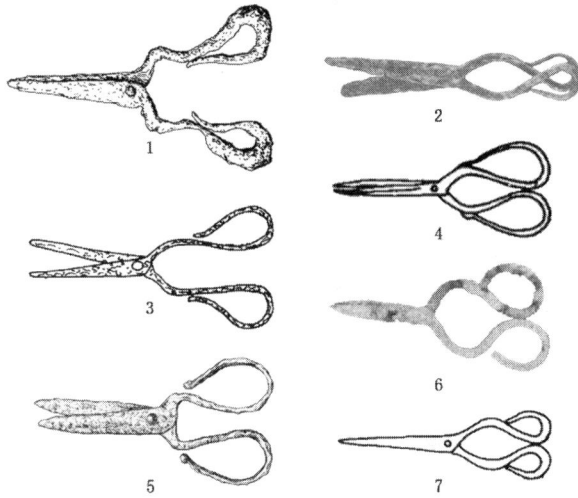

图九　Cb 类剪刀

1.吉林前郭查干吐莫辽墓 M14:1,2.吉林省德惠县后城子金代古城 F1:32,3. 察右后旗种地沟墓地 M6:1,4.河北磁县南开河村元代木船 3:9,5.吉林省辉南县辉发城址 2010THIT131②:15,6. 武昌龙泉山明代楚昭王墓北 36−1,7. 北京琉璃河明清居址 F10H41:3

Cc 类:长柄,短刃。北京市通县金代墓葬出土 1 件,铁质,已锈蚀残损,长 10 厘米⑬(图十:1)。河北磁县南开河村元代木船 3:5,铁质,长 15.8 厘米⑭(图十:2)。元上都城南砧子山南区墓葬 M32:3,通长 10 厘米⑮(图十:3)。河北省迁安市开发区金代墓葬出土 1 件,具体尺寸数据不详⑯(图十:4)。

Cd 类:半圆形刃。徐州富庶街明代遗址 L1:1,前端为两个半圆形片状合成一圆形稍内凹的刃部,后端弯曲,两两对称,为手柄,长 18.6 厘米⑰。

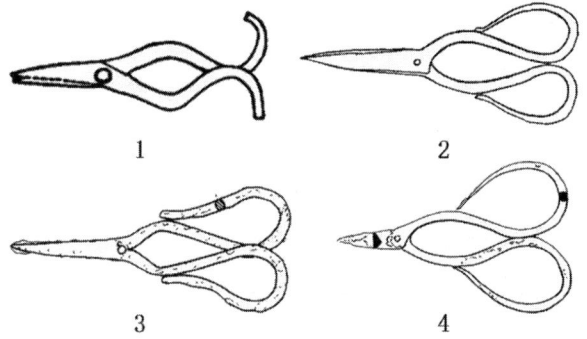

图十　Cc 类剪刀

1.北京市通县金代墓葬,2.河北磁县南开河村元代木船 3:5,3. 元上都城南砧子山南区墓葬 M32:3,4.河北省迁安市开发区金代墓葬

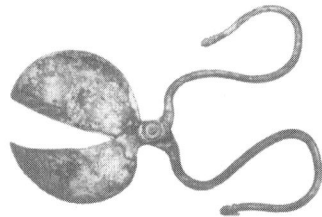

图十一　Cd 类剪刀
徐州富庶街明代遗址 L1:1

二、剪刀的形态演变及发展阶段

Aa I 类和 Aa II 类剪刀在汉代和隋唐时期墓葬中有发现,根据目前的考古材料,最早的剪刀出土于汉代早期的墓葬中,属 Aa I 类剪刀(图二:1)。Aa III 类剪刀在汉代和三国魏晋南北朝时期墓葬中有发现。Ab I 类剪刀在汉代、三国魏晋南北朝、隋唐、五代十国和宋代墓葬中有发现,Ab II 类剪刀仅发现于汉代墓葬之中。B 类剪刀在三国和隋唐时期的墓葬中有发现。Ca 类、Cb 类、Cc 类剪刀在宋辽金、元明时期的墓葬中都有发现,Cd 型剪刀在明代遗址中有发现(参见表一)。

表一　剪刀的类别与年代

| 年代 \ 类别 | A 类 | | | | | B 类 | C 类 | | | |
|---|---|---|---|---|---|---|---|---|---|---|
| | Aa 类 | | | Ab 类 | | | Ca 类 | Cb 类 | Cc 类 | Cd 类 |
| | I 类 | II 类 | III 类 | I 类 | II 类 | | | | | |
| 两汉 | √ | √ | √ | √ | √ | | | | | |
| 三国魏晋南北朝 | √ | √ | √ | √ | | √ | | | | |
| 隋唐 | √ | √ | | √ | | √ | | | | |
| 五代十国 | | | | √ | | | | | | |
| 宋辽金 | | | | √ | | | √ | √ | √ | |
| 元明 | | | | | | | | √ | √ | √ |

本文根据已有材料,可将剪刀的发展演变划分为两大阶段,汉代至五代十国时期为第一阶段,宋代至元明时期为第二阶段。

第一阶段,A类剪刀从以Aa类剪刀和Ab类剪刀并存到以Ab类剪刀为主,其变化的动力原因在于其功能,Aa类剪刀使用时发力点在刃背处,很容易对使用者的手造成伤害,而Ab类剪刀使用时发力点在剪柄处,就避免了剪刀对使用者的损伤。B类剪刀出土数量较少,且形态上没有较大改变,反映了B类剪刀在古人日常生活中普及程度小,或者说人们没有用B类剪刀随葬的习惯。

第二阶段,虽然AbⅠ类剪刀仍有发现,但最大的改变是C类剪刀的出现,C类剪刀在使用原理上和A、B类剪刀有较大区别,A、B类剪刀使用时依靠的是使用者手掌和手指的压力,并且使用者还需

要克服剪柄反向的弹力,而C类剪刀的使用者所克服的力却小的多,另外双股剪刀因为有销轴固定,使用时不会像交股剪刀一样发生错位,影响操作的精度。

总的来说,剪刀经历了从交股剪刀到双股剪刀的发展历程,功能上的需要是剪刀形态改变的最重要原因。

### 三、剪刀的功能及使用

1.日常生活实用

墓葬砖雕中所见剪刀图像,时常与熨斗并存,诸如襄樊油坊岗宋墓、平山两岔宋墓、朝阳金代纪年墓(图十二),剪刀均属Ab类剪刀。也有Ab类、Cb类剪刀共见于墓葬壁画,如巩义涉村宋代壁画墓(图十三),熨斗是用来熨烫衣服的用具,剪刀与其并存,也可看出剪刀在裁衣上的基本功用。

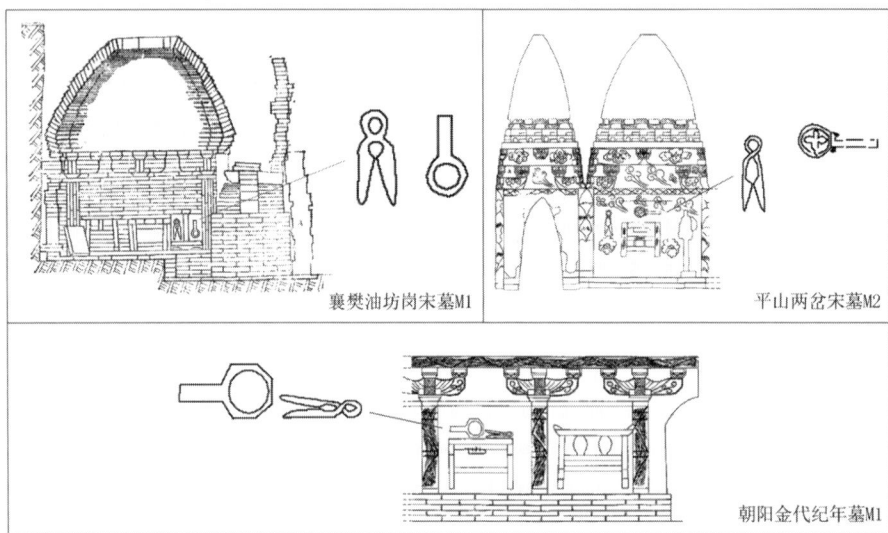
图十二 宋金时期墓葬装饰中的剪刀

图十三 巩义涉村宋代壁画墓

2.明器模型

考古发掘所见剪刀大多为金属制成,无论是铁质、银质,还是铅质,均有一定的实用性。但在考古发掘中所见的另外一种剪刀——陶剪,则是明器,无实用功能。如唐山市陡河水库唐墓出土1件,长约20厘米[48](图十四:1)。河北宣化纪年唐墓出土1件,长约24.2厘米[49](图十四:2)。北京大兴青云店M1:15,长约19.5厘米[50](图十四:3)。河北宣化辽代壁画墓M5:29,长14厘米[51](图十三:4)。河北宣化下八里辽金壁画墓M2:33,长约18厘米(图十四:5)。大兴区小营出土金代墓葬M1:23,长约16.8厘米[52](图十四:6)。标本所选六件剪刀中除河北宣化

纪年唐墓所出剪刀为 AaⅢ类剪刀外,其余均为 Ab 类剪刀。所反映的是随葬陶剪也是对现实生活中实用剪刀的一种模仿。

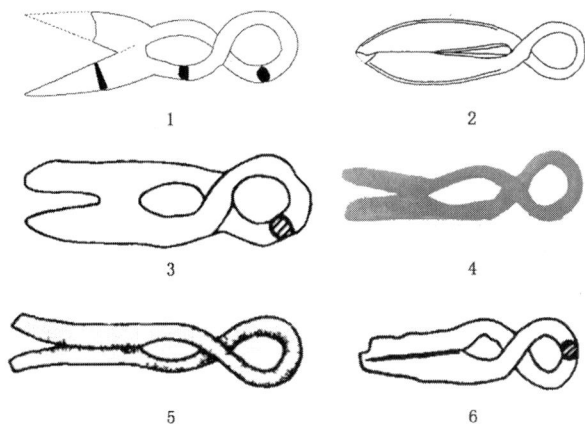

图十四　陶质剪刀

1.唐山市陡河水库唐墓,2.河北宣化纪年唐墓,3.北京大兴青云店 M1:15,4.河北宣化辽代壁画墓 M5:29,5.河北宣化下八里辽金壁画墓 M2:33,6.大兴区小营出土金代墓葬 M1:23

3.装饰

南京象山东晋墓出土一套组合器,剪和小刀各一件,以银链相连,出在棺内前部。剪双股交叉似"8"字形,长 12.6 厘米。小刀已与剪锈蚀在一起,长 8.6、宽 1 厘米。小刀外尚见有黄色的骨头,原应为骨质的刀鞘,鞘长 8.8、宽 1.5、厚 0.4 厘米,中间为 14 节"8"字形的双绞银链,链长 16.8 厘米,链的一头以银圈连铁剪,一头以银环形物连小刀,剪上尚有六层丝织物和朱色漆片餐痕,原应以丝织物层层包裹后,置于漆盒内的[33](图十五:1)。元上都城南砧子山南区墓葬出土一套银佩饰,用银丝编成链条,连接 5 条小链,下端分别悬佩微型饰物,包括银质的玉壶春瓶、盖罐、盒、铜制剪、镊各 1 件[54](图十五:2)。河北迁安开发区金代墓葬 M3:40,由 6 件组成。一端单环,另一端双环套连,其中一环链系小银剪一把,长 7.2 厘米,形制与现代剪一致。另一环链系 5 件银器,分别为银盒、银提梁壶、银壶、银毛拔、银剪[55](图十五:3)。

南京象山所出土剪和小刀均为铁质,且与一般剪和刀无异,应为实用器。而元上都城南砧子山南区墓葬和河北迁安开发区金代墓葬所出组合器,剪

刀尺寸较小,与其他器物一起组合成装饰品,似无实用功能。

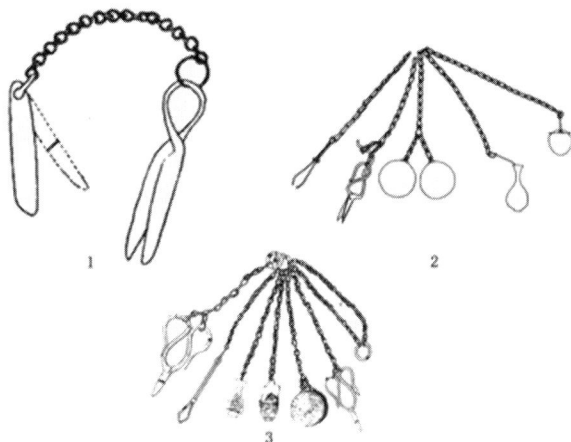

图十五　剪刀组合器

1.南京象山东晋墓,2.元上都城南砧子山南区墓葬 M30:17,3.河北省迁安市开发区金代墓葬 M3:40

四、结语

通过对各类剪刀的形态分析,可大体勾画出汉代至明代剪刀发展演变的规律和动因。概括地说,汉代至宋代是 A 类交股剪刀的流行时期,其中 Aa 类剪刀出现略早于 Ab 类剪刀,汉代至唐代 Aa 类剪刀与 Ab 类剪刀同时并行,唐代及唐代以后,Ab 类剪刀逐渐成为主流。C 类双股剪刀出现于宋代,因为增加了销轴作为固定,剪刀使用时不易错位,更加科学实用,所以至今 C 类双股剪刀都十分流行。综上,剪刀经历了从交股剪刀到双股剪刀的发展历程,功能需要是影响剪刀形态改变的最重要原因。从剪刀出土现象可以发现剪刀具有裁衣、装饰和随葬的功用。剪刀虽小,却一脉相承,不仅是物质的传承,更是一种文化的传承。

注释:

① 杨毅:《中国古代的剪刀》,载考古杂志社编《探古求原——考古杂志社成立十周年纪念学术文集》,科学出版社,2007 年,第 192-206 页。

② 陈巍:《11~13 世纪中国剪刀形态的转变及可能的外来影响》,《自然科学史研究》2013 年第 2 期。

③ 李克敏:《张小泉、王麻子剪刀传统工艺的调查研究》,《中国科技史料》1992 年第 2 期。

④ 黄琦,张璐:《浅析 11~19 世纪中国支轴式剪刀的形制演变》,《文物天地》2019 年第 10 期。

⑤吕洪年:《民间器物崇拜述略》,《东方博物》2005年第4期。

⑥广州市文物管理处:《广州淘金坑的西汉墓》,《考古学报》1974年第1期。

⑦山西省考古研究所、夏县博物馆:《夏县王村东汉墓地的勘查与发掘》,《文物季刊》1995年第1期。

⑧长沙市文物考古研究所:《湖南长沙连山东晋墓发掘简报》,《文物》2021年第5期。

⑨吐鲁番地区文物保管所:《吐鲁番北凉武宣王沮渠蒙逊夫人彭氏墓》,《文物》1994年第9期。

⑩洛阳市文物考古研究院:《洛阳孟津朱仓北魏墓》,《文物》2012年第12期。

⑪襄樊市考古队、谷城县博物馆:《湖北谷城县肖家营墓地》,《考古》2006年第11期。

⑫中国社会科学院考古研究所:《汉杜陵陵园遗址》,科学出版社,1993年,第87-88页。

⑬南阳市文物研究所:《南阳市妇幼保健院东晋墓》,《中原文物》1997年第4期。

⑭广东省博物馆、汕头地区文化局、揭阳县博物馆:《广东揭阳东晋、南朝、唐墓发掘简报》,《考古》1984年第10期。

⑮湖南省博物馆:《湖南资兴晋南朝墓》,《考古学报》1984年第3期。

⑯李宇峰:《辽宁朝阳两晋十六国时期墓葬清理简报》,《北方文物》1986年第3期。

⑰洛阳市第二文物工作队:《洛阳市南昌路东汉墓发掘简报》,《中原文物》1987年第3期。

⑱广东省文物考古研究所、和平县博物馆:《广东和平县晋至五代墓葬的清理》,《考古》2000年第6期。

⑲中国社会科学院考古研究所河南二队:《河南偃师县杏园村的四座北魏墓》,《考古》1991年第9期。

⑳贵州省博物馆考古组:《贵州平坝马场东晋南朝墓发掘简报》,《考古》1973年第6期。

㉑中国社会科学院考古研究所:《洛阳烧沟汉墓》,科学出版社,1959年,第189-190页。

㉒李宇峰:《辽宁朝阳两晋十六国时期墓葬清理简报》,《北方文物》1986年第3期。

㉓襄樊市考古队:《襄樊檀溪隋唐宋墓清理简报》,《江汉考古》2000年第2期。

㉔宜城县博物馆:《湖北宜城市皇城村出土唐代文物》,《考古》1996年第11期。

㉕安徽省文物考古研究所、南陵县文物管理所:《安徽南陵铁拐宋墓发掘简报》,《文物》2016年第12期。

㉖朝阳市文物考古研究所、朝阳博物馆、朝阳县文物管理所:《辽宁朝阳东大屯孤山子辽墓清理简报》,《文物》2021年第3期。

㉗咸阳市文物考古研究所:《咸阳马泉镇西汉空心砖墓清理报告》,《文博》2000年第6期。

㉘安康水电站库区考古队:《陕西紫阳白马石汉墓发掘报告》,《考古学报》1995年第2期。

㉙金华地区文管会、武义县文管会:《浙江武义陶器厂三国墓》,《考古》1981年第4期。

㉚孝感地区博物馆、安陆县博物馆:《安陆王子山唐吴王妃杨氏墓》,《文物》1985年第2期。

㉛河南省文物局南水北调文物保护办公室、四川大学考古学系:《河南卫辉大司马墓地晋墓(M18)发掘简报》,《文物》2009年第1期。

㉜西安市文物保护考古研究院:《隋韦协墓发掘简报》,《文博》2015年第3期。

㉝河南省文化局文物工作队:《河南方城盐店庄村宋墓》,《文物参考资料》1958年第11期。

㉞深圳博物馆:《广东深圳宋墓清理简报》,《考古》1990年第2期。

㉟张少青:《辽宁康平发现的契丹、辽墓概述》,《北方文物》1988年第4期。

㊱吉林省文物考古研究所:《吉林前郭查干吐莫辽墓发掘》,《边疆考古研究》,2005年。

㊲吉林省文物考古研究所、长春市文物管理委员会办公室:《吉林省德惠县后城子金代古城发掘》,《考古》1993年第8期。

㊳乌兰察布博物馆、察右后旗文物管理所:《察右后旗种地沟墓地发掘简报》,《内蒙古文物考古》1997年第1期。

㊴磁县文化馆:《河北磁县南开河村元代木船发掘简报》,《考古》1978年第6期。

㊵吉林大学边疆考古研究中心、吉林省文物考古研究所、大庆市博物馆等:《吉林省辉南县辉发城址发现的明代遗存》,《边疆考古研究》,2015年第1期。

㊶湖北省文物考古研究所、武汉市文物考古研究所、武汉市江夏区博物馆:《武昌龙泉山明代楚昭王墓发掘简报》,《文物》2003年第2期。

㊷北京市文物研究所、北京大学考古学系:《1995年琉璃河唐~明代居址发掘简报》,《文物》1996年第6期。

㊸北京市文物管理处:《北京市通县金代墓葬发掘简报》,《文物》1977年第11期。

㊹磁县文化馆:《河北磁县南开河村元代木船发掘简报》,《考古》1978年第6期。

㊺内蒙古文物考古研究所、锡林郭勒盟文物管理站、多伦县文物管理所:《元上都城南砧子山南区墓葬发掘报告》,《内蒙古文物考古》1999年第2期。

㊻唐山市文物管理处、迁安市文物管理所:《河北省迁安市开发区金代墓葬发掘清理报告》,《北方文物》2002年第4期。

㊼徐州博物馆:《徐州富庶街明代遗址的发掘》,《考古学报》2004年第3期。

㊽河北省文物管理委员会:《唐山市陡河水库汉、唐、金、元、明墓发掘简报》,《考古通讯》1958年第3期。

㊾张家口市宣化区文物保管所:《河北宣化纪年唐墓发掘简报》,《文物》2008年第7期。

㊿北京市文物研究所:《北京大兴区青云店辽墓》,《考古》2004年第2期。

(51)张家口市宣化区文物保管所:《河北宣化辽代壁画墓》,《文物》1995年第2期。

(52)北京市文物研究所:《大兴区小营出土金代墓葬》,《北京文物与考古》2004年。

(53)南京市文物保管委员会:《南京象山东晋王丹虎墓和二、四号墓发掘简报》,《文物》1965年第10期。

(54)内蒙古文物考古研究所、锡林郭勒盟文物管理站、多伦县文物管理所:《元上都城南砧子山南区墓葬发掘报告》,《内蒙古文物考古》1999年第2期。

(55)唐山市文物管理处、迁安市文物管理所:《河北省迁安市开发区金代墓葬发掘清理报告》,《北方文物》2002年第4期。

(作者单位:厦门大学历史与文化遗产学院)

# 新出玺印校释五则

◇ 马雨如

**内容提要**：古代玺印对于文字学和历史研究具有重要意义。近五年出土的战国秦汉玺印材料为数众多，其中有一些因字形与常见字形相混而被误释，另一些则存在缺释。本文结合战国秦汉玺印文字资料，从字形、姓名等方面对原著录中误释或缺释的"有造(遣)""长朤""王庳(雁)""亶尚印""中(忠)身(信)"共计五件玺印作重新释读，并对其中战国玺印的分域给出初步判断。

**关键词**：秦汉 印章 燕玺 成语印 补释

## 前言

古玺印是重要的实物资料。按照印文性质划分，玺印可以分为官印、私印、成语印等，包含职官、地名、姓氏、成语等丰富信息。通过考释玺印文字，可以明确汉字形体的历史演变、了解姓氏制度和文化风俗的变迁，进而研究平民百姓的社会史、文化史。

玺印研究肇始于宋代，此时的研究内容偏向著录方面。清代，玺印文字的考释逐渐兴盛，内容主要集中在先秦古玺文字部分。近年来秦汉印章研究发展迅速，以施谢捷先生、魏宜辉先生、李鹏辉老师、石继承先生等为代表的优秀学人做出了扎实的研究。

近五年出土的战国秦汉玺印材料为数众多，其中有一些因字形与常见字形相混而被误释，另一些则存在缺释。本文拟结合战国秦汉玺印文字资料，从字形、姓名等方面对原著录中误释或缺释的五件玺印作重新释读。学识尚浅，储备不足，错漏之处还祈方家指正。

## 一、溧阳旧县半头墩汉墓群出土印章

《常州文博论丛(第三辑)》刊发《2011年溧阳市旧县半头墩汉墓群发掘简报》[①]一文(下称《溧阳》)著录了一枚印章，为双面穿戴印。印文如图(图一)：

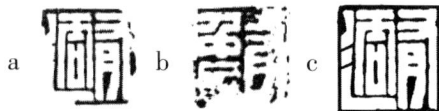

图一 溧阳旧县半头墩汉墓群出土印章
a."有造" b."有□" c.a面修复处理

原著录分别释为"有造"(a面)"有□"(b面)。为了方便释读，笔者将a面图像作了修复处理(参看图c)。b面左字残漶，暂不释读。

"造"字从辵、从告，汉印写作遣、䢋、造(《增汉》[②])，与印文不合。按，此字可径隶释为"遣"或"遣"。

此字所从"冄"旁不见于说文小篆。学者石继承指出，汉篆受到秦汉隶书的影响，有时会直接转写隶书结构。在秦汉隶书中，"冄"见于偏旁"虍"和"雨"，如汉隶"虐"作虐，"虚"作𧆾，"虞"作䖍，"彪"

作霊;"霖"作霖,"霆"作霆,"雪"作雪、雷等,皆是此例。汉篆有"程彪印信""汉丁零仟长"等例③(图二),《增汉》另收"虞"作矞,"彪"作矞者。故印文"雨"当为"虎"或"雨"的汉代形体。

图二　左:程彪印信;右:汉丁零仟长

"遣""遣"皆不见于《说文》,出土文献也暂无此二字,可能是新见人名用字,或是某一已知字形的异写。具体意义不明。

在现有的资料中,姓氏"有"存在两种来源。《潜夫论·志氏姓》载有读若"伟"的"有"氏,属于归姓④。《中华姓氏源流大辞典》载:"春秋鲁有'有'姓,孔子弟子有若是也。"⑤此处读如字。"有"氏传世文献习见,如孔子的弟子有若、《风俗通义》所载汉尚书令有禄⑥。

综上,笔者认为,《2011年溧阳市旧县半头墩汉墓群发掘简报》所著录的这方印章a面印文应改释为"有遣"或"有遣"。

## 二、长沟汉墓出土玺印

2019年《长沟汉墓》⑦第114页著录如下一枚玺印(图三左):

图三　长沟汉墓玺印及翻转处理示意

原著录未对其内容进行释读。为了方便释读,笔者将印面图像作了水平翻转处理(图三右)。

印文右一字应释为"长",学者马玉霞曾对《玺汇》⑧及《汇考》等论著中的"长"字进行统计研究,指出燕玺中的"长"字多作䍃或䍃,竖笔一般向右弯折,而其他系"长"字中间竖笔挺直⑨。笔者认为这种判断方法并不严谨,以齐系玺印为例,其"长"字末笔也有向右弯折的,如齐"长卿"印,"长"作䍃(《玺

汇》0874),"长金之玺"的"长"作䍃(《玺汇》0224)。按,燕系玺印中"长"字的特征在于"人"字形下部构件右画加上挑的饰笔,如:

䍃《玺汇》0745　䍃《玺汇》0742　䍃《玺汇》0849
䍃《玺汇》0724

学者陈光田、萧毅均有论述,可参看⑩。简报所示印文䍃饰笔清晰,字形与䍃接近,且二者字形下部均作鸟形,具有鸟虫书特征,这也是战国时期燕系私玺字体的一大特色,由此,此印可定为战国时期燕系玺印。

印文中的"长"当为姓氏。汉多见"长"氏玺,据学者朱疆统计,"长"位列玺印中最常见的单字姓氏第二位,仅次于"王"⑪。长氏早在商代已出现,学者马玉霞指出:安阳殷墟花园庄东地54号墓出土"亚长"铭文青铜器,1997年河南鹿邑县太清宫遗址商末周初墓出土器物有铭文"长子口",都表明其起源较早。《古今姓氏书辩证·卷十三》⑫载:"春秋卫大夫长牂之后,有长武子。战国时有费惠公臣长息,姓书未有此氏,唯《千姓编》列为长沮之后。"或说"长"通"张"。1978年石家庄出土"长耳"印作,被释读为"张耳",解释为"秦汉之际活动于河北一带,西汉初被刘邦封为赵王的张耳私印"⑬。1971年,郑韩故城出土的文物中有两件铜戈,铭文分别为:"四年奠(郑)倫(令)韩半,司宼(寇)长朱,武库工帀(师)□恁,冶尹(尹)□賧(造)"和"五年奠(郑)倫(令)韩□,司宼(寇)张朱,右库工帀(师)春高,冶尹(尹)䍃賧(造)"⑭。由此看"长"通"张"有实际用例,较为可信。

不过,燕玺中同时还存在着用为姓氏及人名的"张"字,如玺汇0885、2830(见下图)。为了行文的严谨,笔者在小文中仍按其字形释为"长"。

《玺汇》0885　《玺汇》2830

次字于《玺汇》中凡三见:

《玺汇》5571　《玺汇》2792

《玺汇》2793

此字《玺汇》缺释。丁佛言在其著作《说文古籀补三种》中最早将此字释为"雷"[15]。陈光田先生也释为雷,但未作详细分析[16]。马玉霞同意陈光田先生观点,并认为中间的"用"字结构是由"雨"讹变而来,故应隶定为䨻,读作"雷",但未详细考证[17]。何琳仪先生隶定此字为䨻[18]。张振谦先生隶定为䨻,分析为从"用""晶"声或从"晶""用"声的形声字,并引商承祚、马叙伦语指出"晶"为"雷"之本字,所从意符为"电"[19]。《战国文字字形表》隶定此字为䨻(《战国》6439)[20]。

燕系玺印中有如下几枚官玺:

 鄙邪都右司马(《玺汇》0061)

 鄙邪都司工(《玺汇》0086)

 鄙邪都丞[21](《玺汇》0120)

印文首字相同,均为燕地名用字,可隶释为鄙,其所从"雷"之形体明确作❷形,因此本文谨按字形而取何、张两位先生观点将次字隶定为"䨻",其具体应释读为何字,待考。不过,目前来看,䨻字仅见于燕私玺,且都为姓氏及人名用字,因此很可能是流行于燕地的一个常用字。

综上,笔者认为《北京市房山区长沟镇 M78》一文著录的这枚玺印当为战国时期燕系私玺,其印文当释为"长䨻"。

**三、湖北宜城跑马堤东周两汉墓地出土印章**

2018 年《湖北宜城跑马堤东周两汉墓地》[22]第138 页著录一枚如下印章(图四):

图四　湖北宜城跑马堤东周两汉墓地"王庨"印

原著录将此墓葬年代定为西汉早中期,由此可知印章年代下限为汉初。原释文为"王雁"。按,次字

从"广"从"隼",应隶定为"庨",释为"雁"。

传世字书同时录有"庨""雁"两字。"雁"字见于《说文·广部》:"雁,屋从上倾下也。"[23]王筠《说文句读》引《玉篇》曰:"雁,厌也。谓栋折榱崩,覆压于四壁中也。"[24]《广韵·灰韵》载,"雁,压也。"[25]"庨"字则见于《龙龛手镜·广部》:"庨,音虽。屋邪也。"[26]《正字通》载,旧注中"雁""庨"音训同[27]。

裘锡圭先生指出:"'隼'实即'隹'的分化字。"[28]张再兴先生进一步指出,西汉中期以前,"隼""隹"尚未分化,"隼"字下部所加的短横并非区别"隹"与"隼"的标记,而只是缀加符号;"庨"应当视为"雁"的异体[29]。学者徐文龙指出,"隹""隼"最初是音义并同的一字,后来音随义转,有所区别,"隹"字纵笔上所加的笔画也就成了区别符号[30]。作"隼"形的字出现较早,如:

鄂君启节 包简 24 包简 173

为保留原始字形,笔者在小文中仍将印文次字隶定为"庨",其与"雁"不作意义区分[31]。

"庨"为秦汉常见人名。如:

骆庨《秦汇》[32]　李庨《秦汇》

王庨《秦汇》　李雁《增汉》

王雁《增汉》　董雁《增汉》

出土汉简也可见人名"庨"。《张家山汉简·奏谳书 124 正》:"南郡卒史蓋庐、挚、朔,叚(假)卒史鼹复(覆)攸庨等狱薄(簿)。"[33]马王堆帛书《战国纵横家书·苏秦自齐献书于燕王章》[34]有"张庨",庨字形为庨。

综上,笔者认为,《湖北宜城跑马堤东周两汉墓地》第 138 页著录的这枚印章应当改释为"王庨",可读为"王雁"。

**四、西安西咸新区西石羊汉墓出土玺印**

《文博》2020 年第 6 期中《陕西西安西咸新区西石羊汉墓发掘简报》[31]一文著录如下一枚玺印(图五):

图五　西安西咸新区西石羊汉墓"宣尚印"

原著录将其释读为"□尚印",左一字缺释。此字从"亯"[35]从"旦",应释为"亶"字。"亯"作"𠅏"或"𠅏"属于汉印中的常见写法。如：

𦸂𦸂廪《汉征》五·一五

𠅏啬《汉征》五·一五

𡊁坛《汉征》十三·十二

何琳仪先生指出战国文字"亯"多作目形[36]。吴振武先生举鄂君启节中的字形"𠅏"说明汉代字形更接近于战国古文[37]。后世这种写法也并未消失，如宋蜀刻本存有字形𦸂[38]，"亯"同样写作"𠅏"。

汉印中"旦"字常写作"旦"，如《汉征》"旦"字条下收字形旦、旦(《汉征》七·四)。

亶为姓氏字，秦印有"亶耐"印：

𦸂(《珍秦》204)。

何琳仪《战国古文字典》载："秦玺亶，人名。"传世史书也有亶姓，如《后汉书·律历志》有官员亶诵："安帝延光二年，中谒者亶诵言当用甲寅元，河南梁丰言当复用太初。……往者寿王之术已课不效，亶诵之议不用，元和诏书文备义著，非群臣议者所能变易。"[39]

综上，笔者认为，《陕西西安西咸新区西石羊汉墓发掘简报》所著录的这枚玺印应释为"亶尚印"。

**五、登封双庙战国秦汉墓地出土玺印**

2019年出版的考古发掘简报《登封双庙战国秦汉墓地》[40](下简称《登封》)第178页著录如下一枚玺印(图六)：

图六 登封双庙战国秦汉墓地出土玺印
及印面处理图

原著录未对其内容进行释读。为了方便释读，笔者将印面图像作了水平翻转处理（参看右下）。按，印文应释为"中身"，读作"忠信"。

关于"中身"印文的考释，李家浩先生已经做得非常完备，这里不再重复[41]。

战国玺印多见"中(忠)身(信)"印(见图a、b、c)。《登封》所录的这方玺印"身"字作半圆形，且中部有一短横，与晋系玺印字形最相近(见图d、e)，加之出土地点登封县与战国时期韩国交叉，推测其为晋系玺印。

a 《玺汇》7904

b 《玺汇》7907

c 《玺汇》7908

d 贵身(信)《珍秦·战国篇》[42]120

e 《玺汇》3345

"忠信"是儒家所推崇的美德，传世文献习见，如《礼记·礼器》："忠信，礼之本也。"《礼记·儒行》："儒有不宝金玉，而忠信以为宝。"[43]《论语·公冶长》："十室之邑，必有忠信如丘者焉，不如丘之好学也。"[44]

综上，笔者认为《登封双庙战国秦汉墓地》第178页著录的这枚玺印当为战国时期晋系吉语，其印文当释为"中(忠)身(信)"。

**注释：**

①彭辉、王偈人等：《2011年溧阳市旧县半头墩汉墓群发掘简报》，《常州文博论丛》(第三辑)，文物出版社，2017年。

②罗福颐：《增订汉印文字征》，紫禁城出版社，2010年。(以下标《增汉》处皆为此书，不再注明。)

③石继承：《汉印文字研究》，上海古籍出版社，2021年。

④参看徐铁生：《中华姓氏源流大辞典》，中华书局，2014年。

⑤徐铁生:《中华姓氏源流大辞典》,中华书局,2014年。

⑥[汉]应劭著、王利器校注:《风俗通义校注》,中华书局,2010年。

⑦北京市文物研究所:《长沟汉墓》,科学出版社,2019年。

⑧故宫博物院:《古玺汇编》,北京文物出版社,1981年。

⑨马玉霞:《战国燕系玺印整理与研究》,西南大学硕士学位论文,2019年。

⑩陈光田:《战国玺印分域研究》,岳麓书社,2009年;肖毅:《古玺文分域研究》,崇文书局,2018年。

⑪朱疆:《古玺常见姓氏人名用字统计》,《中国文字研究》,2006年。

⑫邓名世:《古今姓氏书辩证》,江西人民出版社,2006年。

⑬《河北石家庄市北郊西汉墓发掘简报》,《考古》1980年第1期。

⑭原文著录于《文物》1972年第10期,本文参考《殷周金文集成》11384、11385补正原释;郝本性:《新郑"郑韩故城"发现一批战国铜兵器》,《文物》1972年第10期;中国社会科学院考古研究所:《殷周金文集成》(修订增补本),中华书局,2007年。

⑮吴大澂、丁佛言、强运开:《说文古籀补三种》,中华书局,2011年。

⑯陈光田:《战国玺印分域研究》,岳麓书社,2009年。

⑰马玉霞:《战国燕系玺印整理与研究》,西南大学硕士学位论文,2019年。

⑱何琳仪:《战国古文字典》,中华书局,1998年。

⑲张振谦:《燕玺文字考释七则》,《中国文字学报》,2015年。

⑳徐在国:《战国文字字形表》,上海古籍出版社,2017年。

㉑最后一字从人从山会意,现在一般改释为"危",读为"尉"。参看何琳仪《秦文字辨析举例》(何琳仪:《秦文字辨析举例》,《人文杂志》1987年第4期。)和大西克也《试论上博楚简〈缁衣〉中的"𧴞"字及相关诸字》(大西克也:《试论上博楚简〈缁衣〉中的"𧴞"字及相关诸字》,《第四届国际中国古文字学研讨会论文集——新世纪的古文字与经典诠释》,香港中文大学中国语言及文学系,2003年。)

㉒武汉大学、湖北省文物考古研究所、宜城市博物馆:《湖北宜城跑马堤东周两汉墓地》,科学出版社,2018年。

㉓[汉]许慎:《说文解字》,中华书局,2013年。

㉔王筠:《说文解字句读》,中华书局,2016年。

㉕周祖谟:《广韵校本》,中华书局,2011年。

㉖释行均:《龙龛手镜》,中华书局,1985年。

㉗张自烈编、廖文英补:《正字通》,国际文化出版公司,1996年。

㉘裘锡圭、湖南省博物馆、复旦大学出土文献与古文字研究中心:《长沙马王堆汉墓简帛集成(三)》,中华书局,2014年。

㉙张再兴:《从秦汉简帛文字看"隼"字的分化》,《中国文字研究》2016年第1期。

㉚徐文龙:《〈战国古文字典〉校订(真部–谈部)》,安徽大学硕士学位论文,2020年。

㉛所引著录中所用字不一,或"庳"或"庵"。此处保留原著录用字。

㉜许雄志:《秦印文字汇编(增订本)》,河南美术出版社,2021年。

㉝张家山二四七号汉墓竹简整理小组:《张家山汉墓竹简》,文物出版社,2006年;参看韩厚明:《张家山汉简字词集释》,吉林大学博士学位论文,2018年。前者加注曰:"庳,当即'庵'字。"

㉞许卫红、耿庆刚、方开祥:《陕西西安西咸新区西石羊汉墓发掘简报》,《文博》2020年第6期。

㉟摹本中"亶"字字形上部所从"畐"较汉印常见字形多一横笔,由于目前笔者未见原印图片及印蜕,因此暂以摹本为主,但尚不排除是摹本有误或其他原因。

㊱何琳仪:《战国古文字典》,中华书局,1998年。

㊲吴振武:《〈古玺文编〉校订》,人民美术出版社,2011年;参看曾宪通、陈伟武主编:《出土战国文献字词集释》,中华书局,2019年。

㊳《李太白文集》,北宋或南北宋之际蜀刻本。存卷一至卷十四、卷二十五至卷三十;卷十五至卷二十

四配清康熙五十六年缪曰芑影宋钞本。原句为:"穷通与修短,造化夙所禀。"

㊴[南朝]范晔:《后汉书》,中华书局,2000年。

㊵河南省文物考古研究院、武汉大学历史学院考古系:《登封双庙战国秦汉墓地》,科学出版社,2019年。

㊶参看李家浩:《从战国"忠信"印谈古文字中的异读现象》,《北京大学学报(哲学社会科学版)》1987年第2期。

㊷萧春源:《珍秦斋藏印·战国篇》,澳门基金会,2001年。

㊸[唐]孔颖达:《礼记正义》,上海古籍出版社,1990年。

㊹程树德、程俊英、蒋见元:《论语集释》,中华书局,2013年。

(作者单位:安徽大学文典学院)

# 中国田野考古实践的回顾与展望

## ——从几次经典发掘谈起

◇ 施连喜

**内容提要**：田野考古是考古学的基础，无论是文化历史考古、过程考古和后过程考古，还是马克思主义考古等考古学研究范式，都离不开田野考古实践和田野考古研究。中国田野考古的百年历程，在田野技术方法上，经历了新中国成立前的美式传统、英式传统，新中国成立后的东欧苏式传统，改革开放后的世界浪潮，到新世纪创建中国特色、中国风格、中国气派的考古学几个重要发展阶段。

**关键词**：田野考古 考古学史 理论方法与实践

## 一、绪论

人类的活动产生经验，经验的积累和消化形成认识，认识通过思考、归纳、理解、抽象上升为知识，知识在经过运用并得到验证后进一步发展到科学层面上形成知识体系，处于不断发展和演进的知识体系根据某些共性特征进行划分而成学科①。这一连串的行为实践经历了不同的发展过程，从而构成了各种各样的历史。"学，觉悟也。习，数(shuo)飞也。"按《说文解字》之意，学习就是进行多次觉悟的活动。英语中"学习"有"learn"和"study"的区别，前者更多表示学习一种技术或知识，类似于中国的"术"，而后者更多的是表示一种研究。

作为一个具有五千年文明历史的国度，对"史"的关注和研究似乎是一种文化基因，在不断的传承。中国考古学的诞生离不开中国史学界的需求，此外，对考古学史的讨论和研究也从未断绝，且每个时代都烙上了各自时代的特征。如张忠培先生所

说，"考古学史的分期，是对考古学发展规律的追求，应从考古学本身中去寻找。其分期的标志，应该是揭示考古学所研究对象的内在规律的理论或其实践的一些重大科学事件。"②肖宇通过分析卫聚贤和阎文儒不同版本的《中国考古学史》，认为二者皆将金石学作为中国考古学发展的重要阶段，卫聚贤更是将"科学发掘"作为"考古"和"考古学"的重要区分标准③。另外，张新斌根据贺云翱提出的"甲骨文的发现是中国近代考古学的起点"和仰韶遗址的田野考古发掘，将中国考古学史分为传统考古学、近代考古学和现代考古学三个阶段④。正因为田野考古的重要性，本文通过对几项经典发掘案例的分析，梳理了中国田野考古的百年认知转变，以期对田野考古的发展有所裨益。

## 二、中国考古学的诞生——从仰韶开始

### (一)民族情绪、政治浪潮和学术思潮的推进

"中国金石学的传统由来已久，自汉至唐，对于

铭文的研究一直局限于文字学领域，整个学术界还没有意识到钟鼎文字的史料价值和经学研究价值。两宋及清，考据之风盛行，金石学研究也达到鼎盛时期。"⑤清代出现了一大批金石学家和考据大家，这也为晚清时期殷墟甲骨的辨识提供了认识主体，安阳殷墟开始被社会所关注。

鸦片战争以后，中国的知识分子开始睁眼看世界，西方学术思想不断引进，社会风气开始发生变化。19世纪末，《新学伪经考》和《孔子改制考》等作品的问世，在当时社会产生了积极广泛的影响。1901年，受西方史学的影响，梁启超首倡"新史学"，猛烈批判中国传统史学，并拟撰写一部新的中国通史，此外,他开始关注西方考古学的新概念⑥，为日后帮助李济开展考古工作和梁思永选择学习考古学埋下了伏笔。20世纪初，介绍西方考古学的相关著作开始慢慢进入学界的视野，对此,俞旦初、陈星灿、徐玲、徐坚、陈洪波等多有论述⑦，此不赘述。

随着西方列强的进入和"中华民国"的建立，社会风气大为改善，特别是新文化运动的展开，"民主"和"科学"的观念深入人心。1918年，蔡元培首次准备在北大设立考古组，特请罗振玉主持考古工作，因罗拒绝未能实现，间接使得中国考古学的诞生得以顺延，1922年北京大学在国学门（后改名文科研究所）成立了以马衡为主任的考古学研究室，外聘罗振玉、伯希和等为考古学通信导师⑧。1923年，又成立了古迹古物调查会，后改为考古学会。在蔡元培与马衡等人的努力下，中国考古学开始在高校扎根。

另外，顾颉刚曾在《古史辨自序》中言："我的上古史靠不住的观念在读了改制考之后又经过这样的一温。"⑨(1917年上了胡适的中国哲学史课程后的感受)尔后史学界兴起的"古史辨"使得社会形成一股疑古思潮，而早期的反对疑古派者执认为"若尧舜禹的黄金时代被打倒，就会影响到人心"⑩。顾颉刚提出"层累的造成古史"的概念，使得传统史观发生了翻天覆地的变化。表明当时传统的社会认知随着诸学人的说服，开始慢慢发生改变。

不破不立，如何重建中国上古史摆在了中国史学界的面前。1924年古史辨派代表人物顾颉刚、李玄伯均表示考古学是解决古史问题的唯一办法⑪。国学大师王国维提出的"二重证明法"向"二重证据法"⑫的强化，表明了传统金石学向现代考古学倾向的转变。与此同时，安特生的考古活动成为京津学术界重点关注的对象，或说明以仰韶遗址发掘为代表的中国早期田野考古活动进一步加快了社会认知的改变。

不难看出，考古学开始进入中国知识分子的视线，主要是为史学研究服务的，其中也夹杂着政治目的和民族情绪，但考古学作为重建中国上古史和新史学研究的重要路径，在以后的几十年的发展中并没有发生根本改变。对此，20世纪大陆和台湾学者都提出了重建中国史前史的诉求⑬，这与自身的史学传统和学科的架构不无关系。

(二)中国考古学的诞生

18世纪末至20世纪初，盗掘古物在世界范围内风生水起，对世界考古学诞生的助推作用不言自明。丹尼尔认为考古学诞生于19世纪中叶，与地质学的发展关系紧密⑭，无独有偶，中国考古学的诞生也与地质学研究活动息息相关，不仅如此，古生物学研究活动也对其产生影响。1921年，在地质调查所丁文江和翁文灏的支持下，袁复礼和安特生对仰韶遗址进行了发掘，标志着中国考古学诞生⑮。仰韶遗址发掘之前经过两次实地考察，发掘过程中采用了田野考古学方法，包括地貌形成的分析、发掘地点的选择、地层的变化、遗物的记录和测量，发掘方法采用水平层向下发掘，最后完成了著作《中国远古之文化》，构成了中国现代科学考古学的基本操作步骤。值得注意的是，仰韶遗址发掘其间安特生曾将发掘诸事委任于师丹斯基⑯。此后，安特生在中国境内又进行了多次考古发掘工作。对此，李济、傅斯年和严文明等人非常肯定了安特生的贡献⑰。

显然，安特生系地质学出身，其发掘技术、方法自然受到地质学的影响，另一方面，安特生与蒙特留斯特意请教过考古学的问题，因此早期的发掘技术方法更多的是习自于西方⑱。此前的西方，由于谢里曼、皮特里弗斯将军和弗林德斯皮特里爵士对田野发掘技术的关注，并逐渐形成一种模范式发掘，从而创立了考古学发掘的科学技术和方法[19]。

1918年-1923年，李济留学哈佛大学，从主修的课程看，其接受了考古学的教育[20]。"回国后，任职于南开大学。后结识丁文江、翁文灏和胡适，成为中国地质学会会员。1924年受丁文江的鼓励和资助亲赴新郑对春秋铜器出土地点进行调查清理，然而最初的发掘经历并没有吸引他走上考古学的道路。1925年，受聘于清华国学研究院，当时安特生的史前发现已成为京津学术界谈论的话题，同年冬，梁启超介绍他去山西做些工作。1924-1925年，美国弗利尔艺术馆毕士博邀请他参与考古发掘，后弗利尔艺术馆和清华研究院合作开始田野发掘。1926年，李济主持发掘了山西夏县西阴村遗址。"[21]次年，李济等人就刊布发行了第一本考古报告——《西阴村史前的遗存》。

西阴村的发掘采用2×2公尺的方格，各方的交界处都用桩作记，采用"披洋葱"方式进行揭露（即水平层下挖），先以1公尺划分大层，再按照土色和出土的容积细分小层，最后按照"三点记载法"记录出土遗物[22]。从发掘完成图可以看出，发掘区东、西、北三面留少量隔梁剖面，中间不留隔梁，但留有"土尖"（类似于关键柱）。较安特生的发掘更为精细，开始按照土色的变化进行发掘。有学者称此次发掘为精细化发掘的典范[23]，而本次发掘最大的创造是采用了"方格法"发掘和"三维坐标法"记录出土遗物。本次发掘人员有参加了仰韶遗址发掘的袁复礼，发掘方法或许受到了安特生的影响，李济在美虽没有接受田野考古的训练，但学习了考古学课程，这次发掘系中美合作，陈星灿言及李济受到美国发掘方法的影响。

李济在谈及选择西阴村发掘的原因和动机中，首先是1924年新郑发掘给他的教训是"一定要注意现实的政治和社会情况"（当时考古的挖宝思想较为直接），其次是安特生的史前发现和仰韶村的发掘深深影响了他，最后认为"只有把中国境内的史前遗存完全考察一遍才能得到肯定的答案"[24]。

### 三、中国田野考古的探索——从殷墟至苍洱境

（一）实践与方法

二战前，中国官方的发掘主要集中于安阳殷墟。1927年，李石曾、蔡元培等开始筹备设立中央研究院，隶属于南京国民政府。1928年，董作宾因为痛感殷墟甲骨的盗掘，建议并主持了第一次殷墟发掘，其主要的目的就是发掘甲骨，后弃用准备的方法，采用村人挖掘的方法——长沟，此次发掘在方法上取得进步就是开始利用探铲了解地层土色和遗物，即"轮廓钻探法"[25]。

第二次殷墟发掘，李济与董作宾商量后，采用探沟法了解地层堆积情况，沿用西阴村的水平发掘，并系统的记录收集的遗物。第三次发掘开始时，李济的田野计划是对整个遗址进行全面揭露，因为河南省政府组织发掘队的干扰，此计划至1931年第四次发掘才实现[26]。这次冲突一方面反映了强烈的地方保护主义，另一方面是当时对现代考古学的社会认知存在局限，针对这种情况，傅斯年的《本所发掘殷墟之经过》和李济的《现代考古学与殷墟发掘》做了最好的回应。

1930年，史语所与弗利尔艺术馆停止合作，考古组转向山东城子崖，吴金鼎发现了黑陶龙山文化。李济认为"城子崖遗址的发掘为重新解释过去在安阳遇到的问题提供了新的观念，为安阳田野工作的发展做出了重要贡献。"[27]同年，梁思永对黑龙江昂昂溪遗址进行了发掘，发现了地层的变化，这应与其留美学习考古学的经历是分不开的。1923年，梁思永进入哈佛大学学习考古学，师从Kidder并参加了美国西南部的考古发掘工作，而Kidder正是地层学的大师。

1931年第四次发掘，从发掘图来看，系大面积揭露，发现了建筑夯土和大量遗迹遗物，此次发掘形成了探索商王朝建筑基础的观念，直接导致了接下来的几次发掘[28]。此外梁思永和吴金鼎、刘燿在后岗遗址发现了"三叠层"，这一伟大发现是由梁思永的田野考古认知和实践决定的，首先是昂昂溪的发掘开始注意地层的变化，其次是对西阴村陶器的研究，使其对仰韶文化陶器有了一定的认识，而梁思永和吴金鼎是城子崖遗址的发掘者和资料整理者，对龙山文化陶器的熟悉程度自不用说，再如上所言，梁思永师从地层学大师Kidder。另外，此次发

掘提出了"兼探四境"㉙的计划,并予以了实践,标志着"中国聚落考古田野实践"的起步。

1934 年 10 月,梁思永领导第十次发掘,原计划继续寻找殷商时期的建筑基础和对洹河河谷进行全面考察,因当时盗墓猖獗,遂开始调查和发掘墓葬㉚。同年,李济发表了《中国考古学之过去与将来》,其借用朋友的话"现在事隔十年,情形全变了,好些乡下的小学生也都知道有'石器时代'这个名词了。"㉛简单的话语却突出表现了考古学对社会认知的改变。

1936 年第十三次发掘,技术方法有了新的变化,开始出现 10×10 公尺的探方发掘,"平翻法"广泛应用,另出现了"遗迹整体打包法"㉜。1935 年夏鼐于安阳实习时,梁思永曾托其咨询花土的提取方法,同年夏鼐于英国询问惠勒,惠勒夫人介绍了方法,不久夏鼐写信告知梁思永㉝。"遗迹整体打包方法"应与夏鼐告知西方方法有关。

殷墟发掘的主要成果开始集中发表,1929-1933 年,史语所根据前七次殷墟的发掘和相关研究,出版了《安阳发掘报告》第一至四册,成为考古专刊之一。1936-1949 年出版《田野考古报告》第一至四册,开始收录全国的考古报告和研究论文,1947 年改名为《中国考古学报》。

当我们回看殷墟前十五次发掘,可以发现考古负责人经常发生变化,一方面李济代理过史语所所长职务,还要兼任中央博物院筹备处的主任,此时梁思永由于身体原因多次离开考古一线。虽然最初留学美国的两位考古学家给大家带来了新的科学方法,开始了科学作业,在二者缺席的情况下,出现了郭宝钧、刘耀和石璋如等年轻一辈,中国田野考古沿着科学的道路慢步向前,根据早期经验指导田野实践,在实践中认识、总结经验,使得这一时期田野考古保有生机与活力。

1938-1940 年,吴金鼎、曾昭燏等对云南苍洱境内的遗址进行了调查和发掘工作,"因地制宜"运用不同的发掘方法㉝。1941-1943 年,吴金鼎又相继主持了彭山汉墓的调查、发掘工作和成都永陵的发掘㉟。徐坚认为从城子崖到苍洱境的考古发掘,展现了吴金鼎田野发掘方法系统化的进程㊱。笔者以

为吴金鼎在接受了西方田野考古学的系统训练下,结合中国考古的具体实践对田野考古有了新的认识,能在不同情况下采用不同的方法。随着吴金鼎的出走和早逝,作为新中国考古学奠基人的夏鼐开始展露他的才华。此外,由于殷墟在中国考古学上的标尺作用,石璋如希望在中国的西方另找出一个标尺,1943 年展开了对传说中周都(亳、豳、岐、丰、镐)的田野调查工作㊲。

除了史语所外,还有一些组织团体进行了中国考古学的早期实践,例如河南古迹研究会、山东古迹研究会、北平研究院等,多以中央与地方合作的形式开展工作,这一传统仍保留至现在。

1932-1935 年,郭宝钧主持了浚县辛村和汲县山彪镇的发掘,采用了殷墟习得的发掘技术——轮廓钻探法确认墓葬和十字沟发掘墓葬㊳。基于多次大型墓葬的发掘,郭宝钧总结了大型墓葬发掘的作业方法,徐坚认为"郭宝钧与英美考古学传统无关,更重视与传统文献密切联系,延续了金石学的风格"㊴。笔者以为,郭宝钧身处史学传统变革的历史时期,从其 1922 年于北京师范大学国学门毕业后返乡创办南阳中学的行动中,可以看出他早年深受教育救国的影响和对现代教育的重视,1928 年与董作宾一起调查和发掘安阳(董作宾系南阳人,二者本旧交,董短暂任教于南阳中学),开始走上考古之路,从其留下的著作看,很少有传统的史学研究,更多的是考古学的研究,其充分学习先进的考古方法,但并不局限于理论知识,在多次的实践过程中总结经验,又重新应用到新的实践中。

山东古迹研究会的活动主要表现在城子崖遗址的发现与发掘。城子崖遗址的发现者吴金鼎,1926 年考入清华国学研究院,选择了李济讲授的考古学专业,1927 年肄业后任教于山东齐鲁大学,次年发现城子崖,后著有《平陵访古记》㊵。1930 年史语所和山东古迹研究会开始对城子崖遗址进行发掘工作,第一次发掘仍然采用殷墟的探沟法平翻,第二次发掘由于梁思永的加入,尝试在方法上进行创新,注重对遗迹的清理和解剖,在地层关系上结合遗物讨论城墙的建筑次序和相对年代㊶。城子崖的发掘第一次认识了"夯土",为日后殷墟建筑

的发现埋下伏笔,此外遗址的发掘为后岗三叠层的发现提供了比较对象。

关于发掘城子崖的动机,傅斯年在报告中曾指出,"一是想在彩陶区域以外做一试验,二是想看看中国文化的海滨性,三是想探探比殷墟更早的东方遗址。"此外,傅斯年系山东人,早年就梦想中国东方必有异于西方之古代文化系[42]。李济在报告中指出,"本想在临淄建立山东田野考古中心,吴金鼎又带其考察了城子崖遗址。城子崖的发掘替中国文化原始问题的讨论找到了一个新的端绪,田野考古工作也得到了一个可循的轨道"[43]。

此外,北平研究院也开展了一些田野考古工作。1929-1930 年,常惠、马衡等对河北易县燕下都遗址进行了调查和发掘,并发表报告[44]。1933 年,徐炳昶、常惠在陕西渭水流域进行了考古调查,报告开篇介绍了其计划,"为发掘预备考察周、秦民族的文化,又感盗掘之风尤甚,因而促成了此次的调查",文末更是呼吁"竭力调查、研究,乃全国学术机关、文化团体所应共同负责,非某一特殊机关或团体之所能单独为力也"[45]。1934 年,陕西成立考古会,同北平研究院合作发掘了宝鸡斗鸡台遗址,后苏秉琦整理完成《斗鸡台沟东区墓葬》,在此基础上利用类型学方法又完成了专著《斗鸡台发掘所得瓦鬲的研究》,开始了类型学方法的早期实践[46]。近年,许丹阳对仰韶、西阴村和斗鸡台遗址的发掘方法进行了细致的比较分析[47]。

(二)理论与方法

20 世纪二三十年代,除近现代科学考古学人外,传统学人也开始直接或间接引入西方考古学理论与方法。受益于王国维的"二重证据法",1929 年郭沫若翻译了米海里斯的《美术考古一世纪》,1928 年旅英的郑振铎撰写了《近百年古城古墓发掘史》,叙述了 19 世纪至 20 世纪初世界考古重大发现[48]。

1933 年中国考古学社成立,郑师许等人以为考古学至今不能发达,实因通俗的书籍供应太少,欲计划编辑《通俗考古学丛书》,显然这一计划受到了金石学家马衡的影响[49];1934 年郑师许和胡肇椿合译了蒙特留斯的《考古学研究法》,同年,胡肇椿又翻译了吴雷(woolley)的《考古发掘方法论》,大体同

时,滕固翻译了蒙特留斯的《先史考古学方法论》[50];在之前,张凤、闻宥编译了《考古学》,新增了"发掘工作之定层位法"[51];1931 年俞剑华翻译了《通论考古学》[52],上述诸本多以滨田耕作的《通论考古学》为底本。

1933 年卫聚贤编写了《中国考古小史》,后与蔡元培等人成立了"吴越史地研究会"[53],组织并参与了多次田野考古工作,其中就有杭县古荡遗址的发掘,进而影响了施昕更对良渚遗址的发掘(施阅览过《城子崖》的报告)。1937 年卫聚贤又著有《中国考古学史》,值得一提的是,卫聚贤 1926 年求学于清华国学研究院,导师为王国维,受"二重证据法"影响的同时,应也受到老师李济的教导。

1933 年吴金鼎留学英国,师从叶慈和皮特里。1935 年夏鼐留学英国,师从叶慈和惠勒,后转入格兰维尔门下;曾昭燏留学英国、德国,也接受了考古学的训练。从李济、梁思永的留美到吴金鼎、夏鼐二者的留英,虽说有一些偶然因素,又似可看出一些转变,说明在培养学生上有了现实的考虑,这与当时考古学上传统西方领先于美国是有关的,吴、夏二人皆选择了当时的田野考古大师学习,可看出当时对田野发掘技术和方法的重点关注,也与当时国内没有统一的田野考古技术和方法指导有关。夏鼐曾表示对小屯发掘方法的不满,李济曾说:"小屯发掘的时候,我们什么都不知道,只好乱挖。"[54]

吴金鼎在完成苍洱境内的考古调查和发掘后,著有《田野考古方法》一书,部分章节收录于曾昭燏的《考古学通论》[55]。早在 1937 年,夏鼐于英国阅览了吴金鼎草创的《田野考古学大纲》,说其大致依照皮特里诸氏之说[56]。1941 年,夏鼐留学回国,于昆明晤及徐旭生和苏秉琦,谈及斗鸡台发掘情况,可惜苏秉琦未留下日记,不知海归派对本土派有何影响,不久夏鼐在昆明做了题为《考古学方法论》的公开讲演[57]。这一阶段,传统西方考古学的理论方法逐渐深入到中国考古学的具体实践中。

**四、中国田野考古的发展——辉县模式和半坡试验**

(一)辉县模式

史语所迁台后,1950 年中国科学院考古研究

所成立,梁思永、夏鼐被任命为副所长,考古工作重新起步,在田野发掘方面依然延续着史语所的传统。1952年,苏秉琦离开考古所在北京大学创办考古专业,在此之前,北大只在历史学专业中有考古方向[58]。1950-1952年,考古所在河南辉县的五个地点进行了三次较大规模的发掘,培养出了安志敏、王仲舒、王伯洪和石兴邦等新中国第一批青年考古学家,此外,夏鼐还清理出了琉璃阁战国车马坑[59]。

新中国成立初期,为应对大量基本建设和考古人才缺乏的情况,中科院考古所、文化部和北京大学举办了考古工作人员训练班,编写了一些讲义教材,培养了大量的考古工作人员,积极投身于各地的田野考古工作中。1952年第一届培训班上,夏鼐作了《田野考古序论》的讲演,文中简述了欧洲田野考古的历史,重点谈及了恩师皮特里的贡献,在提供参考的同时,表达了自己对中国考古学的看法[60]。1956年在见习员培训班上的讲稿《田野考古方法》,于1959年收录在《考古学基础》中,成为尔后二三十年田野考古工作的实践指南,而"辉县模式"[61]则深深扎根于中国考古学的田野实践。

(二)半坡试验

新中国成立初期,党和国家提出了向苏联学习的主张,中国考古学人开始认清了中国考古学该走的方向[62]。与此同时,中央和地方开展的田野考古工作遇到了一些问题,对此,苏秉琦和夏鼐都提出了解决问题的相关建议和方案,比较而言夏鼐的解决方案更加具体,主张学习苏联先进经验和引进现代科学技术方法[63]。

1954年,中科院考古所创办《考古通讯》,提出了四大任务:普及田野考古知识,提高田野考古方法,介绍苏联先进经验,联系全国考古工作者并交流各地的考古经验,1959年改名《考古》。在期刊成立的前四年,刊发了几十篇介绍苏联先进经验的文章,可以看出其是按照当初的设想实践的,如1956年《考古通讯》翻译介绍了苏联特黎波里居址的田野考查方法[65],1959年王伯洪、王仲舒介绍了苏联物质文化史研究所的考古情况[66],等等。同一时期,夏鼐规范了"考古学文化"的定名问题[67]。

1953年调查发现了西安半坡遗址,针对夏鼐

提出学习特黎波里和花剌子模遗址的发掘方法,1954-1957年石兴邦等人采取大面积揭露和仔细研究相结合的方法,发掘面积近一万平米,基本确定了遗址的居住区、墓葬区和范围,并在此基础上建立了遗址博物馆[68]。此外,元君庙、北首岭和临潼姜寨等聚落遗址也采用了大面积揭露的方法。石兴邦系夏鼐的学生,1956年根据半坡发掘发表了《略谈新石器时代晚期居住遗址的发掘》一文,夏鼐在《田野考古方法》中做了重点引用[69],由此探方法发掘开始在全国范围内推广。1963年半坡发掘资料整理出版了《西安半坡——原始氏族公社聚落遗址》,第一次引进了"聚落"的概念,揭开了新中国聚落考古实践的序幕。

1958年,科学院考古所组建了安阳考古工作队,三年间,四五十名考古学者在殷墟十几个地点同时发掘,基本搞清了殷墟的范围和布局[70],60年代又开展了洹河大调查,这是继西安半坡后又一次聚落考古的实践[71]。1958年河南省文物工作队提出了"边发掘边整理的田野考古方法"[72]。此外,50年代丰镐地区的连年发掘,建立了西周考古的断代标尺[73]。而张云鹏的《由湖北石家河遗址的发掘主要错误谈学习苏联先进经验》一文,描绘出地方田野考古的真实情况。

(三)理论与方法

"规范为我们怎样扮演社会角色和怎样与他人互动确立了一套基本的指导原则。科技的社会意义在于它怎样改变了我们的生活方式,当一项新技术被引入一个社会,它就迫使社会的其他部分让路。"[74]夏鼐就十分重视科学技术在考古学中的应用,1955年考古所就将碳十四测年技术介绍到国内,60年代初便引进了碳十四测年技术及相关分析技术[75]。

随着中苏关系的恶化和"文革"的开始,中国考古学陷入了长期的停滞状态[76]。正因如此,中国考古学人得以细细消化多年田野工作的成果,1975年苏秉琦发表《关于考古学文化的区系类型问题》学术讲演,开始提出"区系类型理论"[77]。

"文革"后,中国考古学再出发,出版了一批田野考古学教材和工作手册,先后有北京大学的《田野考古学》,吉林大学和河北文物工作队的《工农考

古基础知识》，西北大学的《田野考古方法》，北大出版的《考古测量》，石兴邦的《考古工作手册》，殷玮璋的《考古学田野工作手册》，1984年国家文物局颁布了《田野考古工作规程》，等等。这些教材和工作手册的出版，对中国考古学的教学、实践和发展具有充分的指导意义。"徐坚比较了滨田耕作的《通论考古学》和《考古工作手册》等新中国考古教材及指导资料，发现其前后延续"[73]，考虑到夏鼐、滨田和皮特里的关系和夏鼐本人的田野经验及训练，中国考古学受皮特里和滨田的影响显然在情理之中。需要指出的是，为提高各高校的田野考古和研究水平，中科院考古所的一些专家开始去往高校，知名的有杨宝成进入武汉大学，王世和和戴彤心去往西北大学，极大地促进了相关高校考古学的建设和发展。

**五、中国田野考古的成熟——班村样本和后套木嘎创新**

**（一）理论、方法与实践**

改革开放后社会环境焕然一新，思想的解禁和国际先进理论、方法的传入，各种思想和讨论风起云涌，中国考古学也乘着时代东风向前迈进。这一阶段，学界开始对理论方法表现了极大的关注。1982年苏秉琦、殷玮璋发表了《地层学与器物形态学》，1983年张忠培发表《地层学与类型学的若干问题》，1987-1988年俞伟超先后发表了《关于"考古地层学"的问题》和《关于"考古类型学"的问题》，1988年苏秉琦发表《关于编写田野考古报告的问题》。1987年底，裴安平和李科威开始计划组织"全国中青年考古工作者理论研讨会"，1991年会议在山东兖州考古领队班基地召开[79]，充分显示了部分中青年考古工作者的认知转变，而这些学者在以后的考古实践中也慢慢挣脱传统的束缚，推动着中国考古学向前发展。

1991-1999年，俞伟超等人主持发掘了河南渑池班村遗址，制定了发掘操作的具体原则，堪称中国多学科综合研究方法指导发掘的典范[80]。2006-2019年，周广明主持发掘了江西新干牛城遗址，采用整体揭露法进行发掘，不设隔梁，但留有关键柱，对不明性质的遗迹皆采用遗迹单位编号（feature），

周先生说是采用美式的发掘方法，这应和其参加中美合作发掘有关[81]。2011年吉林大学王立新主持发掘了大安后套木嘎遗址的发掘，结合探方法和西方平面发掘法各自的优点，采用了新的发掘理念指导实践[82]。三人皆了解了国际学术的前沿，在此基础上结合中国田野考古的实践，开展了实际的工作，形成了对田野考古新的认识，充分展现了从内省到认知的过程。

一方面，相关高校考古专业快速发展，并出版了一些教材，如武汉大学的《田野考古方法论》，吉林大学的《田野考古学》，山东大学的《田野考古学》等，此外北京市文物研究所出版了《田野考古入门》。另一方面，对于田野考古实践中遇到的相关情况，学者们进行了研究和讨论，内容涉及实践、相关概念、理论和技术方法等，如于海广[83]、李仰松[84]、钱耀鹏[85]、于孟洲[86]、陈官涛[87]等讨论了相关实践问题；赵德祥[88]、海金乐[89]、张寅生[90]、林冰[91]、于海广[92]等谈论了田野考古的技术和方法；蒋乐平[93]、赵辉[94]、张之恒[95]、蒋晓春[96]、张弛[97]等提出了对相关概念的思考；在理论方面，严文明发表了《聚落考古和史前社会研究》[98]，杨建华出版的《外国考古学史》系统介绍了国外考古学的发展情况[99]，赵辉阐述了"考古学的发展和田野考古的任务"[100]，许永杰阐明了"聚落考古在中国的历程、现状和问题"[101]。此外，2012年中国社科院考古所聚落考古中心在北京主持召开"大型聚落田野考古方法座谈会"，对聚落考古发掘展开了深入的讨论[102]。

**（二）中国考古学"引进来"**

关于科学技术在田野考古中应用的情况，新中国成立后开始逐步引入[103]，并呈现出扩大化趋势，这与夏鼐的努力不无关系。夏先生身居高位，是一位擅长总结的学者，在田野考古方面，多次提出注意工作方法，切忌"挖宝思想"，更是提出了中国考古需要进行"多学科的研究工作"这一伟大设想[104]。根据考古科技工作实际，1995年中国社会科学院考古研究所考古科技中心成立，极大地推动了中国考古学的现代化、科学化进程[105]。改革开放以后，学人在田野考古中实践、借鉴、试验和总结，内容涉及田野考古调查、勘探、发掘、绘图及资料的数据化、

科学化和文物保护等多方面,相关讨论和研究源源不断,不胜枚举。

本阶段国外理论和方法陆续进入国内学人的视野。1984年,张光直在北京大学做学术交流,并出版了《考古学专题六讲》[106],1988年许忆先翻译了《环境考古学》[107],2002年李浪林介绍了"英国考古的政策、管理和操作"[108],2004年胡松海介绍了"法国旧石器时代田野考古发掘方法"[109],2005年王琦介绍了"日本秋田县的田野考古工作"[110],2006年马永赢、曹龙翻译了《田野考古知识概要》[111],丁兰介绍了"当代法国田野考古发掘方法与技术"[112],2009年宋玉彬介绍了"俄罗斯远东南部地区的考古发掘与考古研究的模式"[113],2011年王晓阳比较了"中日田野考古的不同"[114]。

除了翻译和介绍国外先进的考古技术与方法外,中外合作也是90年代后田野考古的一大突破。由于张光直先生的努力,中美合作开展了豫东商丘地区的调查和发掘项目,张光直选择商丘地区出于学术考虑,在此之前其发表了《中国相互作用圈与文明的形成》,表明其对文明形成的关注[115],1992-1995年,中美合作开展了农业考古项目,发掘了江西万年仙人洞、吊桶环和蝙蝠洞遗址[116],1995-2003年中美合作开展了山东日照两城镇地区的考古调查和发掘项目,采用了国际先进的区域调查方法[117],1996-1999年中美合作开展了洹河流域区域系统调查项目[118]。1999-2002年中法合作发掘了南阳龚营遗址,双方采用截然不同的发掘方法,而法方采用的是全面揭露法按考古单位进行发掘[119]。2004年为进一步了解稻作文明的起源,中美合作发掘了湖南道县玉蟾岩遗址[120]。此外,2010年陕西考古研究院、加州大学洛杉矶分校和西北大学合作在高陵杨官寨创办了国际田野考古训练学校[121]。

**六、中国田野考古的开拓——三星堆、科潘和埃及**

(一)三星堆范式

21世纪以来,中国考古学进入高速发展阶段,发生了翻天覆地的变化,对此朱乃诚作了翔实的总结[122],本文不再赘述。除了配合基本建设项目外,大部分考古项目纳入到国家有关部门和相关研究机构的统一规划中,课题意识充分显示了学术界的研究取向和格局。王巍提出了中国考古学向"科学化、现代化、国际化、大众化"[123]的道路发展,后简化为"科学化、国际化、大众化"[124]。从考古学科"十一五"和"十二五"规划来看[125],结合近些年中国考古学的发展,正沿着预定的方向前进,这也是整个考古学界要求和努力的结果。

总体上,20世纪中国考古学人才培养的数量相对不足,一方面考古学曾作为历史学的二级学科,在社会的存在感较低,另一方面也体现了社会认知对考古学的误解。随着大学教育的扩招和考古学成为"一级学科"[126],为中国考古学提供了充足的人才储备,加上公众考古学的宣传推广,考古学的社会存在感逐渐提高,进一步推动了中国考古学的发展。

从班村考古的伟大实践以后,多学科研究的方法指导实践开始逐步在全国范围内传播,现代科学技术进一步与田野考古有机结合,其他学科领域的人才也积极参与到考古实践中,特别是跨学科研究和实验室考古的运用及在全国范围内的推广,使中国考古学研究的广度和深度得以扩展。2021年广汉三星堆遗址的发掘,集全国优秀的教育和研究机构广泛参与,现代科学技术的广泛运用、精细化发掘、多学科的交叉融合和全息式的信息获取,正在逐步确立一种科学发掘和研究的理念范式,给中国考古学和世界考古学以新的范例。

(二)中国考古学"走出去"

在"引进来"的同时,中国考古学开始了"走出去"的步伐,从地方机构到国家层面,不断组织队伍赴国外进行考古发掘和研究工作[127],近年来水下考古[128]和丝绸之路考古[129]更是迅速发展,虽然早期的实践具有一定的偶然因素。2017年中国社会科学院考古研究所成立外国考古研究中心和2020年国家文物局考古研究中心的成立,使得近年的系统工作基本都纳入到国家整体规划之中。"2017年夏季,外交部、财政部、商务部与国家文物局联合召开了涉外考古工作汇报会,已经开展涉外考古的单位汇报了各自的工作和成果,交流了经验,并就今后的涉外考古工作提出了意见和建议。与会的各个部委的代表经过认真讨论,达成共识,今后将设立专项基金支持涉外考古,国家文物局将对各个单位的涉外考古工作进行全方位的支持和指导。"⑬这也标志着"考古外交"正在从民间交流向国家建设方面转变。

"2014年中国社科院考古研究所王巍对科潘遗址进行了考察,与洪都拉斯签订合作协议,并与哈佛大学合作,联合开展科潘遗址考古工作。2015年,中国社科院将科潘遗址考古和玛雅文明研究列入创新工程重大课题予以支持,同年考古工作正式展开。"⑬"2017年中国社科院考古研究所和埃及文物部在北京确定'孟图神庙'为中埃联合考古的首站,王巍认为这一项目不仅是中国考古走向世界的里程碑,也是世界两大古老文明交流互鉴的新景观"⑬,2018年中埃联合考古队开始了田野实践。新时代,中国考古正自下而上、自内而外,从周边沿于海外,逐步参与到世界考古学的建设和发展,为世界考古奉献中国力量。

(三)理论与方法

在国外理论、方法传入方面,2013年汤惠生介绍了"哈里斯矩阵——考古地层学理论的新进展"⑬,2017年周立刚介绍了"洛基山下的田野考古"⑬,2018年介绍了美国怀俄明大学人类学系的考古田野调查的方法与实践⑬,吴玲介绍了"田野考古大师凯瑟琳凯尼恩"⑬,2020年中山大学李宁利翻译了《考古地层学原理》⑬,何国强翻译了《田野调查技术手册》⑬。

此外,国内学者在田野考古的实践、理论和方法上也展开了广泛的讨论。2013年杨立强阐述了"对考古地层学的认识"⑬,杜金鹏充分介绍了"实验室考古的基本理念、产生背景、优势及其技术路线"⑭,蒋乐平对"考古学的本质"⑭展开了讨论;2014年赵辉等人阐述了"田野考古的'系统图'与记录系统"⑫;2015年陈超介绍了"公众考古在田野考古中的尝试"⑬,何文竞介绍了田野考古工作中的几种"非常规"方法⑭;2016年钱耀鹏阐述了"考古埋藏学的田野实践与思考"⑮,黄可佳讨论了"考古遗址表土层的有关问题"⑯,韩用祥讨论了"文物修复保护与田野考古发掘的关系"⑰;2017年霍东

峰讨论了"考古层位学之'层位关系'"⑱,刘绪分析了"田野考古中的若干现象"⑲;2018年霍东峰阐述了"田野考古发掘记录中的'系络图'"⑬,袁俊杰讨论了"田野考古科学发掘的问题"⑬,陈玮阐明了"探方方法在中国田野考古中采纳与演变"⑬,祝晓东讨论构建一种全新的"基建考古"模式⑬;2020年于璞讨论了"解剖性考古发掘的意义"⑭,郗悦对实验室考古的现状进行了分析和思考⑮;2021年侯彦峰讨论了"田野考古中动物遗存的采集问题"⑯,曹艳朋探讨了"田野考古中北方向问题"⑮。另外,在田野考古绘图、测绘、科技手段的运用和文物保护等多方面都有研究和讨论。

七、结语

从中国田野考古的百年认知发展情况可以清晰地看出几个重要转变:从水平层到自然层,从探沟到探方,从地层到遗迹,从无序到聚落,从单一到多元,从传统到科学,从"引进来"到"走出去"。在田野技术方法上,经历了新中国成立前的美式传统、英式传统,新中国成立后的东欧苏式传统,改革开放后的世界浪潮,到新世纪创建中国特色、中国风格、中国气派的考古学几个重要发展阶段。

田野考古是考古学的基础,无论是文化历史考古、过程考古和后过程考古,还是马克思主义考古等考古学研究范式,都离不开田野考古实践和田野考古研究。考古学的终极目标是探寻历史的真实,"任何考古学的研究本质都是当代研究者对各种古代遗存现象的解释"⑬。在田野考古中发现的遗存现象更多的是原始遗存的变体或残迹,而研究者又或多或少局限于自己的认知水平和社会思潮、文化传统的影响,形成一种倾向。因此,我们首先要做的就是选择适宜的科学方法,确保发现遗存的真实,进而接近原始遗存的真貌。中国幅员辽阔,从考古发现所见,在社会化程度并不发达的古代,各地文化差异明显,考古遗存的形成也千奇百态,展现的物质化遗存具有广泛的地域性特征。黄河流域开展了广泛的工作,积累了丰富的田野考古发掘经验,其他地区在学习黄河流域先进经验的同时,不能简单照搬中原模式,要更加注重本地区的差异性特征,做到因地制宜,努力探索适合本地区的发掘技

术和方法。此外,国内许多考古发掘简报和报告应加强对发掘技术和方法的介绍,避免"挖宝"思想的苏醒和考古发掘的模式化倾向。

**注释:**

①国家标准化委员会:《学科分类与代码》,中国标准出版社,2016 年。

②张忠培:《中国考古学史的几点认识》,《史学史研究》1995 年第 3 期,第 48 页。

③肖宇:《20 世纪上半叶知识界对考古学与金石学关系的认识》,《博物院》2020 年第 3 期,第 83-88 页。

④张新斌:《中国考古学史三阶段论说》,《中原文物》2021 年第 6 期,第 34-42 页。

⑤刘正:《金文学术史》,上海书店出版社,2014 年。

⑥沈颂金:《梁启超与中国近代考古学》,《岭南文史》2000 年第 2 期,第 32-33 页。

⑦俞旦初:《20 世纪初西方近代考古思想在中国的介绍和影响》,《考古与文物》1983 年第 4 期;陈星灿:《中国史前考古学史研究 (1895-1949)》,三联书店出版社,1997 年;徐玲:《留学生与中国考古学》,南开大学出版社,2009 年;徐坚:《暗流——1949 年之前安阳之外的中国考古学传统》,科学出版社,2012 年;陈洪波:《史语所的实践与中国科学考古学的兴起 1928-1949》复旦大学博士学位论文,2008 年。

⑧北京大学考古文博学院大事记;陈洪波:《史语所的实践与中国科学考古学的兴起 1928-1949》,复旦大学博士学位论文,2008 年。

⑨顾颉刚:《古史辨自序》,商务出版社,2011 年。

⑩中央研究院历史语言研究所:《城子崖——山东历城县龙山镇之黑陶文化遗址》(序二),1934 年版。

⑪顾颉刚:《顾颉刚古史论文集》,中华书局,2010 年。

⑫陈荣军:《二重证据法考论》,《求索》2008 年第 4 期,第 205 至 207 页。

⑬李济:《中国上古史之重建工作及其问题》《再谈中国上古史的重建问题》,《李济文集》(卷一),上海人民出版社,2006 年;苏秉琦:《关于重建中国史前史的思考》,《考古》1991 年第 12 期;胡厚宣:《结合考古资料重建中国上古史》,《中原文物》1992 年第 2 期;王震中:《重建中国上古史的探索》,云南人民出版社,2015 年。

⑭格林丹尼尔:《考古学一百五十年》,文物出版社,1987 年。

⑮陈星灿:《中国史前考古学史研究 (1895-1949)》,三联书店出版社,1997 年。

⑯安特生著、袁复礼节译:《中国远古之文化》,文物出版社,2011 年,第 12-13 页。

⑰张华:《安特生的"沉浮"与中国考古学发展之路》,《中国社会科学报》2011 年 9 月 1 日;郭伟民:《历史学变革背景下的中国早期考古学》,《湖南考古辑刊》2016 年,第 186 至 195 页。

⑱陈星灿:《20 世纪中国考古学史研究论丛》,文物出版社,2009 年。

⑲杨建华:《外国考古学史》,吉林大学出版社,1999 年。

⑳徐玲:《留学生与中国考古学》,南开大学出版社,2009 年。

㉑李济:《安阳》,商务印书馆,2011 年。

㉒李济,袁复礼:《西阴村史前的遗存》,《清华学校研究院丛书》,清华大学 1927 年出版。

㉓许丹阳:《精细化考古的典范》,《中国文物报》2021 年 4 月 2 日。

㉔李济:《安阳》,商务印书馆,2011 年;李济、袁复礼:《西阴村史前的遗存》,《清华学校研究院丛书》,清华大学 1927 年出版。

㉕董作宾:《中华民国十七年十月试掘安阳小屯报告书》,载于国立中央研究院历史语言研究所《安阳发掘报告》第 1 期,南天书局有限公司,1978 年再版。

㉖李济:《安阳》,商务印书馆,2011 年。

㉗同㉖。

㉘同㉖。

㉙同㉖。

㉚同㉖。

㉛李济:《中国考古学之过去与将来》,原文载于上海《东方杂志》第 31 卷第 7 号(1934 年),现收录于《李济文集》,上海人民出版社,2006 年。

㉜"遗迹整体打包法"于 1936 年殷墟第十三次发掘

发现地下档案库 H127 时使用。见李济：《安阳》，商务印书馆，2011 年。

㉝夏鼐：《夏鼐日记》（卷二），华东师范大学出版社，2011 年。

㉞吴金鼎：《苍洱境考古报告》甲编，国立中央博物院，1942 年。

㉟夏鼐：《追悼考古学家吴禹铭先生》，原载于《"中央日报"》1948 年 11 月 17 日，现收录于《夏鼐文集》上册，社会科学文献出版社，2000 年。

㊱徐坚：《暗流——1949 年之前安阳之外的中国考古学传统》，科学出版社，2012 年。

㊲石璋如：《传说中周都的实地考察》，原载于《中央研究院历史研究所集刊》1949 年，现收录于《丰镐考古八十年·资料篇》，科学出版社，2018 年。

㊳郭宝钧：《山彪镇与琉璃阁》，科学出版社，1959 年；郭宝钧：《浚县辛村古残墓之清理》，《田野考古报告》第 1 册，1936 年；徐坚：《暗流——1949 年之前安阳之外的中国考古学传统》，科学出版社，2012 年。

㊴徐坚：《暗流——1949 年之前安阳之外的中国考古学传统》，科学出版社，2012 年。

㊵岳南：《从蔡元培到胡适：中研院那些人和事》，中华书局，2010 年。

㊶中央研究院历史语言研究所：《城子崖——山东历城县龙山镇之黑陶文化遗址》，1934 年版。

㊷中央研究院历史语言研究所：《城子崖——山东历城县龙山镇之黑陶文化遗址》（序一），1934 年版。

㊸中央研究院历史语言研究所：《城子崖——山东历城县龙山镇之黑陶文化遗址》（序二），1934 年版。

㊹常惠：《易县燕下都故址调查报告》《易县燕下都考古团发掘报告》，《北平研究院院务汇报》1930 年 1 卷第 1、3 期。

㊺徐炳昶，常惠：《陕西调查古迹报告》，《北平研究院院务汇报》1933 年 4 卷第 6 期，现收录于《丰镐考古八十年·资料篇》，科学出版社，2018 年。

㊻杨晶：《中国考古类型学研究的典范之作——读〈瓦鬲的研究〉》，《南方文物》2009 年第 1 期，第 33-36 页。

㊼许丹阳：《仰韶、西阴村与斗鸡台遗址发掘方法对比分析》，载于《古代文明》（第 14 卷），上海古籍出版社，2020 年。

㊽徐坚：《暗流——1949 年之前安阳之外的中国考古学传统》，科学出版社，2012 年。

㊾郑师许：《通俗考古学丛书编辑计画》，《考古》1934 年第 1 期，第 17-28 页。

㊿徐坚：《暗流——1949 年之前安阳之外的中国考古学传统》，科学出版社，2012 年。

51徐坚：《暗流——1949 年之前安阳之外的中国考古学传统》，科学出版社，2012 年。

52郑师许：《通俗考古学丛书编辑计画》，《考古》1934 年第 1 期，第 17-28 页。

53刘斌，张婷：《卫聚贤与中国考古学》，《南方文物》2009 年第 1 期，第 99-107 页。

54夏鼐：《夏鼐日记》卷二，华东师范大学出版社，2011 年。

55曾昭燏：《考古学通论》，收录于《曾昭燏文集》（考古卷），文物出版社，2009 年。

56夏鼐：《夏鼐日记》卷二，华东师范大学出版社，2011 年。

57夏鼐：《夏鼐日记》卷二，华东师范大学出版社，2011 年。

58北京大学历史系考古教研室：《十年来的北京大学考古专业》，《考古》1959 年第 10 期，第 513-515 页。

59中国科学院考古研究所：《辉县发掘报告》，科学出版社，1956 年；孙庆伟：《〈辉县考古报告〉——新中国田野考古范式的确立》，《人民日报》2017 年 1 月 10 日。

60夏鼐：《田野考古序论》，《文物参考资料》1952 年第 4 期。

61孙庆伟：《〈辉县考古报告〉—新中国田野考古范式的确立》，《人民日报》2017 年 1 月 10 日。

62夏鼐：《中国考古学的现状》，原载于《科学通报》1953 年第 12 期，转载于《文物参考资料》1954 年第 1 期，现收录于《夏鼐文集》上册，社会科学文献出版社，2000 年。

63夏鼐：《中国考古学的现状》，原载于《科学通报》1953 年第 12 期，转载于《文物参考资料》1954 年第

1 期,现收录于《夏鼐文集》上册,社会科学文献出版社,2000 年;苏秉琦:《目前考古工作中存在的问题》,《科学通报》1953 年第 1 期,第 70 至 73 页。

64 夏鼐:《回顾和展望——〈考古〉二百期纪念》,《考古》1984 年第 5 期, 第 385 至 387 页。《发刊词》,《考古通讯》1955 年第 1 期,第 1 页。

65 T.C.帕谢克,石陶:《特黎波里居址的田野考查方法》《考古通讯》1956 年第 3 期,第 101 至 112 页。

66 王伯洪,王仲珠:《苏联考古工作访问记(一)——在物质文化史研究所》,《考古》1959 年第 2 期,第 101 至 104 页。

67 夏鼐:《关于考古学上文化的定名问题》,《考古》1959 年第 4 期,第 169 至 172 页;夏鼐:《再论考古学上文化的定名问题》,作于 1961 年,现收录于《夏鼐文集》上册,社会科学文献出版社,2000 年。

68 中国科学院考古研究所、西安半坡博物馆:《西安半坡——原始氏族公社聚落遗址》,文物出版社,1963 年。

69 夏鼐:《田野考古方法》,收入《考古学基础》一书中,科学出版社,1959 年。

70 岳占伟:《杨宝成先生访谈录》, 文章出于中国考古网,2008 年。

71 唐际根、巩文:《殷墟九十年考古人和事(1928-2018)》,社会科学文献出版社,2018 年。

72 王润杰、赵青云、张建中:《边发掘边整理的田野考古方法》,《考古》1958 年第 10 期,第 37-41 页。

73 引自《中国考古概述》,载于历史千年网。

74 詹姆斯·M·汉斯林著、林聚任等译:《社会学导引——一条务实的路径(第 11 版)》,上海人民出版社,2014 年。

75 夏鼐:《放射性同位素在考古学上的应用——放射性炭素或炭 14 的断定年代法》,《考古通讯》1955 年第 4 期,第 73-78 页;夏鼐:《三十年来的中国考古学》,《考古》1979 年第 5 期,第 385-392 页。

76 陈洪波:《史语所的实践与中国科学考古学的兴起 1928-1949》,复旦大学博士学位论文,2008 年。

77 苏秉琦:《苏秉琦考古学论述选集》,文物出版社,1984 年。

78 徐坚:《暗流——1949 年之前安阳之外的中国考古学传统》,科学出版社,2012 年。

79 裴安平:《纪念 1991 年山东兖州全国中青年考古工作者理论研讨会》, 见裴安平教授个人主页 www.peianping.com/zyjl4.html。

80 班村考古队:《班村遗址发掘操作原则 (讨论稿)》,《中国历史博物馆馆刊》1995 年第 1 期,第 44-46 页。

81 笔者曾参与牛城遗址的发掘,亲身体会整体揭露发掘法,接受周广明先生对发掘理念和方法的教导,待考古报告刊布可知具体的田野考古工作方法。

82 王立新、Pauline Sebillaud、霍东峰:《大安后套木嘎遗址发掘方法、技术与记录手段的新尝试》,《吉林大学社会科学学报》2016 年第 1 期, 第 113-119 页。

83 于海广:《关于田野考古中的几个问题》,《刘敦愿纪念文集》,山东大学出版社,1998 年。

84 李仰松:《田野考古调查概述》,《文博》1991 第 3 期,第 3-6 页。

85 钱耀鹏:《解剖性发掘及其聚落考古研究意义》,《中原文物》2010 年第 2 期,第 23-29 页。

86 于孟洲:《对堆积年代与田野考古操作的几点思考》,《文物世界》2008 年第 1 期,第 47-49 页。

87 陈官涛:《田野考古编号记录中的几个问题》,《江汉考古》2002 年第 2 期,第 87-90 页。

88 赵德祥:《介绍二种田野考古中探方平剖面图的测绘方法》,《考古》1990 年第 6 期,第 563-564 页。

89 海金乐:《田野考古中的钻探技术》,《文物季刊》1992 年第 2 期,第 69-77 页。

90 张寅生:《磁法在田野考古勘探中的应用研究》,《考古》2002 年第 7 期,第 59-69 页。

91 林冰:《关于中国田野考古学技术和方法的思考——考古所"田野考古技术和方法纵论"青年学术讨论会纪要》,《考古》1997 年第 11 期, 第 90-94 页。

92 于海广:《论田野考古中临时号发掘法与文化层次的划分》,《文史哲》2001 年第 4 期,第 86-90 页。

93 蒋乐平:《地层与 "生活面"——田野考古认识点滴》,《南方文物》1994 年第 3 期,第 70-71 页。

㉤赵辉：《遗址中的"地面"及其清理》，《文物季刊》1998年第2期，第78-87页。

㉥张之恒：《田野考古中的次生堆积和文化层缺失》，《江汉考古》2010年第2期，第57-60页。

㉦蒋晓春：《"灰坑"的概念及田野工作方法再探》，《江汉考古》2009年第3期，第41-44页。

㉧张弛：《理论、方法与实践之间——中国田野考古中对遗址堆积物研究的历史、现状与展望》，《考古学研究》（九），科学出版社，2012年，第801-819页。

㉨严文明：《聚落考古与史前社会研究》，《文物》1997年第6期，第27-35页。

㉩杨建华：《外国考古学史》，吉林大学出版社，1999年。

⑩赵辉：《考古学的发展和田野考古的任务——兼就〈田野考古工作规程〉修订工作基本想法和若干要点的说明》，《西部考古》2007年第二辑，第56-63页。

⑪许永杰：《聚落考古在中国——历程·现状·问题》，《华夏考古》2009年第4期，第123-131页。

⑫中国社会科学院考古研究所聚落考古中心：《大型聚落田野考古方法纵横谈》，《南方文物》2012年第3期，第69-91页。

⑬夏鼐：《三十年来的中国考古学》，《考古》1979年第5期，第385-392页。

⑭夏鼐：《中国考古学的回顾和展望》，载于《中国文明的起源》，文物出版社，1985年，此文现收录于《夏鼐文集》上册，社会科学文献出版社，2000年。

⑮中国社会科学院考古研究所考古科技中心编：《科技考古》第一辑序，中国社会科学出版社，2005年。

⑯张光直：《考古学专题六讲》，文物出版社，1986年。

⑰玛莎·朱可斯卡著，许忆先译：《环境考古学》，《东南文化》1988年第6期，第36-40页。

⑱李浪林：《英国考古的政策、管理和操作》，《华夏考古》2002年第1期，第98-105页。

⑲胡松梅、张璞：《法国旧石器时代田野考古发掘方法》，《考古与文物》2004年第1期，第32-34页。

⑩王琦：《浅谈日本秋田县的田野考古工作》，《考古与文物》2005年第5期，第83-85页。

⑪阿方兹·伦吉尔著，马永赢、曹龙译：《田野考古知识概要》，西安地图出版社，2006年。

⑫丁兰：《当代法国田野考古发掘方法与技术》，《华夏考古》2006年第4期，第105至110页。

⑬宋玉彬：《俄罗斯远东南部地区考古发掘与考古研究的模式》，《边疆考古研究》2009年第8辑，第280至287页。

⑭王晓阳：《中日田野考古之异》，《中国文物报》2012年2月10日。

⑮中国社科院考古研究所、美国哈佛大学皮保德博物馆：《豫东考古报告——"中国商丘地区早商文明探索"野外勘察与发掘》，科学出版社，2017年。

⑯北京大学考古文博学院、江西省文物考古研究所：《仙人洞与吊桶环》，文物出版社，2014年。

⑰中美联合考古队、栾丰实、文德安、于海广、方辉、蔡凤书、王芬、科杰夫：《两城镇——1998~2001年发掘报告》，文物出版社，2016年。

⑱唐际根、荆志淳、徐广德、瑞普·拉普：《洹河流域区域考古研究初步报告》，《考古》1998年第10期，第13-22页。

⑲杨宝成、杜德兰：《南阳附近的龚营遗址的发掘：方法和结果》，载于《考古发掘与历史复原》，中华书局，2006年。

⑳唐晓山、赵荣学、邓莉：《中美合作发掘玉蟾岩遗址》，《湖南日报》2004年11月15日。

㉑罗泰：《中国考古学的国际视角》，《文汇报》2015年1月23日。

㉒朱乃诚：《中国考古学百年历程》，《南方文物》2021年第1期，第43-54页。

㉓王巍：《关于中国考古学发展方向的思考》，载于《21世纪中国考古学与世界考古学》，中国社会科学出版社，2002年。

㉔王巍：《中国考古学发展方向刍议》，《光明日报》2003年9月2日。

㉕《考古学科"十一五"规划调研报告》，《中国文物报》2006年3月17日；考古学科"十二五"规划调研报告课题组、徐苹芳、严文明、赵辉、陈星灿、许

宏、朱岩石、杭侃、袁靖：《考古学科"十二五"规划调研报告》，《南方文物》2011年第1期，第1-12页。

⑫王巍：《考古学成为一级学科的前前后后》，《中国文物报》2012年6月15日。

⑫《"中国考古走出去"项目概览》，《大众考古》2018年第1期，第74-79页。

⑫朱坚真、杨乐、徐小怡、黄丹丽：《我国水下文化遗产保护的历史进程研究》，《深圳大学学报（人文社会科学版）》2013年第4期，第144-149页；屈小玲：《中国西南与境外古道：南方丝绸之路及其研究述略》，《西北民族研究》2011年第1期，第172-179页。

⑫王建新：《丝绸之路考古的实践与思考》，《新丝路学刊》2021年第2期，第1-16页。

⑬王巍：《中国考古学国际化的历程与展望》，《考古》2017年第9期，第3-13页。

⑬《社科院考古所启动玛雅文明科潘遗址的发掘工作》，《大众考古》2015年第9期第95页。

⑬《中国考古队将从孟图神庙"走进埃及"》，《大众考古》2017年第1期，第95页。

⑬汤惠生：《哈里斯矩阵：考古地层学理论的新进展》，《考古》2013年第3期，第91-99页。

⑬周立刚：《洛基山下的田野考古》，《大众考古》2017年第5期，第78-83页。

⑬姚庆：《关于考古田野调查的方法与实践——以美国怀俄明大学人类学系考古调查为例》，《北京文博文丛》2018年第1期，第103-107页。

⑬吴玲，何文竞：《田野考古大师凯瑟琳·凯尼恩》，《大众考古》2019年第3期，第59-62页。

⑬爱德华·塞西尔·哈里斯著、李宁利译：《考古地层学原理》，中山大学出版社，2020年。

⑬英国皇家人类学会编、何国强译：《田野调查技术手册》，复旦大学出版社，2020年。

⑬杨立强：《对考古地层学的认识》，《文物世界》2013年第1期，第22-24页。

⑭杜金鹏：《实验室考古导论》，《考古》2013年第8期，第3-11页。

⑭蒋乐平：《考古学本质刍议——一个田野考古者的思考碎片》，《南方文物》2013年第2期，第101-

107页。

⑭赵辉、张海、秦岭：《田野考古的"系络图"与记录系统》，《江汉考古》2014年第2期，第41-49页。

⑭陈超：《公共考古在田野考古中的尝试》，《中国文物报》2015年2月13日。

⑭何文竞：《田野考古工作中的几种"非常规"方法》，《中国文物报》2015年6月5日。

⑭钱耀鹏、毛瑞林：《考古埋藏学的田野实践与思考》，《南方文物》2016年第2期，第57-71页。

⑭黄可佳：《由表知里：考古遗址表土层的有关问题》，《中国文物报》2016年3月25日。

⑭韩用祥：《文物修复保护与田野考古发掘的关系》，《文物修复与研究》2016年，第631-635页。

⑭霍东峰：《考古层位学之"层位关系"》，《考古》2017年第5期，第84-94页。

⑭刘绪：《若干田野考古现象分析》，《南方文物》2017年第4期，第19-34页。

⑭霍东峰：《田野考古发掘记录中的"系络图"》，《考古》2018年第1期，第70-78页。

⑮袁俊杰：《关于田野考古科学发掘问题的再思考》，《华夏考古》2018年第2期，第124-128页。

⑮陈玮：《探方方法在中国田野考古的采纳与演变》，《南方民族考古》2018年第2期，第108-144页。

⑮祝晓东：《考古前置：构建全新"基建考古"模式》，《中国文物报》2018年8月24日。

⑮于璞、杨菊：《试论解剖性考古发掘的意义》，《北京文博文丛》2020年第1期，第94-99页。

⑮郝悦：《实验室考古现状分析与思考》，《科教导刊（上旬刊）》2020年第4期，第179-180页。

⑯侯彦峰：《浅谈田野考古动物遗存采集》，《华夏考古》2021年第1期，第122-127页。

⑯曹艳朋：《田野考古中"北"方向问题探究》，《华夏考古》2021年第2期，第105-110页。

⑯徐良高：《考古学研究中的解读与建构——关于考古学本体理论的一些思考》，载于《李下蹊华——庆祝李伯谦先生八十华诞论文集》，科学出版社，2017年。

（作者单位：西北大学文化遗产学院）

# 论长沙窑与北方瓷业的联系和相互影响

◇ 李 杨

**内容提要**:长沙窑是唐代南方著名青瓷窑场,它的兴起离不开南北技艺的融合。随着唐天宝十四年"安史之乱"爆发,北方瓷业技术南传,长沙窑在南方青瓷基础上,对北方的化妆土、模印贴花、高温釉上彩、胎料加工、乳浊白釉技艺加以吸收,并仿烧了双鱼壶等多种北方窑口常见器形,逐渐形成以釉上彩绘和模印贴花为主要特点的产品风格并迅速崛起。五代末年,湖南地区饥荒严重致使大量流民北迁。北宋初年,为恢复京畿地区,朝廷将南方诸国大批能工巧匠迁入河南,长沙窑的制瓷技艺也随之北传。折线纹和婴戏莲纹在宋金时期北方窑场广泛流行。由此可见,唐代长沙窑与北方瓷业联系紧密,存在瓷业技术上的相互交流与模仿。

**关键词**:长沙窑 北方瓷业 工艺 纹饰

## 一、长沙窑与北方瓷业的概念

长沙窑是唐代南方著名青瓷窑场,兴起于唐中后期的八世纪末、九世纪初,五代时渐趋衰落,其下限可能晚至北宋初年①。窑址位于湖南省长沙市望城县铜官镇附近的瓦渣坪一带,因此也被称之"铜官窑""瓦渣坪窑"。长沙窑在岳州窑的基础上发展起来,早年以烧造青瓷为主。之后随着北方制瓷技艺的传入,长沙窑工匠将南北技艺加以融合,另辟蹊径,形成了以釉上彩绘和模印贴花为主要特点的产品风格并迅速崛起,从而打破了唐代"南青北白"的瓷业格局。随着长沙窑的快速崛起及河海航运的迅猛发展,其产品广销海内外。

唐代所谓的"南青北白"是以秦岭——淮河为分界线,北方瓷业便是秦岭——淮河以北以邢窑、巩县窑等窑口为代表的白瓷系统。它们以馒头窑生产,制瓷原料属石英—长石—高岭石系的高铝质瓷,与龙窑生产、以瓷石为原料的南方青瓷不同。宋金制瓷业在唐代"南青北白"的基础上继续发展,北方地区形成了以定窑系、耀州窑系、钧窑系、磁州窑系为主的制瓷格局。

## 二、长沙窑对唐代北方制瓷工艺的吸收

唐天宝十四年(755)"安史之乱"爆发,历时七年的"安史之乱"使中原地区长期陷于藩镇割据的战乱之中,社会动荡,经济衰败,民不聊生。自此,大批中原百姓南迁避难,其中就有不少北方制瓷工匠迁往长沙地区,将优秀的北方制瓷技艺带入长沙窑,为它的改革注入了新的血液和生机。

### (一)化妆土技术

化妆土是将优质瓷土加工调和成泥浆,施用于瓷器的胎釉之间,以改善瓷器的质量,并起到美化瓷器或改变瓷器呈色的作用。化妆土技术虽肇始于南方窑场,但它却广泛传播应用于北方窑场,并促

进了北方白瓷的诞生②。唐代的北方白瓷多以施用化妆土来增加白度、提高质量。随着"安史之乱"后中原窑工的南迁，北方成熟的化妆土技术也随之传入长沙地区。

长沙窑瓷器系采用低品位原料制成，胎色白度不高，一般呈灰白或香灰色，胎中常有粗颗粒物料和大块铁质存在③。化妆土技术之所以能在长沙窑广泛运用是因为它有如下三个优点：第一，它能增强胎的致密度，增加瓷胎的白度④，更好地衬托彩釉的呈色；第二，它降低了对胎土白度与精细度的要求，扩大了可选择瓷土的范围，从而降低了原料成本，达到粗料细作的效果；第三，它节约了瓷土加工的时间，提高了生产力。总而言之，化妆土技术的使用美化了长沙窑瓷器的彩釉呈色，降低了成本，提高了产品竞争力，对长沙窑在八世纪末的迅速崛起发挥了重要作用。

（二）模印贴花工艺

模印贴花，是指在胎坯未干时，将模印有各种纹样的泥片用泥浆粘贴在已成形的器物坯体表面，然后施釉入窑烧造。模印贴花的纹样生动、逼真，呈现半浮雕状。长沙窑的模印贴花常装饰于喇叭口壶的流下部，洗、罐、钵的系耳和壶、罐的腹部⑤，包括椰枣双鸟、秒椤、花卉、佛塔、狮、龙纹、摩羯、飞雁、双鱼、舞蹈吹笛胡人、持剑武士、飞天仕女等诸多题材。

虽然早在隋至初唐年间，岳州窑便流行印花装饰，但它是模具戳印，印花为阴纹下凹，与长沙窑阳文凸起的模印效果有所不同。而中原的唐三彩瓷器大量采用了模印贴花的装饰手法，纹饰题材包括人物、动物、花卉等，与长沙窑大同小异。可见，长沙窑的模印贴花与岳州窑的模印纹饰不具有直接的传承关系，与中原的唐三彩却有直接渊源⑥。

1988年太原果树场采集了一件唐代黄釉贴花人物纹执壶（图一），应为邢窑产品⑦，壶腹三面模印贴塑胡人舞蹈、吹箫的形象，与长沙窑同类产品（图二）如出一辙，二者应是使用了相同的印模。河北博物院穆青先生曾指出，河北曲阳、定州和山西运城也出土了多件同类器，从胎釉特征及制作工艺来看也应为北方窑场烧造。现存资料尚不能确定长沙窑

的印模取自北方窑场，但二者存在一定程度上的窑业技术交流，这一事实是毋庸置疑的。

图一　唐代邢窑黄釉模印贴花人物纹执壶
（图片源自李建毛：《湖湘陶瓷二长沙窑卷》，湖南美术出版社，2009年）

图二　唐代长沙窑青釉模印贴花人物纹执壶
（图片源自周世荣：《长沙窑作品集》，湖北美术出版社，2004年）

（三）高温釉上彩

为了探究长沙窑彩绘的属性问题，湖南省文物考古研究所人员以石渚片区出土的彩瓷标本为主，并结合丰坑、灰坪、谭家坡等区域标本共50余件，利用了超景深三维显微镜对标本进行全方位观察，发现所有标本均为先施釉再彩绘，然后一次性高温烧成⑧。

长沙窑以铜、铁为主要着色剂，经过窑内不同氛围的焙烧，形成了红、绿、褐、黑、蓝等多种彩，多种釉彩或相互连接，或相互浸润、流淌，装饰效果类似唐三彩（图三、图四）。湖南省文物考古研究所的

张兴国认为,长沙窑的高温釉上彩工艺是继承了唐三彩的彩釉工艺,是把北方彩釉工艺嫁接在了岳州窑类型的青釉瓷器上,可以说长沙窑彩瓷是八世纪后半期岳州窑与唐三彩的直系后裔⑨。长沙窑瓷器中还有一种白釉绿彩瓷器(图五),是北齐白釉绿彩器(图六)的翻版。北魏洛阳城大市遗迹发现的白釉绿彩残片证明了唐三彩的出现很有可能与北齐白釉绿彩器有关⑩。这就为长沙窑彩瓷与北齐白釉绿彩、唐三彩瓷器三者的密切关系提供了证据。

图三　唐代长沙窑青釉褐绿彩瓷碗

(图片源自周世荣主编、吴跃坚著:《唐风妙彩:长沙窑精品卷》,湖南美术出版社,2008年)

图四　唐三彩碗河北临城县文物保管所藏

图五　唐代长沙窑白釉绿彩执壶

(图片源自徐忠文、徐仁雨、周长源:《扬州出土唐代长沙窑瓷器研究》,文物出版社,2015年)

图六　北齐白釉绿彩瓶

(图片源自张柏:《中国出土瓷器全集》河南卷,科学出版社,2008年)

(四)胎料加工与乳浊白釉

李建毛先生认为,长沙窑瓷器的胎质成分虽然与岳州窑相似,但长沙窑的胎质相对疏松,与河南地区瓷窑的胎质相似,应该是胎料加工方法受到了河南地区的影响⑪。

在1983年长沙窑窑址发掘中,发现了一批乳浊白釉瓷,占比为1.5%,涵盖了圆口碗、花口碗、荷叶碗、圆口碟、钵、喇叭口壶、瓶形壶、横氅壶、猫形钮、壶盖、葫芦瓶、盏托、唾盂、盒、枕、灯、火照、炉、系纽龟等多种器形⑫。此外,窑址还发现有两件北方唐代窑址的白瓷制品⑬,胎色白,白釉光润而不开片,属于高质量的白瓷。上述白瓷为窑工个人用品的可能性很低,极有可能是作为窑业交流的样本输入的。这些长沙窑乳浊白釉瓷无疑是吸收了北方白瓷工艺的产物。

(五)器形

1.双鱼壶

双鱼壶是唐至五代流行的壶式,整体作并联的双鱼形,鱼背脊间各有凹槽,槽上下两端贴有桥形系,可穿绳。"鱼"谐音"余",并联双鱼暗喻连年有余之意。陶瓷双鱼壶始于对金银器造型的模仿,但最早开始仿金银器的是唐三彩。介于唐代长沙窑与三彩器的交流密切,长沙窑双鱼壶产品很有可能是源于对三彩器的模仿(图七、图八)。

图七　唐代长沙窑酱釉双鱼壶

(图片源自李建毛:《湖湘陶瓷二长沙窑卷》,湖南美术出版社,2009 年)

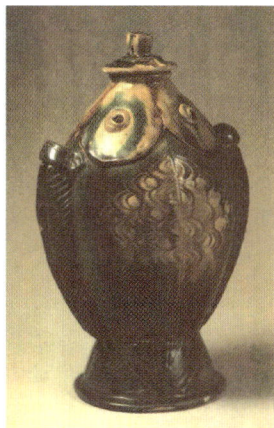

图八　唐三彩双鱼壶

(图片源自中国美术全集编辑委员会编:《中国美术全集·工艺美术编 2·陶瓷(中)》,上海人民美术出版社,1988 年)

### 2.瓷枕

唐朝的瓷枕多出自北方地区的黄河流域[11],如河南的巩县窑和密县窑大量生产三彩瓷枕、绞胎瓷枕和珍珠地划花瓷枕。南方地区除了长沙窑的釉上彩绘瓷枕和寿州窑的黄釉枕外,其他窑口鲜少发现。长沙窑瓷枕形制十分丰富,有腰圆形枕、梯形枕、方形枕(图九,1)、如意形枕(图九,2)、几形枕、伏兽座枕(图九,3),而这些形制均可以在河南地区找到母本。

图九　唐代长沙窑各式瓷枕

1.白釉绿彩花草纹腰圆形瓷枕,2.青釉褐绿彩龟背纹如意形瓷枕,3.青釉褐彩狮座枕

### 3.瓷塑玩具

瓷塑玩具是长沙窑的大宗产品,有丰富多样的动物和人物形象,如鸟形哨、羊形哨、猪形哨、象形哨、龟形哨、系纽鸟、系纽羊、系纽猴、系纽狮、系纽龟、系纽鱼、狮、骆驼、象、兔、蛙、骑马俑、骑狮俑、戴笠俑、妇婴俑、儿童俑等。唐三彩也大量生产小型陶塑,以河南巩义黄冶窑为例,涵盖了包括猴俑、狗俑、狮俑、兔俑、牛俑、龟俑、象俑、鸽俑、骑马俑、骑驼俑、吹箫俑、抱瓶俑、骑牛俑、儿童俑在内的多种造型(图十)。对比可见,二者有许多相似的造型。需要特别指出的是,唐三彩陶塑皆为陪葬明器,是亡人生前日常生活的物化。而长沙窑则崛起于厚葬之风衰微之时,瓷塑玩具的造型多取自唐三彩。

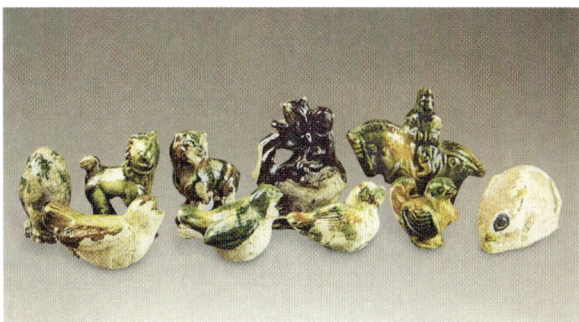

图十　唐三彩瓷塑

(图片源自河南省文物考古研究院、中国文化遗产研究院、日本奈良文化财研究院编著:《巩义黄冶窑》,科学出版社,2016 年)

### 三、长沙窑对宋金时期北方窑口装饰的影响

宋金时期是我国瓷业发展史上的一个繁荣时期,北方制瓷业在唐代"南青北白"的瓷业布局基础之上继续发展,形成了以定窑系、耀州窑系、钧窑系、磁州窑系为主的制瓷格局。无疑,这些瓷窑系的形成在历史渊源上和某些工艺特征上都可溯源于唐代[15]。

据史料记载[16],公元951-960年即五代末年,湖南地区饥荒严重,水灾频发,大量难民逃亡去往他地。《新五代史》载"秋大水,两河之民,流徙道路,京师赋调不充,六军之士,往往殍踣,乃预借明年夏、秋租税,百姓愁苦,号泣于路"[17],描述的便是难民因水灾饥荒逃难的情景。严重的饥荒和水灾严重影响了人民生活,也制约了长沙窑的生产,伴随着长沙窑的逐渐衰微乃至停烧,制瓷工匠为了生计被迫北迁不无可能。

此外,北宋都城汴京(今河南开封),历经了唐末五代的战乱,人口损失惨重。朝廷为恢复当地人口,开始将南方各国的皇室、文武百官、文士、艺术家和能工巧匠迁入开封和洛阳等地。估计北宋初期至少有10余万来自全国各地的移民迁入开封,此外还应有一定数量的移民迁入河南的其他府州[18]。

这样,长沙窑的制瓷技艺随着制瓷工匠的北迁而随之带往河南乃至广大的北方地区。长沙窑的折带纹、婴戏莲纹在宋金时期各北方窑口广泛流行起来。

（一）折带纹

折带纹,又称作连续回纹或曲带纹,为二方连续纹样,常作为条带状辅助纹饰出现。目前陶瓷器上所能见到的最早的折带纹是一件唐代长沙窑褐绿彩荷花纹大盘(图十一)。它出土于2016年石渚湖村的石渚片区的发掘,口径24.2厘米,高6.5厘米,褐绿彩装饰,盘心绘长沙窑常见的荷莲纹,边缘则为一周折带纹间以菱形纹。此件长沙窑瓷盘的发现,为此后宋金时期河北磁州窑、河南当阳峪窑、山西大同窑和浑源窑盛行的折带纹找到了历史源头。

1.河北磁州窑

磁州窑是宋金时期北方著名瓷窑,窑址在今磁县观台镇和彭城镇一带。产品以白地黑花瓷器最具

图十一　唐代褐绿彩荷花纹盘
2016年长沙铜官窑遗址出土
（图片源自湖南省文物考古研究所编著:《焰红石渚——长沙铜官窑遗址2016年度考古发掘出土瓷器》,文物出版社,2018年）

特色,并影响了周边诸多窑口,形成一众磁州窑系窑场。折带纹在宋金时期的磁州窑颇为流行,常常作为辅助纹饰出现于钵、罐、碗的口沿处(图十二,1-3),枕、佛像和梅瓶上也有发现(图十二,4)。品种有红绿彩绘、白地黑花剔刻、白釉刻划、绿釉剔花等,且一直延用至元明时期。

2.河南修武当阳峪窑

当阳峪窑,位于今河南省焦作市修武县西村乡当阳峪村。折带纹是宋当阳峪窑的流行纹饰,装饰于钵、缸、罐、瓶的口沿(图十三,1-3),瓷枕上也有发现(图十三,4),线条流畅醒目。目前发现当阳峪窑产品的折带纹有白釉剔花、赭地剔刻白花等形式。曾在当阳峪窑挖掘的瑞典商人卡尔贝克认为折带纹在磁州窑的流行程度稍逊于当阳峪窑[19]。

3.山西大同窑、浑源窑

由于当阳峪窑毗邻山西,致当阳峪窑剔刻花的装饰风格对山西瓷窑影响很大。金元两朝的大同窑和浑源窑上就多见与当阳峪窑相似的折带纹,有黑釉剔划花(图十四,1-2)和白釉剔刻花(图十四,3)等品种。

（二）婴戏莲纹

婴戏纹是古代陶瓷器常见的装饰纹样,多以儿童游戏为题材,刻画了他们天真活泼的形象。其中,婴戏莲纹是婴戏纹的常见题材,表现为婴童手执莲枝或坐卧于荷叶之上,因谐音"莲(连)生贵子"、蕴含多子多福的吉祥寓意而广泛流行。

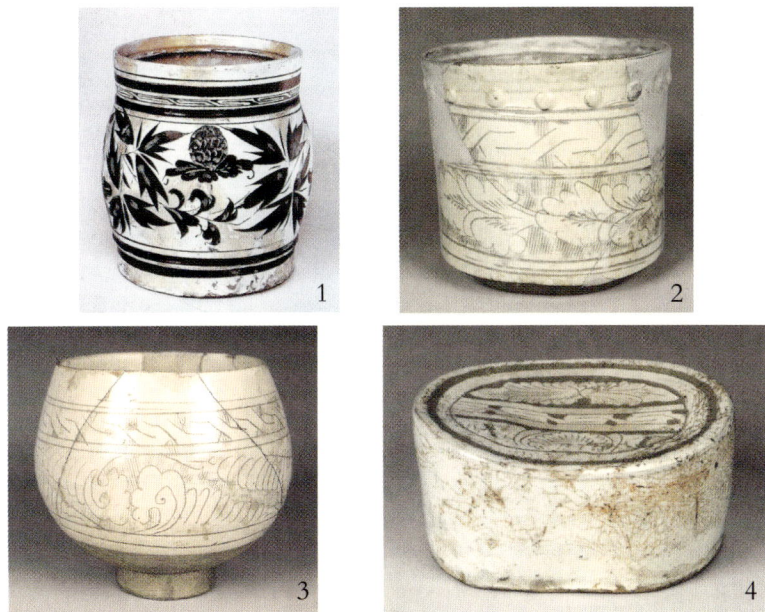

图十二　宋金时期磁州窑瓷器中的折带纹

1.北宋磁州窑白地黑花牡丹纹罐(图片源自王建中:《中国古代名窑系列丛书磁州窑》,江西美术出版社,2016年),2.宋末金初磁州窑白釉刻划折带叶纹筒形器1987年磁县观台窑遗址出土,3.北宋磁州窑白釉刻划折带波涛纹钵1987年磁县观台遗址出土,4.北宋磁州窑白釉剔叶纹腰圆形枕(2—4图片源自叶喆民:《中国磁州窑·下卷》,河北美术出版社,2009年)

图十三　北宋当阳峪窑瓷器中的折带纹

1.白釉剔花钵1984年河南省修武县当阳峪窑窑址出土(图片源自张柏:《中国出土瓷器全集》河南卷,科学出版社,2008年),2.剔花牡丹纹缸私人收藏(图片源自北京艺术博物馆编:《中国当阳峪窑》,华侨出版社,2011年),3.白釉剔刻缠枝菊纹缸故宫博物院藏(图片源自吕成龙:《略谈当阳峪及其白釉剔划花瓷器》,北京艺术博物馆编:《中国当阳峪窑》,华侨出版社,2011年),4.白釉剔花诗文枕片(图片源自北京艺术博物馆编:《中国当阳峪窑》,华侨出版社,2011年)

图十四　金代山西大同窑、浑源窑上的折带纹

1.大同窑(浑源窑)黑釉剔折带纹罐大同市博物馆藏(图片源自山西博物院编:《陶冶三晋——山西古代陶瓷艺术》,山西人民出版社,2019年),2.大同窑黑釉剔花花叶纹罐标本,3.浑源窑白釉剔花罐标本(2-3图片源自冯小琦主编:《故宫博物院藏中国古代窑址标本——山西、甘肃、内蒙古》,故宫出版社,2013年)

1978年,长沙市文化局文物组对石渚湖两岸两座废弃的窑址进行了清理,发现了一件青釉褐彩瓜棱执壶,其流下壶腹位置用褐彩勾勒了一幅婴戏莲图(图十五,1),婴童身穿肚兜,手执莲枝作奔跑跳跃状,飘带绕于身后,线条自然流畅,形象活泼可爱。2016年,湖南省文物考古研究所对石渚湖村的石渚片区进行了发掘,出土了一件唐代长沙窑青釉褐绿彩瓷碟(图十五,2),盘内褐彩勾绘一童子,脸圆体胖,手捧荷苞,腰系结带,端坐于荷叶之上。相似纹饰还见于长沙窑的模印贴花装饰和瓷塑造型中(图十五,3-4)。长沙窑瓷很有可能是目前发现的最早出现婴戏莲纹的瓷器。

图十五　唐代长沙窑瓷器中的婴戏莲纹

1.青釉褐绿彩童子荷莲纹执壶长沙博物馆藏(图片源自李建毛:《湖湘陶瓷二长沙窑卷》,湖南美术出版社,2009年),2.青釉褐绿彩莲花童子纹碟(图片源自湖南省文物考古研究所编著:《焰红石渚——长沙铜官窑遗址2016年度考古发掘出土瓷器》,文物出版社,2018年),3.青釉贴花童子坐莲纹执壶(图片源自李建毛:《湖湘陶瓷二长沙窑卷》,湖南美术出版社,2009年),4.绿釉麒麟送子瓷塑像(图片源自徐忠文、徐仁雨、周长源:《扬州出土唐代长沙窑瓷器研究》,文物出版社,2015年)

唐代是人物绘画的大发展时期。北宋《宣和画谱》中记载,唐代仕女画家张萱"又能写婴儿,此尤为难",这是因为许多人画儿童不是身小而貌壮,就是类似于妇人[20]。足见长沙窑工匠绘画功力之深厚。到了宋代,人物画突破了宗教题材和贵族范围的束缚而走向世俗,世俗人物画的繁盛也同样反映在瓷器装饰之上。此时,北方窑口涌现了大批婴戏纹题材,婴戏莲纹在长沙窑的基础之上更加丰富多样。

1.河北磁州窑

磁州窑产品以富有乡土气息和民间色彩见称,富有生活意趣的婴戏纹大量出现,有婴童蹴鞠、捶丸、赶鸭、骑竹马、垂钓、放风筝等题材,也有不少婴戏莲纹。磁县观台镇出土的一方北宋磁州窑童子赶鸭图瓷枕中(图十六,1),童子一手持荷叶扛于肩头,侧身回望,与上文提及的长沙窑的童子执莲图造型相似。磁州窑观台窑址中还出土了一件童子卧莲纹枕残片(图十六,2),小儿赤身裸体仰卧于莲花叶之间㉑。

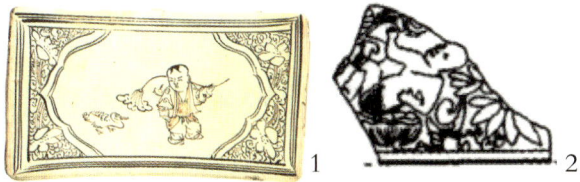

图十六　北宋磁州窑瓷器中的婴戏莲纹

1. 白地黑花童子赶鸭图长方形枕河北磁县文物保护管理所藏(图片源自赵学峰主编:《中国磁州窑》,重庆出版社,2004年),2.童子卧莲纹瓷枕残片磁州窑观台窑址出土(图片源自林海慧:《论磁州窑的婴戏纹装饰》,《文物春秋》2011年第6期)

图十七　宋金定窑瓷器中的婴戏莲纹

1.北宋定窑白釉童子戏莲纹印花平底盘纹样 2.金代定窑白釉婴戏瓜藤纹印花碗纹样(1-2图片源自和焕编绘:《定窑装饰纹样》,万卷出版公司,2006年),3.北宋定窑白釉童子持荷枕(图片源自陈文增:《中国定窑》上册,河北美术出版社,2014年)

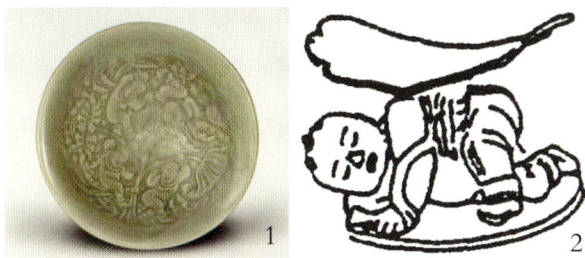

图十八　北宋耀州窑瓷器中的婴戏莲纹

1. 青釉印花婴戏莲纹碗铜川市黄堡镇耀州窑遗址采集(图片源自北京艺术博物馆编:《中国耀州窑》,中国华侨出版社,2014年),2.青釉孩儿枕(图片源自董彩琪:《耀瓷婴孩纹饰》,《文博》1999年第4期)

**2.河北定窑**

定窑是北方著名白瓷窑口,窑址在曲阳涧磁村和东西燕山村。定窑婴戏莲纹相对少见,多流行于宋金时期,常模印于碗盘内壁(图十七,1-2),纹饰清晰。美国旧金山亚洲美术馆藏有一座童子造型瓷枕(图十七,3),枕的造型为一童子侧卧于方形座上,枕面为童子手持的巨大荷叶,形态生动,构思巧妙。

**3.陕西耀州窑**

耀州窑作为北方著名青瓷窑口,以刻划花、印花装饰见长。它始烧于唐,宋代以烧青瓷为主,形成自身特色。婴戏莲纹是宋代耀州窑产品的常见题材(图十八,1-2)。

此外,山西河津窑、河南鹤壁窑也有婴戏莲纹题材发现。

**四、结语**

随着"安史之乱"的爆发,北方大批制瓷工匠南迁长沙,带来了诸多北方优秀的制瓷技艺。长沙窑在"南青北白"的瓷业格局之下,独辟蹊径,主动吸收北方的化妆土、模印贴花、高温釉上彩、胎料加工、乳浊白釉技艺,并仿烧双鱼壶等北方窑口特有器形,最终形成了以釉上彩绘和模印贴花为主要风格的产品面貌而异军突起,受到海内外人民的喜爱。

五代末年,湖南地区饥荒严重致使大量流民外迁,其中不乏有北迁的长沙窑制瓷工匠。北宋王朝定都开封,为了兴盛京畿地区,朝廷将南方诸国的大批皇亲国戚、文人墨客、能工巧匠迁入河南地区。长沙窑的制瓷技艺也随之被带入了中原乃至北方地区。长沙窑的折带纹、婴戏莲纹对宋金北方窑口产生了广泛而深远的影响。

综上所述,伴随着唐宋年间人口的南迁北移,长沙窑与北方瓷业联系密切,二者在瓷业技术上的相互交流与模仿,为彼此的繁荣做出了不朽的功绩。

**注释:**

①在长沙窑遗址的地表层中发现一些宋代货币和遗物及北宋多角坛。此外,在廖家坝Y2的堆集层中还发现北宋湖田窑刻划花碗,说明长沙窑的下限年代可能晚至北宋初.长沙窑课题组编:《长沙窑》,紫禁城出版社,1996年,第235页。

②秦大树:《瓷器化妆土工艺的产生与发展》,《华夏考古》2018年第1期。

③张福康:《长沙窑彩瓷的研究》,《硅酸盐学报》1986年第3期。

④长沙窑课题组编:《长沙窑》,紫禁城出版社,1996年,第25页。

⑤张海军:《唐长沙窑装饰技法探析》,《湖南省博物馆馆刊》2014年第11期。

⑥李建毛:《湖湘陶瓷二长沙窑卷》,湖南美术出版社,2009年,第92页。

⑦李建毛:《湖湘陶瓷二长沙窑卷》,湖南美术出版社,2009年,第280页。

⑧张兴国:《长沙铜官窑遗址2016年度石渚片区发掘收获——兼谈长沙窑高温釉上彩工艺》,载湖南省文物考古研究所:《焰红石渚——长沙铜官窑遗址2016年度考古发掘出土瓷器》,文物出版社,2018年。

⑨张兴国:《长沙铜官窑遗址2016年度石渚片区发掘收获——兼谈长沙窑高温釉上彩工艺》,载湖南省文物考古研究所:《焰红石渚——长沙铜官窑遗址2016年度考古发掘出土瓷器》,文物出版社,2018年。

⑩金智铉:《北齐复色釉陶初论》,《边疆考古研究》2017年第2期。

⑪李建毛:《湖湘陶瓷(二)长沙窑卷》,湖南美术出版社,2009年,第48页。

⑫长沙窑课题组编:《长沙窑》,紫禁城出版社,1996年,第27页。

⑬长沙窑课题组编:《长沙窑》,紫禁城出版社,1996年,第114页。

⑭蔡毅:《瓷枕探析》,《华夏考古》2009年第4期。

⑮中国硅酸盐学会:《中国陶瓷史》,文物出版社1982年,第229页。

⑯湖南省气象局气候资料室编:《湖南省气候灾害史料公元前611年至公元1949年》,湖南省气象局气候资料室,1982年。

⑰[宋]欧阳修:《新五代史卷1-74》(卷十四),中华书局,1999年,第97页。

⑱吴松弟:《中国人口史·第三卷·辽宋金元时期》,上海复旦大学出版社,2000年,第397页。

⑲秦大树、李鑫:《卡尔贝克的"焦作窑"——当阳峪窑研究史与窑业特征驳议》,载北京艺术博物馆编:《中国当阳峪窑》,中国华侨出版社,2010年,第224页。

⑳中央美术学院美术史系、中国美术史教研室编著:《中国美术史》,中国青年出版社,2010年,第111页。

㉑林海慧:《论磁州窑的婴戏纹装饰》,《文物春秋》2011年第6期。

(作者单位:宁波博物院)

# 浑源窑镶嵌瓷与高丽象嵌瓷关系问题小考

◇ 李 燕

**内容提要**:浑源窑创烧于唐,金代窑场扩大,品种增多,其黑釉剔花堪称"雁北最精",也是在这一时期出现了"镶嵌青瓷"这一独特的品种,短暂繁荣后,于元代衰落。本文仅从浑源镶嵌瓷与高丽象嵌瓷的差异、市场流通范围及古文献中对高丽青瓷的记载等方面,分析高丽象嵌瓷与浑源镶嵌瓷的关系问题。
**关键词**:浑源窑 镶嵌瓷 高丽象嵌瓷

1997 年山西省考古研究所在对浑源窑调查和发掘时, 发现了一种以往未曾见过的新型瓷器品种——镶嵌瓷。在未发现浑源镶嵌瓷之前,学界普遍认为镶嵌瓷是朝鲜独有,本次浑源镶嵌瓷的发现证明中国至迟在 12 世纪便有了镶嵌瓷。本文试对浑源窑镶嵌瓷工艺来源及其与高丽象嵌瓷的关系做一简单探讨。

**一、浑源镶嵌青瓷的发现**

浑源窑是山西重点瓷窑之一,窑址位于现今的山西省大同市的浑源县城以南大约 8 公里处 (图一)[1]。从地域上看,包括古瓷窑、青瓷窑、大瓷窑、界庄窑等大约 5 公里范围 (图二)。《辽史·肖阿古只传》中记载"天赞初(922),与王郁略地燕、赵,破瓷窑镇", 这表明浑源窑最迟在五代后梁龙德年间就已存在并且开始存在烧造瓷器的活动。《中国陶瓷史》中有交城、浑源、平定三处唐代窑址的记载[2]。《山西轻工业志》记载:"唐代陶瓷窑址分布于河津、乡宁、交城、平定、浑源等县。"[3]这都表明最迟在唐,浑源窑就开始烧造瓷器,其后历经宋、辽、金,最终

在元代走向衰落。其烧制的产品主要有白釉、黑釉、黄釉、青釉、茶叶末釉、钧釉等,也烧制瓷塑[4]。

图一 山西窑址分布示意图

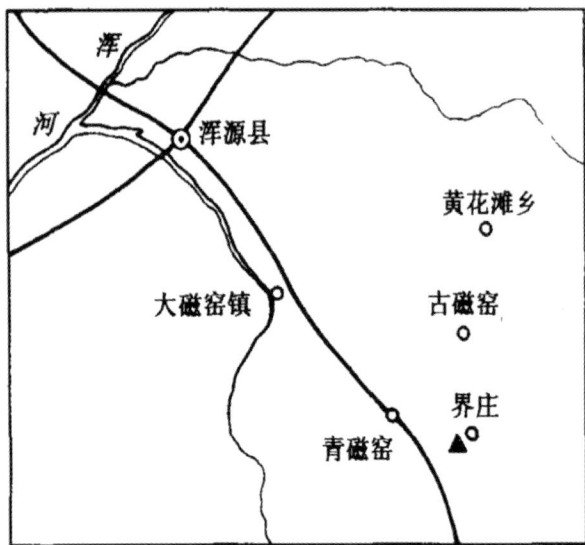

图二　各瓷窑位置分布图

早在 20 世纪 50 年代,冯先铭、李知宴等考古学家就已对浑源窑进行了考古考察;1997 年山西省考古研究所对浑源窑进行了较为详细的调查和发掘,明确古瓷窑和界庄大水床属唐代窑址,青瓷窑属金代到元初窑址,大瓷窑属元代窑址。并在浑源窑的窑址中首次发现了一种青地白花瓷器,将其命名为"镶嵌青瓷"⑤(图三)。此外还对界庄唐代窑址和青瓷窑金元窑址进行了小规模试掘⑥。

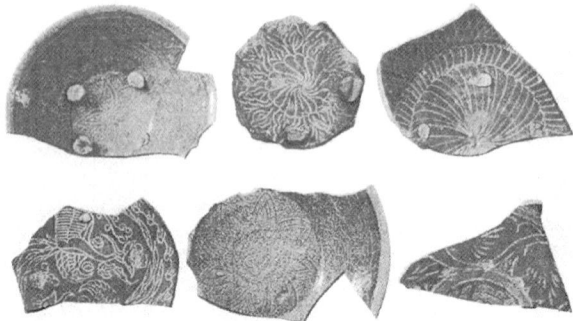

图三　浑源窑镶嵌瓷标本
(山西省考古研究所藏)

**二、浑源窑镶嵌瓷**

(一)浑源窑镶嵌瓷的基本特征

以 1999 年山西省考古研究所对浑源窑大规模发掘所获的标本来看,唐代浑源窑有青瓷、白瓷、黑瓷、绞胎等;金代主要有白瓷、黑瓷、青瓷、酱釉瓷、仿钧瓷,其中以青瓷的生产数量最多,占瓷器总量的 1/3⑦。浑源窑所产镶嵌瓷大多发现于金代,镶嵌技法主要运用在青瓷的装饰上,因此浑源窑生产镶嵌青瓷的主要时间为金代。镶嵌青瓷的特征可以概

括为以下 6 点⑧:

1.胎:一般呈灰黄色,断面较粗,有小气孔和黑色斑点状杂质,胎质略疏松,胎质较差。

2.釉:釉质光亮,釉色呈青黄色,其釉下无化妆土之处可见深色的胎色,有化妆土之处部分呈浅黄白色。

3.装饰技法:浑源窑镶嵌青瓷的制作方法是先在成型的胎体上划出线条状花纹图案,再在胎体上覆盖一层白色化妆土,然后将白色化妆土刮去,这样化妆土仅留存于花纹图案的凹槽处及器物口沿等边缘处,其余部位的化妆土皆被刮去,最后罩青釉烧成。烧成后花纹图案处呈白色,未施化妆土的部分则透过釉面可见胎体的颜色,呈青地白花效果,观之赏心悦目(图四)。从发掘出土的标本来看,有些标本装饰图案之外的很多部位还残留有化妆土的痕迹。

4.纹饰题材:主要有牡丹、菊花、婴戏纹、鸟禽和简单的回纹、米字纹、网格纹、双线纹等。

5.装烧方法:因出土的标本多是内底一般留有 4 个明显的支钉痕(图三、图四),外底无釉,可得其采用支钉摞烧法。

6.器型:主要是碗、盘、枕等日常用器。

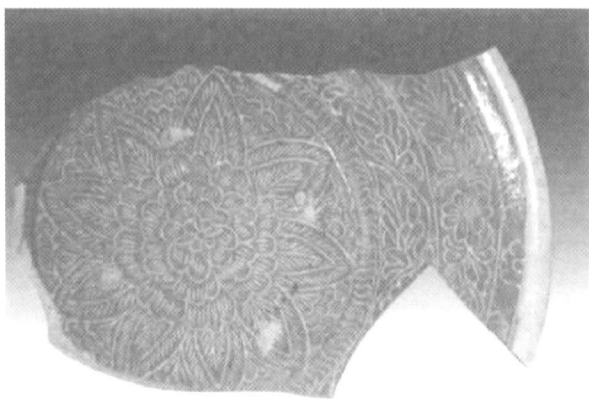

图四　浑源窑"镶嵌青瓷"标本
(山西省考古研究所藏)

(二)浑源镶嵌瓷的工艺来源

关于镶嵌瓷的工艺来源有多种观点,此处仅简单介绍下任志录先生和刘毅先生的观点。

任志录先生认为唐时盛行的金银平脱镶嵌工艺是其工艺渊源,特别是漆器中的镶嵌螺钿和犀皮制作工艺都是属于立体装饰。这些工艺的基本做法

是在制作好的器地上粘接金银、螺钿图案或"打捻",然后在图案凸起处外一道道填漆,最后打磨,形成花色效果⑨。从镶嵌和金银平脱工艺制作过程来看,瓷器的镶嵌技法起源于金属上的镶嵌工艺有很大信服力。

刘毅先生则从产品装饰特征而言,认为浑源窑应属于磁州窑类型的北方综合性民间窑场体系,推本溯源,浑源窑镶嵌青瓷的装饰技法应该是宋金元时期北方诸民窑中普遍存在的化妆土装饰工艺的延伸,甚至也可以直接看作是金元化妆土装饰技法的一种⑩。

仅从装饰而言,浑源窑镶嵌瓷可大致分为三类。第一类是单一的线嵌纹饰,这也是在出土浑源镶嵌青瓷中最为常见的主流装饰技法;第二类是线嵌和剔划化妆土形成花纹组合的装饰,这种装饰方法在大的器物上比较常见;第三类是剔划花装饰,这类的镶嵌瓷不是线性的花纹,以线显示的经脉没有嵌彩,剔刻部分是单独填嵌的白彩⑪。因此,从此方面来看浑源窑镶嵌瓷应属化妆土装饰技法,且这种化妆土镶嵌装饰技法的视觉效果和磁州窑类型化妆土装饰技法应是同一体系,十分相近,同时在宋金时期雁纹开始盛行,耀州窑和磁州窑多见,尤其是在磁州窑枕系列中最为常见,由此也可说明浑源窑受磁州窑的影响是很大的⑫。因此,仅从装饰技法层面而言,浑源窑镶嵌瓷受磁州窑类型等北方民间窑场的影响较大,是化妆土装饰技法的一种运用。但是关于浑源镶嵌瓷工艺的具体来源情况,仍需以后更多的考古发现与研究。

### 三、浑源镶嵌瓷与高丽象嵌瓷的关系

(一)高丽象嵌瓷的一般特征

高丽青瓷是指朝鲜半岛在高丽王朝时期(918-1392)所生产的青瓷,也常被称作"高丽秘色"。高丽青瓷重纹样装饰,"象嵌"便是高丽青瓷最能代表其水平的一种装饰技法(图五、图六)。"象嵌"二字是韩文汉字,是按韩语习惯写的汉字,韩语习惯谓语、宾语倒装,也就相当于古代汉语中的"宾语前置",因此,"象嵌"即"嵌(谓语)象(宾语)",即"嵌入图像"的意思⑬。高丽象嵌青瓷大规模兴起于12世纪前半叶,12世纪中期到13世纪中晚期的前后100余年间是其全盛期,这期间的象嵌青瓷图案

精美,风格活泼,往往黑白二色并用;13世纪末之后,象嵌开始走下坡路,图案死板而格局化,图案线条白色多于黑色;到14世纪全面走向衰落⑭。高丽象嵌青瓷的一般特征可以大略归纳为以下四点⑮:

1.胎:胎色以青灰色为主色调。根据窑场的不同,胎质有粗细之分。胎质细腻者,近似越窑和龙泉窑;粗胎者断面可见杂质和气孔,这类产品多见于高丽象嵌瓷全面走向衰落的14世纪。

2.釉:釉色青绿中透灰蓝,也有一些产品青绿泛黄,其釉色主要仿越窑和龙泉窑。釉质质量高者莹润肥厚似龙泉窑和两宋官窑产品;质量差者,釉层中可见黑白色杂质。釉面象嵌图案处常伴有些许开裂。

图五　高丽象嵌童子花卉纹青瓷盒
(韩国国立中央博物馆藏)

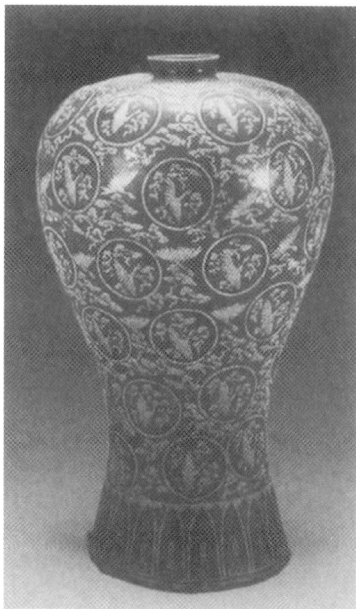

图六　高丽象嵌云鹤纹青瓷梅瓶
(韩国汉城涧松美术馆藏)

3.装饰技法:高丽象嵌青瓷的制作方法是先在瓷胎上刻划出图案线条,再按刻划部位的不同装饰需求堆填赭、白二色化妆土一类的物质,然后刮去堆填化妆土时溢出刻划或阴地纹以外的部分,经过素烧,最后罩青釉入窑烧成[16]。烧成器呈现出釉下黑白两色纹样的图案效果。

4.装烧方法:碗、盘等日用器大都一匣一器烧成,内壁施满釉,外壁施釉近足,外底以支钉支烧,因此圈足内留有大小不等的支钉痕。

(二)浑源镶嵌瓷与高丽象嵌瓷的关系

浑源窑的发掘者首先注意到浑源镶嵌青瓷中的精品与高丽象嵌瓷在外观上非常相似[17]。但是,高丽象嵌瓷应不是源于浑源镶嵌瓷,主要原因主要有三点:

1.浑源镶嵌瓷与高丽象嵌瓷有明显的差异,其差异可以从四方面分析。

(1)胎:浑源镶嵌青瓷胎一般为灰黄色,有杂质和气孔,胎质较粗;高丽象嵌青瓷胎色以青灰色为主,胎质有粗细之分,胎质优质者可比拟越窑和龙泉窑。从胎体看,二者胎色迥异,浑源窑的胎质远不如优质高丽象嵌瓷的胎质。

(2)釉:浑源窑釉色呈青黄色,釉下有化妆土之处呈黄白色,呈色浅处与磁州窑系窑场中生产的白瓷相似;高丽象嵌瓷釉色青绿中透灰蓝,釉色主要模仿越窑和龙泉窑。二者釉色看有明显差异。

(3)装饰技法:浑源镶嵌青瓷器的纹饰图案主要呈白色,图案周围一般都要留有一周白边,其余部位可透见胎色。不见高丽青瓷中出现的黑色花纹;高丽象嵌青瓷的纹饰则呈黑白两色,且器物要先经过素烧后再上釉。二者的制作方法有明显的不同。

(4)装烧方法:浑源青瓷采用支钉摞烧法,出土标本内底留有明显的支钉痕;高丽象嵌瓷大都一匣一器烧成,支钉痕细小,且只见于器物外底。

2.宋金元时期,中国南北方青瓷大量运销朝鲜半岛,这早已经是不争的事实,只是其中尚未见有浑源镶嵌青瓷[18]。浑源窑生产镶嵌青瓷的主要时间为金代,浑源镶嵌青瓷也主要出土于浑源地区,在其他地区未曾发现。但是,浑源窑的黑釉剔花制品

市场广泛,远销海外,是雁北地区最精的[19]。1955年山西天镇夏家沟出土的金代黑釉剔花瓶、英国伦敦大英博物馆收藏的元大德八年铭婴戏纹瓶,即是山西雁北地区的产品,在浑源窑烧造的可能性最大[20]。由此可见,当时浑源窑在市场上受欢迎的产品是黑釉剔花器,而非浑源镶嵌青瓷。

反之,高丽青瓷则远销中国,在中国市场上声名大噪。南宋太平老人在《袖中锦》一书中将"高丽秘色"誉为"天下第一"。其中有记载:"监书、内酒、端砚、洛阳花、建州茶、蜀锦、定磁、浙漆、吴纸、晋铜、西马、东娟、契丹鞍、夏国剑、高丽秘色、兴华军子鱼、福州荔眼、温州掛、临江黄雀、江阴县河豚、金山咸豉、简寂观苦笋、东华门把鲊、京兵、福建出秀才、大江以南士大夫、江西湖外长老、京师妇人,皆为天下第一;他处虽效之终不及。"[21]在书中,太平老人将高丽青瓷与定州瓷等诸多各地的名品列为天下第一,可见高丽青瓷在当时深得宋人的认可。

此外,根据朝鲜史料的记载,从北宋建立到南宋之初,北宋商船到高丽的频率达230次之多,双方贸易频繁。双方官方奉使往来,以宋徽宗朝最为频繁[22]。朝鲜半岛李齐贤(1287-1367)在《益斋乱稿》小乐府中写道:"满载青瓷兼白米,北冈船子望来时"。由此可见到元代时,双方贸易依然频繁。目前中国境内出土有一定数量元代的高丽象嵌青瓷(表一),其中石家庄太保村史氏家族墓M1出土的

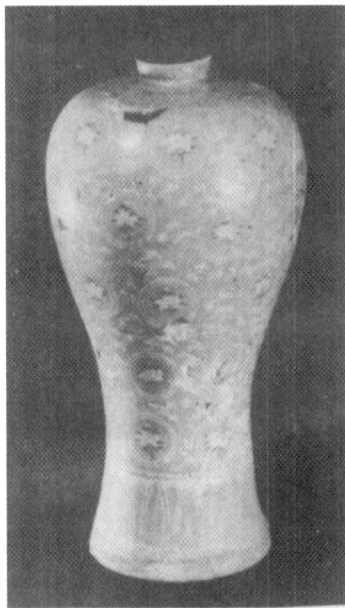

图七　史氏家族墓M1出土的象嵌青瓷梅瓶

高丽象嵌青瓷梅瓶(图七)与朝鲜新安海底沉船中的几片象嵌白釉和云鹤图案的高丽梅瓶残片非常相似。史氏家族墓 M1 中的梅瓶口径 6.7、最大腹径 23、底径 17.2、高 46 厘米。小盘口，丰肩，上腹球形，中腹以下内收几成直壁，下部微外移，圈足极矮。胎灰白色，青釉较厚，玻璃质感强，有细碎开片。在透明的青釉下，周身用白彩和黑彩装饰圆圈花叶纹和云鹤图案，精致美观[23]。宿白先生将其视为元代中朝文化交流的最重要的文物。发掘者从墓葬规模和随葬器物分析史氏墓 M1 墓主人或可能是元代权倾一时的史天泽[24]。《元史·高丽传》载："自是终世

祖三十一年，其国入贡者凡三十有六"[25]。因此，这件象嵌青瓷梅瓶很有可能是皇帝赏赐给史天泽的高丽贡品[26]。由此可见当时高丽象嵌瓷在中国受欢迎的程度。

综上可得，浑源窑生产数量较多、受市场欢迎的产品是黑釉剔花器。而镶嵌青瓷是浑源窑的小众产品，生产数量不多，且目前为止只见于 12 世纪的金代地层，未在浑源以外的地区发现浑源镶嵌瓷，这说明浑源镶嵌瓷未在市场受到大规模销售。但是，高丽象嵌青瓷在当时则技艺精湛，产品远销中国，在中国的市场上很受欢迎。

表一　中国出土部分高丽象嵌青瓷一览表

| 序号 | 出土地点 | 时代 | 出土器物 | 出处 |
|---|---|---|---|---|
| 1 | 安徽滁县宋墓 | 元 | 青瓷象嵌云龙纹罐 | 冯先铭：《中国出土朝鲜、伊朗古代瓷器》，载《冯先铭中国古陶瓷论文集》，紫禁城出版社、两木出版社，1987 年 |
| 2 | 浙江宁波东渡路元代遗址 | 元 | 青瓷象嵌卷草纹残瓶和飞蝶纹罐 | 丁友甫：《试谈宁波出土的高丽镶嵌青瓷》，《浙江文化》1985 年第 1 期 |
| 3 | 河北石家庄市后太保村史氏墓群 M1 | 元 | 青瓷象嵌牡丹莲花云鹤纹梅瓶 | 河北省文物研究所：《石家庄市后太保元代史氏墓群发掘简报》，《文物》1996 年第 9 期 |
| 4 | 辽阳石灰窑村墓 | 元 | 青瓷象嵌菊花纹枕 | 丁丽：《辽阳出土的高丽青瓷》，《辽海文物学刊》1994 年第 2 期 |
| 5 | 辽阳北园 M5 | 元 | 青瓷象嵌菊花纹盒子 | 丁丽：《辽阳出土的高丽青瓷》，《辽海文物学刊》1994 年第 2 期 |
| 6 | 辽阳北园 M6 | 元 | 青瓷象嵌菊花纹碗 | 丁丽：《辽阳出土的高丽青瓷》，《辽海文物学刊》1994 年第 2 期 |
| 7 | 辽阳庞夹河 M1 | 元 | 青瓷象嵌草莓(？)纹碗 | 丁丽：《辽阳出土的高丽青瓷》，《辽海文物学刊》1994 年第 2 期 |
| 8 | 元大都遗址 | 元 | 青瓷象嵌云鹤纹碗等 | 冯先铭：《中国出土朝鲜、伊朗古代瓷器》，载《冯先铭中国古陶瓷论文集》，紫禁城出版社、两木出版社，1987 年 |
| 9 | 杭州 | 元 | 青瓷象嵌菊花莲纹高足杯 | 冯先铭：《中国出土朝鲜、伊朗古代瓷器》，载《冯先铭中国古陶瓷论文集》，紫禁城出版社、两木出版社，1987 年 |
| 10 | 扬州三元路 | 元 | 青瓷象嵌菊花莲纹碗 | 冯先铭：《中国出土朝鲜、伊朗古代瓷器》，载《冯先铭中国古陶瓷论文集》，紫禁城出版社、两木出版社，1987 年 |
| 11 | 哈尔滨水田村窖藏 | 元 | 青瓷象嵌(葵？)花纹碗 | 田华：《黑龙江哈尔滨市郊发现元代瓷器窖藏》，《考古》1999 年第 5 期 |

3.《格古要论》："古高丽窑器皿，色粉青，与龙泉窑相类，上有白花朵见(儿)者不甚值钱。"[27]《陶说》："高丽窑器与饶(景德镇窑)相似，有细花仿佛北定者。"[28]北宋徐兢于宣和五年(1123)随同给事中路允迪出使高丽，回国后写成《宣和奉使高丽图经》，详细描写了12世纪高丽的山川地理、宫殿、人物、冠服、风土习俗、典章制度、往来道路、仪式、器皿等内容。其中涉及瓷器的记载有："盘盏之制，皆似中国""土产茶，味苦涩，不可入口。惟贵中国蜡茶，并龙凤赐团。自赐赉之外，商贾亦通贩。故迩来颇喜饮茶，益治茶具，金花乌盏，翡色小瓯，银炉汤鼎，皆窃仿中国制度""(陶尊)陶器色之青者，丽人谓之翡色。……复能作碗、碟、杯、瓯、花瓯、汤盏，皆窃仿定器制度，故略而不图""(陶炉)狻猊出香翡色也。……其余则越州古秘色、汝州新窑器，大概相类"[29]。

从《格古要论》《陶说》《宣和奉使高丽图经》的记载中，我们可以得知高丽秘色"窃仿中国制度"，与龙泉窑、景德镇窑、定器、越州古秘色、汝州新窑器等相类，却唯独不见高丽瓷与浑源窑器相类的记载。越窑青瓷技术于10世纪初期至中期的高丽时代传入朝鲜半岛，后经朝鲜工匠根据本地的制瓷条件不断适应与转化，使烧制出的瓷器不断"朝鲜化"[30]。越窑属南方工艺制瓷体系，而浑源窑位于山西省北部的浑源县，属于北方工艺的制瓷体系。从工艺源流来看，高丽青瓷的制瓷工艺应是源于越窑。并且从韩国全罗南道大口面云龙里窑址发掘的青瓷情况来看，碗类青釉，玉璧底，外底满釉，圈足根部有支烧痕，有双线刻鹦鹉纹。这些特征与五代宋初越窑的器物极其相近，而当时中国输入朝鲜半岛的瓷器也以越窑器为主。因此，不论是从文献中记载，还是出土实物的器物特征来看，越窑对高丽青瓷的影响是第一位的[31]，当时高丽青瓷也是以仿中国越窑青瓷为主[32]，而非浑源窑。

**四、小结**

自1997年在对浑源窑窑址勘测中发现了镶嵌青瓷伊始，浑源窑镶嵌瓷就注定会受到考古及陶瓷界众多学者的密切关注。关于浑源镶嵌瓷的工艺来源，本文仅就来源于金银平脱和化妆土装饰技法的

活用这两种观点作一简单介绍。浑源镶嵌瓷与高丽象嵌瓷二者之间有无联系，从浑源镶嵌瓷与高丽象嵌瓷的差异、市场流通范围及古文献中对高丽青瓷的记载等方面来看，笔者认为高丽象嵌瓷来源于浑源镶嵌瓷的可能性较小，但其二者之间关系的准确判定还需要有更准确的地层关系和纪年墓出土器物等方面的资料。关于中国镶嵌瓷研究的材料，虽然其他一些地区也发现了用镶嵌技法制成的瓷器，但考古发掘出土目前仅浑源窑一处。因此，浑源窑镶嵌瓷在我国的陶瓷研究中占有重要地位。

**注释：**

①任志录：《山西浑源窑的考古成就》，《文物世界》2000年第4期，第42页。

②冯先铭：《中国陶瓷史》，文物出版社，1982年，第232页，图五十三。

③衡翼汤：《山西轻工业志》，山西省地方志编委办出版，1988年，第215页。

④《中国古陶瓷图典》编辑委员会：《中国古陶瓷图典》，文物出版社，1998年，第306页。

⑤任志录、孟耀虎：《浑源古瓷窑有重要发现》，《中国文物报》1998年2月25日第1版。

⑥山西省考古研究所：《山西浑源县界庄唐代瓷窑》，《考古》2002年第4期，第60页。

⑦任志录：《山西浑源窑的考古成就》，《文物世界》2000年第4期，第42页。

⑧刘毅：《浑源窑镶嵌青瓷与朝鲜半岛相关瓷器品种比较研究》，《中国历史文物》2004年第6期，第37页。

⑨任志录：《中国早期镶嵌瓷的考察》，《文物》2007年第11期，第88页。

⑩刘毅：《浑源窑镶嵌青瓷与朝鲜半岛相关瓷器品种比较研究》，《中国历史文物》2004年第6期，第39页。

⑪汤俊：《浑源窑瓷器艺术特征研究》，太原理工大学硕士学位论文，2014年，第44页。

⑫冯先铭：《中国古陶瓷图典》，文物出版社，1998年，第306-307页。

⑬刘毅：《高丽青瓷装饰技法分类研究》，《中国古陶瓷研究》(第七辑)，紫禁城出版社，2001年。

⑭刘毅:《中韩古代青瓷比较研究(韩国高等教育财团国际学术交流支援项目研究报告书)》,韩国高等教育财团,2001年8月。

⑮刘毅:《浑源窑镶嵌青瓷与朝鲜半岛相关瓷器品种比较研究》,《中国历史文物》2004年第6期,第38页。

⑯刘毅:《中国发现的高丽青瓷研究》,《中原文物》2001年第3期,第53页。

⑰任志录:《山西浑源窑的考古成就》,《文物世界》2000年第4期。

⑱刘毅:《浑源窑镶嵌青瓷与朝鲜半岛相关瓷器品种比较研究》,《中国历史文物》2004年第6期,第39页。

⑲《中国古陶瓷图典》编辑委员会:《中国古陶瓷图典》,文物出版社,1998年,第306页。

⑳《中国古陶瓷图典》编辑委员会:《中国古陶瓷图典》,文物出版社,1998年,第307页。

㉑[宋]太平老人:《袖中锦》,中华书局,1985年,第1页。

㉒祁庆富:《宋代奉使高丽考》,《中国史研究》1995年第2期。

㉓河北省文物研究所:《石家庄市后太保元代史氏墓群发掘简报》,《文物》1996年第9期,第51-52页。

㉔河北省文物研究所:《石家庄市后太保元代史氏墓群发掘简报》,《文物》1996年第9期,第55页。

㉕[明]宋濂、王祎:《元史》卷二百八《高丽传》,中华书局,1976年,第4613页。

㉖彭善国:《宋元时期中国与朝鲜半岛的瓷器交流》,《中原文物》2001年第2期,第79页。

㉗[明]曹昭著、王佐增补:《新增格古要论》卷七"古窑器论",中国书店,1987年影印明天顺三年刊本。

㉘[清]朱琰:《陶说》卷二"说古",傅振伦《〈陶说〉译注》93页,轻工业出版社,1984年。

㉙[宋]徐兢:《宣和奉使高丽图经》,商务印书馆,1937年,第105页至110页。

㉚熊海堂:《东亚窑业技术发展与交流史研究》,南京大学出版社,1995年。

㉛刘毅:《中国发现的高丽青瓷研究》,《中原文物》2001年第3期,第77页。

㉜汪庆正主编:《简明陶瓷词典》,上海辞书出版社,1989年,第187页。

(作者单位:西北大学文化遗产学院)

# 《京口丹徒县育婴堂碑记》考释

## ——兼及丹徒育婴堂相关史实

◇ 连小刚　孟　婷

**内容提要**：2016年镇江博物馆获赠碑刻一方，名为《京口丹徒县育婴堂碑记》，刻于乾隆三十一年(1766)。该碑记载了康熙年间地方绅士首创育婴堂，乾隆年间丹徒知县贵中孚将顺江洲中充公的芦草泥滩划归育婴堂所有以解决经费增加的问题等内容。

**关键词**：丹徒　育婴堂　碑记　考释

2016年，镇江博物馆获赠一方碑刻，系青石材质，右下部约1/4处因风化而断裂为两部分。碑文楷体阴刻，大多清晰可辨，局部漫漶，名为《京口丹徒县育婴堂碑记》。丹徒育婴堂旧址位于镇江市区梳儿巷29号，1987年被列为镇江市文物保护单位。笔者查阅相关资料发现，1993年出版的《江南胜迹》一书中提到"堂内尚有康熙、雍正、乾隆年间三方碑石记载其历史"①。此方碑石刻于乾隆三十一年(1766)，应是上述所载的三方碑石中的一方。至于另外两方碑刻，笔者曾赴育婴堂旧址实地寻访，但里面居民表示只见过一方碑石，没有见过另外的两方。笔者在遗憾之余，深感此方碑刻的珍贵。现录文加以考释，以求教于方家。

**一、录文**

天地之大德，曰："生故方长不(折)，方(蛰)不启。"君子每尽心焉。夫(人)生于父母之(怀)，保抱提携，(饥)则哺之，寒则衣之。不幸而不得□/其长绪，相与痛惜之。乃少失所天，无怙无恃，(呱)(呱)

而泣于路，有心者其能超然置诸？京江向有育婴社，康熙间夏君尔范首其/事，而张公选先生曾经理之。苦于经费之无资，徒恃十数寒士呼号(于)(族)，以求济宜，其莫为之(继)也。余下车之后，亲(临)相视，曾/议量增乳妇工食，以期群婴之无失其所。会补顺、还元、上伏新等洲周大(椿)、王月顺、王茂文等互争洲滩、抢割柴薪一案，勘(断)/之下，除丈给各洲执业外，所余芦草泥滩六百一十八亩七分五厘，例应断(充)(公)(用)。又广顺洲刘世雄欺隐芦草泥滩八十三/亩七分六厘，于萧友文控案之后，始行检举，亦经核断充公。计二案共得芦滩七百(二)亩五分一厘，嘱董事、贡生郭□□□(元)、/颜维垣、左树，查照该滩划定四至墩界，□入本堂，立户完课，永为(世)业。每岁召垦、围田，以(裕)经费，计所入足敷所用矣。夫事□/人常相需者也，有是法、有是人而后可维持(于)不敝。余与董事之勤(勤)于是者，盖欲为斯堂计其久远也，后之人踵是而增□/之。厘奸察弊，加意举行，务使实(惠)及于婴孩，以仰体天地好生之德，则余之厚望也夫。/乾隆三十一年，岁次丙戌，季春月日，文林郎、知丹徒县事、庚午、壬申、癸酉三科江南同考官、加三级、楚南贵中孚撰。/

（标点为笔者所加，()表示原字模糊，系推测而得，□表示缺一字,/表示一行文字结束。）

**二、碑文所反映的丹徒育婴堂史实**

碑文载"京江向有育婴社，康熙间夏君尔范首其事，而张公选先生曾经理之"，这反映的是康熙年间丹徒育婴堂初创时期的历史。"张公选先生"即张九徵，字公选。《光绪丹徒县志》载育婴堂"始于康熙十二年，其时在月华山万岁楼下，首事者夏尔范也。一切办理俱载张九徵《育婴堂序》内，后改为公所"②。张九徵《育婴社序》载："京江育婴之社，举于癸丑，夏君尔范首事。余与同人襄之。仿广陵、吴门两郡例也，每一婴月给乳妇银三钱。同社有认一婴者，有倍认、三倍认者，有数人共认一婴者。丙辰尔范赴道山，而余董事两载。"③由此可见，丹徒育婴堂原名育婴社，始建于康熙十二年(1673)，创办人为夏尔范，张九徵与其他人曾襄助办理。育婴堂最初的运行模式仿照扬州、苏州两地，认养经费的标准是每个婴孩每月支付乳妇三钱银子。认养婴孩的方式非常灵活，有认养一个的、认养两个的、认养三个的，还有多人共同认养一个的，这反映了管理者希望不拘一格、多方吸引力量认养婴孩的初衷。"丙辰尔范赴道山，而余董事两载"一句表明夏尔范在康熙十五年(1676)逝世，随后的两年育婴堂由张九徵负责主持。

《育婴堂序》还详细记载了康熙年间丹徒育婴堂的运行情况。"戊午则郡中绅士与新安同志分月轮执，定会所于月华山之万岁楼。"④表明到康熙十七年(1678)时，张九徵不再主持育婴堂，而由城中绅士与新安同志按月轮流执事，并将会所定于月华山万岁楼。这段时间育婴堂管理得法，规模显现，"微赏验乳，察奖厘奸，各有专司，颇称严审，规模既定，远近乐观"⑤。然而好景不长，到康熙十八年(1679)时，育婴堂的经费出现问题，难以为继。当时镇江遭遇旱灾，"秋灾田地共六千五百六十二顷四十六亩"⑥，老百姓经常吃不饱，很多婴儿被遗弃路

旁，育婴堂的压力骤增，入不敷出。而镇江既不像扬州那样有官商的财力支撑，亦不像苏州那样得到官府支持，"独十数寒士呼号，将伯奔驰托钵耳，相顾唏嘘，莫知为计"⑦。幸而新任江镇道参议石珍⑧对育婴堂非常关心，"适道台璜公石公自楚来，临下车问俗，闻之欣然，亲莅会所，首捐俸为倡"，在他的带动下，"郡守暨两少府县尹诸公莫不踊跃分俸，共成盛举，群婴之生已绝而复续"，婴孩得以绝处逢生、存活下来。张九徵对道、府、县各级官员的捐俸义举非常感激，称其"情深保赤"，与"召父杜母"无异。最后，张九徵呼吁社会各界乐善之人踊跃捐款，"众擎易举，寸壤成山，省一亲朋游戏之酒资，减一儿女帽领之装饰"，这样的善事可使个人有福报，地方上若形成捐资行善的风气，"可革兵刑，从此旱涝不作、时和年丰"。这一时期育婴堂的经费应足敷所用，到康熙五十九年(1720)时，"常镇道查淳将育婴堂田地238亩拨送救生会"⑨。

至于雍正年间育婴堂的情况，碑文未载，地方志中有简略记载，可窥一斑。《光绪丹徒县志》载："雍正九年，左熙、何游、郭炎等捐买梳儿巷房屋五十余间，遂易社为堂。本邑士民、行铺各有乐输。"⑩上述材料表明，雍正九年(1731)时，地方绅士左熙、何游等人捐资购买了梳儿巷的50多间房屋以供育婴之用，自此育婴社从月华山下的万岁楼迁到梳儿巷，并改为育婴堂。另据《乾隆江南通志》载："育婴堂在梳儿巷"，"雍正九年，知府毛德琦捐建。"⑪可见时任镇江知府毛德琦亦曾捐资。这一时期育婴堂馆舍扩大，经费来自地方善士的实产及现金捐助。

碑文"余下车之后，亲临相视"之后的内容是讲时任丹徒知县贵中孚对育婴堂所做的贡献。贵中孚"乾隆二十七年调任丹徒"⑫，他亲赴育婴堂视察。为了使"群婴之无失其所"，他提出"增乳妇工食"，即提高乳妇待遇，这就牵涉到增加经费的问题。当时正好发生"补顺、还元、上伏新等洲"居民"互争洲滩、抢割柴薪"和"广顺洲刘世雄欺隐芦草泥滩"两案，为解决经费问题提供了机会。"补顺、还元、上伏新等洲"属于长江中的顺江州，今属镇江市丹徒区高桥镇。顺江洲系旧有的沙洲坍江后复涨"芦滩万亩"而形成。《光绪丹徒县志》载："顺江洲在三江口

西,圌山下对岸,首段名荷花池。"⑬"顺江洲西距郡治50里,方圆近40里,为一大片芦滩。"⑭"顺江洲有补顺洲、上伏新洲、代粮洲、补额洲、还原洲、新生上伏新洲、东兴洲、广顺洲"等大小共"15个洲,土地计2.74万亩"⑮。由于沙洲滩涂系自然形成,除归属明确的以外,有些滩涂产权不明,形同无主荒地,且沙洲涨坍不常,新涨洲地的归属也会有争议,因此洲上居民会因争割滩上芦草而发生纠纷。经过勘断,贵知县将两起案件中涉及争讼与欺隐的"芦滩七百二亩五分一厘"充作公产,作为永久产业拨给育婴堂,"立户完课,永为世业"。如此,育婴堂就能在完纳芦课后,通过"每岁召垦、围田"取得足够的经营收入,增加的经费就能得到保障,育婴善举亦可长久维持。《光绪丹徒县志》载:"嗣因道府县均有捐助及洲田、市房岁入之数足敷经费,于是士民、行铺停捐。每年支用系董事自行经理,例不报销。"⑯在官府的扶助下,育婴堂的运行经费较为充足,民间人士就停止了捐助。这一时期育婴堂的收入主要有五项:一是"育婴洲芦滩""广顺洲""补顺洲""定业洲"四块洲田每年2000多两的芦租及481亩田租的收入;二是"庄前山田""东门外田""九里街山田"等处田地的地租;三是"市房十三所、住房二所、堂旁住房一所"的租金;四是"扬州运篓,每年银二百两以上";五是"扬州众商存本生息一项,每年应付钞银八百四十两"⑰。在贵中孚将顺江洲划拨为育婴堂的产业之前,太平洲(位于今镇江扬中市)所属的育婴洲亦被官府划归育婴堂所有。据育婴堂庄房清道光二十四年(1842)碑载:"自乾隆二十三年,前郡守尊周评定,头、二、三墩,大、小泡沙滩,统归育婴堂管"⑱,这些沙滩由育婴堂统一经营而定名为育婴洲,自此育婴堂开始有较为稳定的经费来源。

**三、碑文涉及的历史人物**

碑文中提到的夏尔范、张九徵、贵中孚等人物,均有功于丹徒育婴堂。夏尔范,地方志中无传。张九徵,《乾隆镇江府志》⑲卷36、《光绪丹徒县志》⑳卷26有传。贵中孚,《光绪丹徒县志》卷21有传㉑。

张九徵(1617-1684),字公选,号湘晓,丹徒人。顺治二年(1645)乙酉科江南乡试解元,四年(1647)丁亥科进士。历任行人司行人、吏部文选司主事、员外郎、郎中、稽勋司郎中、河南学政等职,政绩突出。张九徵博洽五经,"指画历代治乱得失之故如数黑白,于明代人物能缕举其数世及其门生姻戚"㉒。顺治十二年(1655)时曾任会试考官,不久向朝廷请求归养父亲。但等他回到镇江时,父亲张凤仪已经去世。张九徵十分悲痛,便一直在家守丧,无意复出。顺治十六年(1659)时,郑成功率兵进攻镇江。在形势危急时,张九徵与笪重光两人誓守以待援军,但副将和知府两人欲加害他们投降,张九徵遂出城奔赴常州求援,力谏巡抚蒋国柱出兵进讨,又到杭州向浙江督抚建议协力堵剿。康熙十七年(1678),大臣荐举他为"博学鸿儒",但他以旧疾屡发不愈为借口推辞返家。张九徵"为人见难必拯,遇急必周",对家乡造福良多。如热心帮忙亲族事务,"三党之戚,以丧葬婚嫁告者,竭力推解,略无倦色";扶助贫寒子弟就学,"贫不能就学者,给修脯择师以教之";提倡捐资开展慈善活动,"岁饥,躬倡捐振,虽倾囷不恤,育婴、济溺给衣施槥,岁以为常";"奖掖后进,如不及虚怀延引,人有片长辄称赏勿倦";拯救无辜乡亲,"郡中数起大狱,株连蔓引,阴行拯救,所全甚众"。他还提出兵民分处,安定民心,"郡城内设有镇海将军军府,后又增设安南将军,郡民震悚。九徵倡议创建军营万间于北固山下,兵民两安"。张九徵"文宏雅博,大为一代模楷",所著有《闽游草》《艾衲亭稿》若干卷,《文陆堂文稿》若干卷,"尝一修丹徒县志,两修镇江府志,一修江南通志"。有张玉裁、张玉书、张玉禾等六子。

贵中孚(1722-?),字信之,湖南常德府武陵县人,乾隆九年(1744)举人。乾隆十七年(1752)任安徽颍上知县,三十一年(1766)自丹徒调任江苏太仓知州,四十四年(1779)任广西平乐知府,四十七年(1782)任广东南韶连道㉓。曾著《戒溺女文》并广为晓谕,使所辖地区的溺杀女婴风习大为改观㉔。贵中孚在丹徒任知县时颇有政绩,除了帮助育婴堂增加经费外,还创建了宝晋书院,并划拨公产洲田为学院解决日常经费。乾隆二十八年(1763),宝晋书院初建,贵中孚就将隐漏或涉讼的世业、天补、还青、补生新等四洲田360余亩,芦滩近54亩,泥滩近712亩,水影13亩拨给书院作为膏火田。同年,贵中孚又将乐生洲东面续涨泥滩、水影2003亩拨给宝晋书院,定名宝晋洲㉕。此年贵中孚还曾重浚关河㉖。乾隆三十年(1765),贵中孚又"以无业裁兵、老幼废疾、鳏寡孤独实堪怜悯"㉗,将栖流所积存的余息拿出来收养他们。

**四、结语**

育婴堂源于南宋淳祐间始创的慈幼局,明清时改称育婴堂。关于育婴堂兴起发展的概况,有学者指出"育婴事业源于中国古代的溺婴之劣习。早在汉唐时期,民间就有溺杀男婴之事,但溺女婴却在明清之际极为盛行。育婴事业在两宋时期比较发达,但在元明两朝走向了衰落,直到明末,育婴慈善事业才逐渐复苏,并在清代达到鼎盛"㉘。

清代是中国古代育婴事业发展的高峰期,这与统治者的倡导和推动有关。"元明之世,育婴堂尚未通行。自国家忠厚开基,发粟振饥,岁不绝书,孤独鳏寡,各得其所。世祖皇帝讲筵触发,特严溺女之禁,海内始知育婴为善举,然在官尚无常饩也。仰维孝庄皇后首颁禄米,满汉诸臣,以次输助,不数年,由京师以达郡县,育婴之堂,遍天下矣。"㉙可见,顺治皇帝下令严禁溺女婴之后,孝庄皇太后带头提倡,诸大臣按等输助,数年之间已成气候。另据资料可知,康熙元年(1662),于京师广渠门内建立育婴堂,收养遗弃病废之婴儿,由官府出资雇觅乳妇善为乳哺抚养;雍正二年(1724)时又颁布上谕,行文各省督抚仿照京师推行育婴堂㉚。

至于晚清以来丹徒育婴堂的发展情况,《光绪丹徒县志》有载:"自嘉庆以后八十年来,婴堂旧产迥非昔制。兵燹后堂屋重建,一应条例重加厘定。""育婴堂原设梳儿巷内。咸丰三年,粤匪踞扰,焚毁一空。婴洲各佃抗不完租。迨同治二年,由常镇道许公谕董派委往洲清理,设局征收,暂减为夏秋两季每亩完租钱五百四十一文。四年由府谕董颜锡名经理。五年周筑围墙,重建堂屋三进,次建婴房八间。七年十一月,开堂照旧章雇乳妇住堂乳婴,或附近寄乳,每月每名乳工八百文,婴衣婴食及乳工在堂饭粥各用悉依往制。九年夏,郡守蒯公德模复谕陈秀钟、柳森霖接办,定以每月初二日本府到堂点验,

凡乳妇所养之婴,如果肥壮,由府捐廉酌赏,以示鼓励。十年在左首添建婴房八间。"㉛到光绪五年时,"共计房屋二十五间"。其收入情况为:育婴洲芦滩"统共堂管业洲计田七千一百余亩,每岁如果丰收,除完纳芦课外,约可收租钱三千二三百千文";"东乡之京岘山、南乡之驸马庄一带山田""岁可收租钱二十千文";"婴堂采租市房"到光绪五年时重建有十一处,"岁收租钱约可四百千文"。后来"复有冯梦花、倪远甫,捐集巨资,改建婴房,规模乃具"㉜。1930年时,育婴堂、养老所、普仁施诊所合并,并成立董事会。1936年时,育婴堂"留养婴孩,共五十六口,乳佣二十一名,寄养于四乡者一百四十一名。另附办恤嫠,每月按名发给六百文,共五百名,每月共支三百千文"㉝。1952年时,育婴堂收容有50人,所属房屋共有254间,出租平房148间、楼房23间、厢房46间、披房2间。土地共有802.22亩,其中山田39.5亩,沙田1369.45亩,芦滩107.29亩,草滩81.9亩,荒山25.19亩㉞。

丹徒育婴堂是镇江传统慈善事业发展的一个缩影。通过梳理其发展历史,我们可以从一个侧面感知镇江源远流长的慈善文化,探寻镇江这座大爱之城慈风善脉的历史基因。

**注释:**
①萧梦龙:《江南胜迹》,江苏科学技术出版社,1993年,第81页。
②何绍章、冯寿镜、吕耀斗:《光绪丹徒县志(一)》,《中国地方志集成·江苏府县志辑(29)》,江苏古籍出版社,1991年,第711页。
③高得贵、张九徵、朱霖等:《乾隆镇江府志(二)》,江苏古籍出版社,1991年,第418页。
④同③。
⑤同③。
⑥何绍章、冯寿镜、吕耀斗:《光绪丹徒县志(一)》,《中国地方志集成·江苏府县志辑(29)》,江苏古籍出版社,1991年,第897页。
⑦同③。
⑧高得贵、张九徵、朱霖等:《乾隆镇江府志(二)》,江苏古籍出版社,1991,第44页。
⑨镇江市历史文化名城研究会:《镇江历史文化大

辞典(上卷)》,江苏大学出版社,2013年,第88页。

⑩同②。

⑪黄之隽:《乾隆江南通志 (二)》,台湾京华书局,1967年,第464页。

⑫何绍章、冯寿镜、吕耀斗:《光绪丹徒县志(一)》,《中国地方志集成:江苏府县志辑(29)》,江苏古籍出版社,1991年,第405页。

⑬何绍章、冯寿镜、吕耀斗:《光绪丹徒县志(一)》,《中国地方志集成:江苏府县志辑(29)》,江苏古籍出版社,1991年,第89页。

⑭殷厚生:《朱、严走马分沙洲》,《丹徒掌故:〈丹徒文史资料〉(第15辑)》,内部资料,2000年,第133页。

⑮镇江市历史文化名城研究会:《镇江历史文化大辞典(上卷)》,江苏大学出版社,2013年,第13页。

⑯同②。

⑰同②。

⑱周中尧:《育婴堂与育婴洲》,扬中县政协文史委:《扬中文史资料(第5辑)》,内部资料,1986年,第118页。

⑲高得贵、张九徵、朱霖等:《乾隆镇江府志(二)》,江苏古籍出版社,1991年,第113-114页。

⑳何绍章、冯寿镜、吕耀斗:《光绪丹徒县志(一)》,《中国地方志集成:江苏府县志辑(29)》,江苏古籍出版社,1991年,第529页。

㉑何绍章、冯寿镜、吕耀斗:《光绪丹徒县志(一)》,《中国地方志集成:江苏府县志辑(29)》,江苏古籍出版社,1991年,第405-406页。

㉒高得贵、张九徵、朱霖等:《乾隆镇江府志(二)》,江苏古籍出版社,1991年,第113页。

㉓秦国经:《中国第一历史档案馆藏清代官员履历档案全编(2)》,华东师范大学出版社,1997年,第219页。

㉔湖南历代人名词典编委会:《湖南历代人名词典》,湖南出版社,1993年,第187页。

㉕张晖:《公产与民业:清代镇江洲田的产权结构探析》,《江汉论坛》2013年第12期,第123-124页。

㉖何绍章、冯寿镜、吕耀斗:《光绪丹徒县志(一)》,《中国地方志集成:江苏府县志辑(29)》,江苏古籍出版社,1991年,第217页。

㉗何绍章、冯寿镜、吕耀斗:《光绪丹徒县志(一)》,《中国地方志集成:江苏府县志辑(29)》,江苏古籍出版社,1991年,第712页。

㉘胡梦飞:《明清时期镇江地区慈善机构考略》,《徐州工程学院学报(社会科学版)》2014年第3期,第32-37页。

㉙陈康祺撰、晋石点校:《郎潜纪闻初笔二笔三笔(上)》,《历代史料笔记丛刊》,中华书局,1984年,第70页。

㉚中国第一历史档案馆:《清代设立与管理育婴堂档案(上)》,《历史档案》2015年,第4-32页。

㉛同②。

㉜贾子彝:《江苏省会辑要》,镇江江南印书馆,1936年,第298页。

㉝同㉜。

㉞华东军政委员会土地改革委员会:《江苏省农村调查:华东农村经济资料第一分册》,内部资料,1952年,第280页。

(作者单位:镇江博物馆)

# 浅谈文保单位"四有"工作

## ——以北京石刻艺术博物馆为例

◇ 武　迪

**内容提要**:距第一批全国重点文物保护单位公布已 60 年。北京石刻艺术博物馆自成立以来,十分重视馆内第一批国保——真觉寺金刚宝座的"四有"工作。北京石刻艺术博物馆"四有"工作完善,"四有"档案完备,具备专业的科研人员,培养了一批具有专业知识的后备力量,为科学有效的保护真觉寺金刚宝座提供了基础条件。本文结合北京石刻艺术博物馆多年来的"四有"工作,简要分析文保单位的"四有"工作情况。

**关键词**:"四有"工作　真觉寺金刚宝座　北京石刻艺术博物馆

2021 年是第一批全国重点文物保护单位公布 60 周年,也是"四有"工作开展 60 周年。1961 年,国务院批准发布了《文物保护管理暂行条例》,首次提出文物保护单位"四有"工作的明确要求,这是国内最早对于"四有"工作的阐述。1982 年颁布《文物保护法》,以法律的形式,明确了各级单位对"四有"工作应尽的责任与义务。自 1987 年北京石刻艺术博物馆成立以来,对馆内所属的第一批国保——真觉寺金刚宝座的"四有"工作一直十分重视。在"四有"工作 60 周年之际,笔者以北京石刻艺术博物馆为例简要谈谈文保单位的"四有"工作。

### 一、"四有"工作的历史

对于"四有"工作,一般认为始自 1961 年国务院发布《文物保护管理暂行条例》。但我国历代均有保护史迹的习惯,在我国古代已有"四有"工作的雏形,如在三国时期,魏明帝曾下诏:"(汉高祖、光武两帝陵)四面各百步,不得使民耕牧樵采"。南北朝时期,魏孝文帝在太和九年(495)九月下诏:"汉、魏、晋诸帝陵禁方百步,不得樵苏践踏。"[①]历代王朝均对帝陵有所保护,清代著名文史学家毕沅,在陕西任职时,以职务之便,对陕西境内的文物古迹多加保护,成效显著,曾对关中帝陵立碑记文,建设标志[②],已有当下"四有"工作的部分基本要素。

新中国成立后,1961 年国务院批准发布了《文物保护管理暂行条例》,首次提出文物保护单位"四有"工作的明确要求,这是国内最早对于"四有"工作的阐述。1982 年颁布《文物保护法》,以法律的形式,明确了各级单位对"四有"工作应尽的责任与义务。在《文物保护法》中第十五条规定:"各级文物保护单位,分别由省、自治区、直辖市人民政府和市、县级人民政府划定必要的保护范围,做出标志说明,建立记录档案,并区别情况分别设置专门机构或者专人负责管理。"大体说来,就是有保护范围、有标志说明、有记录档案、有管理机构或人员,即我们常说的"四有"工作。

在 1982 年《文物保护法》颁布后，全国各地文保单位的"四有"工作均不同程度的开展起来，社会上对文物保护的概念也逐步深入人心。经过近 40 年的发展，全国各地文保单位的"四有"工作均已趋近于完善，在保护范围、标志说明、记录档案、管理机构四大方面可谓是成效显著，经验丰富③。各单位基本上都有不同数量的保护巡视人员，每次定期的巡查、记录等等日常工作都已成常态，为做好"四有"工作奠定了坚实的基础。

## 二、北京石刻艺术博物馆与真觉寺金刚宝座

图一　真觉寺金刚宝座

北京石刻艺术博物馆成立于 1987 年，其前身是明清两代著名的藏传佛教寺院——真觉寺。在清代，因避雍正皇帝胤禛名讳，改"真"为"正"，故在清代称正觉寺(以下统一称原名真觉寺)。真觉寺的建立时间为明永乐时期④，与北京故宫同时。时从西域来的高僧班迪达，向永乐皇帝进献金佛及金刚宝座的规制。永乐帝对藏传佛教修为较高，对此很是喜爱，遂命人在北京西郊修建真觉寺⑤，并在寺内按班迪达进献的规制建塔，即金刚宝座。金刚宝座的修建很漫长，历经五朝皇帝才建完。在修建近 50 年后的明成化九年(1473)，金刚宝座竣工。在今天金刚宝座的券门上，仍刻有"敕建金刚宝座"，下书"大明成化九年十一月初二日建"。清代时，因真觉寺是藏传佛教寺院，遂得到皇室的器重。乾隆皇帝曾两次在真觉寺内为其母崇庆皇太后过寿，在此时真觉寺达到其最为辉煌的时期，成为皇家寺院。随着清朝的衰败，真觉寺的辉煌亦不在。清末因时局动荡，清廷自顾不暇，疏于管理，真觉寺逐渐破败，到民国时

期仅剩金刚宝座和几间瓦房了。时间一长，人们对于真觉寺的名称早已忘却，只因金刚宝座有五座小塔，遂人们俗称为五塔寺。金刚宝座是塔的一种类型，其特点是有大型宝座，在宝座上又建有五座小塔，分别代表五方佛，整体又为一个建筑，此类型的塔称为金刚宝座。此类型的塔在国内并不多见，北京仅有 4 座，而真觉寺金刚宝座(图一)是其中始建最早，造型最精美，名气最大的。金刚宝座在新中国成立后收归国有，并于 1961 年入选为第一批全国重点文物保护单位。为了更好的保护真觉寺金刚宝座，于 1980 年成立五塔寺文管所，后在 1987 年，以真觉寺金刚宝座为核心，加之所收藏的石刻文物，改立为北京石刻艺术博物馆。

## 三、北京石刻艺术博物馆的"四有"工作

真觉寺金刚宝座作为第一批全国重点文物保护单位之一，做好其"四有"工作，保护好其安全是十分重要的。北京石刻艺术博物馆自建馆以来就启动真觉寺金刚宝座的"四有"工作，历任馆领导都非常重视，给予大力支持。这其中包括建立起科学的"四有"档案，并不断更新完善；收集其有关的历史资料，挖掘其文物价值；加强对保护范围的管理；制作醒目的标志说明，并对其进行更加科学合理的描述。历经北京石刻艺术博物馆几代科研人员的努力，对真觉寺金刚宝座逐步建立起完备而详细的"四有"档案，由主卷、副卷和备考卷所组成，这为真觉寺金刚宝座的研究以及保护增添了珍贵的材料。北京石刻艺术博物馆的"四有"工作完善，"四有"档案完备，具备专业的科研人员，又培养了一批有学识和具有专业知识的后备力量，为科学有效的保护真觉寺金刚宝座提供了基础条件。对于真觉寺金刚宝座，定期有专业人员进行情况记录，并对于一些重要位置进行定期定点拍摄(图二)，对于细致的部位采用便携式显微镜进行微观拍摄，对于高处不易观察部位采用望远镜外接相机拍摄，这些拍摄照片作为资料留存，合适的资料还会加入到"四有"档案中。每期的"四有"巡查记录需要及时的进行数字化处理，做到纸质版、电子版双重记录，以便保存及后期查询。如发现问题及时上报并记录，做到迅速发现，及时上报。对于存在的隐患，及时邀请文保专家

进行安全评估，提出专家意见，并依据意见做好相应的处理，以更好的保护真觉寺金刚宝座。

图二　四有巡查

## 四、对"四有"工作的几点思考

### 1.同等看待，因地制宜。

对于"四有"工作，不论是全国重点文物保护单位，还是省级、县级文保单位，理应同等对待，按照一个标准执行。《文物保护法》中也明确了"四有"工作的具体任务，所以做好"四有"工作是有标准可循的。但同时也应指出，不可移动文物所处区域有很大不同，有在极为偏僻、人迹罕至地区的，也有在车水马龙、人来人往闹市中的，有的在阴雨绵绵之处，有的在白雪皑皑之处，有在博物馆之中，有在乡野之间，总之区域差别很大。如果都按一个标准执行，其难度不言而喻，而且不一定适合当地的情况。绝对标准的存在，并不意味着相对标准的不可适用，结合不可移动文物的实际情况，因地制宜，才是相对科学的方法。对于"四有"的基本点，有保护范围、有标志说明、有记录档案、有管理机构或人员，不应遗漏，否则就谈不上"四有"了，如有缺失，岂不成了"三有""二有"，甚至"一有""无有"了。"四有"工作，应具备这四个基本点，这是"四有"工作的底线。但其具体的实行，应按不可移动文物不同的环境而区别看待，不应强行设置标准。在四个基本点之上，只要初衷是为了保护文物，其具体做法都应受到理解。故而在看待"四有"工作的成绩上，片面的、孤立的、死板的按照一种标准来衡量，是不科学的。我们应该看到文保单位"四有"工作之间的差异，并能理解这种不同，求同而存异。当然，按照一种标准来衡量"四有"工作，无疑是简单而快捷的，但我们不应为了方便而制定出一些根本不适用于当地环境下的标准，这与我们"四有"工作的初心——更科学合理的保护文物相违背。

以北京石刻艺术博物馆内的真觉寺金刚宝座为例，因金刚宝座位于博物馆的中央位置，所以合理保护十分便捷。其保护范围明确，保护标志显著，管理机构北京石刻博物馆正规专业，最为关键的"四有"档案也有专人来负责，不断的记录更新完善。北京石刻艺术博物馆的"四有"工作十分出色，与馆内人员的努力分不开，但同时应该看到，真觉寺金刚宝座得天独厚的有利位置是做好"四有"工作的一个很重要客观因素。人的能动性起主要因素，但环境问题不可不察。所以对那些在不利环境条件下的文保单位，其"四有"工作的评判标准不应固化，应灵活评判，也应对那些在不利环境下的管理人员的难点表示理解。即对于文保单位要同等看待，因地制宜。

### 2.薪火相传、绵延不断。

"四有"工作最大的特点就是其延续性，如果"四有"工作间断了，"四有"档案间断了，无疑是对于不可移动文物保护的巨大损失。故而我们在日常保护中，要重视"四有"工作的延续性，使其能够不断传承，让"四有"工作的意义真正发挥出来。不论历史、环境等客观因素，文保单位都应有延续性的"四有"工作，尤其是"四有"档案的延续，格外重要。只有"四有"档案的资料丰富了，才会让其价值凸显出来。延续性的"四有"档案，意义重大，价值很高。在过去我们常常认为在文保单位的某一个重要时间节点，"四有"档案中是否有记述，并以此来评判档案的完备性。这当然不失为一个评判标准，但在实际工作中，因不同文保单位建立的时间不同，所处环境亦不同，其"四有"档案在某一个重要时间节点可能存在失载现象。故文保单位的"四有"档案完备性可能有所不足，遗漏之处往往是历史问题，想修补挽救也较为困难。但在完备性之外，延续性是可以较为容易做到的，并且其价值不亚于完备性。各级文保单位对于延续性，基本可以做到，而做好延续性，也是对于完备性不足的一个弥补方式。故对于文保单位"四有"档案的评判标准,应更为强调延续性,当然亦不能忽视"四有"工作的完备性,重要时间节点的记录价值很高,但在此强调的是加强延续性,要使"四有"工作薪火相传、绵延不断。

北京石刻艺术博物馆一向重视"四有"工作的延续性,自建馆以来,经历了一批又一批科研工作者,但"四有"工作一直是薪火相传,"四有"档案也不断由接棒人更新完善,为的就是能让馆内的"四有"工作更好地延续下来,为真觉寺金刚宝座的资料不断增添新的内容,从而达到科学合理的保护层面。因真觉寺金刚宝座的"四有"档案完善,在今后的保护修缮中,将起到重要作用。其他保护单位应根据文物的实际情况来制定具体的延续性措施,不应单一的划定标准,以及盲从的模仿,应一切从实际出发,实事求是,每个文保单位的延续性都应有其自己的特点。

由于"四有"工作是长远的,正所谓"前人栽树,后人乘凉",我们应把现阶段的工作做好,正是为后辈们更好的保护。在同等看待、因地制宜的原则下,做到薪火相传、绵延不断,以此更加科学合理方式的做好"四有"工作。

### 五、"四有"工作的展望

对于"四有"工作未来的发展,基本上从两大方面可以开拓提升,即科技化和数字化。其中科技化是指"四有"工作开展的手段方式,数字化则是指"四有"工作的存储及利用。这两化分别对应"四有"工作中最重要的两个点,一是如何做、怎样做,一是如何用、怎样用。把"做"与"用"这两个在"四有"工作中最重要的方面提升了,"四有"工作才会真正有质的飞跃。

在"四有"工作运行上合理应用当代文明的科技成果,既是"四有"工作科技化的目标,也是其科技化的含义。近年来,用科技手段保护文物逐渐兴起,且发展迅速。而在"四有"工作领域上的应用才刚刚起步。例如,对于以往一些不易巡查的"四有"文物,由于环境因素影响,往往花费成本很大,但巡查效果却不好。如能应用无人机来巡查,成本将大大减少,其效果也会更好。无人机在其他领域,如影视、测绘等方面已运用的十分成熟。近年来在考古

方面也有运用,并取得了可观的成绩[6]。把这些当下已经成熟的科技运用到"四有"工作上,不仅能够节省成本,还能够提高效率,可谓事半功倍。像这样的例子还很多,因此我们"四有"工作者应实时关注当代文明的科技成果,把一些成熟的技术,合理的运用到"四有"工作上,是"四有"工作未来的方向之一。

高效而又长久的保存好"四有"工作成果资料,也十分重要,而要想做好这一点,就需要数字化。数字化的手段方式有很多,最为常见的就是把"四有"档案进行数字化处理,这一点在当下来说也是较为基础、较为容易的,各文保单位基本上也都能够做到。但除此以外,还有很多新的数字化手段,比如近些年新兴起的三维扫描技术。如能利用三维扫描技术,把"四有"文物进行全方位的扫描,不仅能够把文物的原貌记录下来,还可用最为直观的方式把文物原貌向人们展示出来。而把三维扫描的成果纳入到"四有"档案中,正是"四有"工作的一种数字化方式。类似的数字化方式还有很多,需要我们"四有"工作者去寻找发现。我们利用这些新颖高效的数字化手段,把"四有"工作的成果资料更高效更安全的存储好,以便于"四有"工作能够让后人们查阅,亦可更好体现"四有"工作的延续性。

北京石刻艺术博物馆近年来在"四有"工作的科技化和数字化上进行了初步开拓。在科技化上,完成真觉寺金刚宝座前期勘察项目,利用当代科技手段对文物进行一次全方位"体检";在数字化上,完成真觉寺金刚宝座三维扫描项目,对文物整体有了最为直观的数据。这两项工作成果不仅完善了"四有"档案,更是对"四有"工作未来方向的初步探索。

### 六、结语

距真觉寺金刚宝座被列为第一批全国重点文物保护单位已过去60年,北京石刻艺术博物馆也已成立34年,我们回顾辉煌的历史,吸取前辈们的宝贵经验,结合当下的时代科技,才能把"四有"工作做的更好,才能为后人们留下珍贵的文化遗产。

注释:

① 王运良:《关于文保单位"四有工作"历史渊源及

现状之管见》,《中国文物科学研究》2008 年第 3 期。

② 王运良:《关于文保单位"四有工作"历史渊源及现状之管见》,《中国文物科学研究》2008 年第 3 期。

③ 王运良:《关于文保单位"四有工作"历史渊源及现状之管见》,《中国文物科学研究》2008 年第 3 期。

④ 滕艳玲:《真觉寺金刚宝座》，北京出版社,2014 年,第 44 页。

⑤ 滕艳玲:《真觉寺金刚宝座》，北京出版社,2014 年,第 20 页。

⑥ 刘建国:《数字考古研究进展》,《中国文物报》2020 年 8 月 7 日。

**参考文献:**

1.冯倩:《文物保护单位"四有"工作探索——以良渚遗址为例》,《杭州文博》2018 年第 2 期。

2.王运良:《关于文保单位"四有工作"历史渊源及现状之管见》,《中国文物科学研究》2008 年第 3 期。

3.朱明敏:《关于文物"四有"工作的几点思考——存在问题、改进建议与发展趋势》,《广东技术师范学院学报》2012 年第 9 期。

4.崔雪爱:《浅谈文物档案在"四有"工作中的重要性》,《大众文艺》2012 年第 17 期。

5.李婕:《西安市文物保护单位四有档案管理工作简述》,《现代经济信息》2017 年第 14 期。

6.王金铎:《文物保护单位"四有"工作及相关问题探讨》,《宁夏师范学院学报》2007 年第 5 期。

7.刘朴:《新形势下要着力做好文物保护单位的"四有"工作》,《文物春秋》1999 年第 S1 期。

**(作者单位:北京石刻艺术博物馆)**

# 中小型城市博物馆公众参与度问题的思考
## ——以赫尔辛基城市博物馆为例

◇ 曹 凯 郝 妍

**内容提要**:城市博物馆,是一座城市的历史记忆,一本展示城市发展史的百科全书。随着经济水平的飞升,我国迎来了博物馆兴建热潮。但在各地的城市博物馆建成之后,其中一些中小型的城市博物馆却遭到冷遇。投入大量的人力物力建成的博物馆未得到有效利用,公众参与度不高。针对这一问题,芬兰赫尔辛基城市博物馆的展陈设计或许会成为一个值得参考的例子。本文通过对赫尔辛基城市博物馆的深入分析并结合国内中小型城市博物馆遇到的问题,总结出一些值得学习借鉴的经验。
**关键词**:城市博物馆 公众参与度 赫尔辛基城市博物馆 展陈设计

**一、城市博物馆是城市的文化名片**

在经济飞速发展的今天,人民的物质生活水平有了极大提升。随着国家对社会主义精神文明建设的重视程度越来越高,发展和弘扬优秀传统文化成为了一项重要的任务。作为文化载体的集中体现,博物馆是对公民进行文化宣传和教育最直接的窗口;是人类收藏历史记忆和熔铸新文化的殿堂,是传播文化、传承文明、启发民智的重要载体,是建设公共文化服务体系、实现文化大发展大繁荣的重要组成部分①。

文化,是一座城市的灵魂,城市发展过程当中的文化积淀,形成了这座城市独有的记忆,反映了其在不同时期的发展状态和精神文化。保留城市文化记忆和历史的延续性,是城市博物馆收藏和展示的核心主题。国家的大力支持,给城市博物馆的发展带来了前所未有的机遇,我国各地的城市博物

馆如雨后春笋般兴建。这些城市博物馆在向参观者展示城市历史,普及考古历史知识;对青少年进行爱国主义教育,增强民族自信心和自豪感;为游客展现独特区域文化,拉动旅游经济等许多方面都发挥着无可取代的重要作用。

城市博物馆,承载了一个城市的兴衰发展史,是我们认识这一地区文化面貌最好的窗口。法国巴黎历史博物馆馆长瓦莱里·纪尧姆说过:"城市博物馆是城市的'有形历史',传播着城市的历史文化魅力,同时也应该是一个大众化的场所,供人们探讨城市的过去和未来。"可以说,从一个城市博物馆的建设,即可窥见整个城市的综合发展水平。

虽然国际上和国内都未对城市博物馆的概念进行明确的界定,但有研究者认为,城市博物馆的概念主要有三层含义:"一是形象的比喻,指一座城市的物质环境具有特定历史时期的代表性,保存了

本地区的历史发展脉络，体现出鲜明的时代特征，犹如一座博物馆。二是泛指在现代城市中建立的各种类型的博物馆，三是特指反映一个地区和城市历史发展的地方综合性博物馆"[②]。本文提及的城市博物馆是指第三种，即反映一座城市发展变迁历史的综合性博物馆。它有别于历史类博物馆，历史文物只是城市博物馆展陈的一部分，而要展现城市发展变迁史，还要配合照片、地图、反映时代特征的老物件和纪录片等等，从不同侧面来展现城市的过去、现在和将来。而本文要着重讨论的是城市博物馆中一些知名度较低，地方政府投资少，场馆规模较小，藏品数量不多的中小型城市博物馆。

## 二、我国中小型城市博物馆所面临的问题

根据国家文物局公布数据显示，截至 2020 年底，全国经各地文物部门年检注册的博物馆总数达到了 5788 家。其中设施完善，专业程度较高的国家级、省级博物馆，在数量众多的博物馆中所占比重不足 10%。而以市级、县级博物馆为代表的中小型博物馆占比最大，是构成我国博物馆体系的主体。

城市博物馆在蓬勃发展的过程中也遇到了一些难题，尤其是近年来中小城市刚刚建设的部分中小型城市博物馆。这些博物馆没有知名度高的藏品，也得不到主流媒体的关注和宣传，博物馆只能靠自身经营、管理和宣传。由于管理经验不足，展品种类单一，经费短缺等等原因，出现了参观游客少，博物馆设施未能完全被利用而受到"冷遇"的现象。公众参与度不高，似乎成为一些中小型城市博物馆普遍面临的问题。

国内城市博物馆在设计上重视建筑外观，力求通过精美大气的外观表现场馆特色，使用城市孔庙或名人故居作为博物馆主楼是较为常见的。这充分利用历史古建和城市名人的影响力。在不破坏古建筑的原则上看，是一个较优的选择。但在内部展厅以及陈列设计上则略显欠缺。在建筑外观上投入大量精力，导致了对于展厅设计上的忽略，各个城市的历史陈列缺乏其自身特点。

国内大多的城市博物馆普遍以展示历史文物、老照片、地图等形式向人们展现城市历史以及发展变迁的过程，并集中展出代表城市特征的老物件。

这是最准确，也是最直观的展示内容。部分博物馆也在展陈方式上做出创新，以城市不同时期面貌为主题，参观者穿行于各个时期的展厅内，感受场景的切换，加深了城市变迁的印象。但从参观者的角度出发，城市博物馆不比大型综合类博物馆有很多吸引人眼球的高知名度藏品，如果一直以"静态陈列"的方式展示给游客，那么游客在一段时间之后产生视觉疲劳，便对参观失去兴趣或走马观花的一笔带过。

中小型城市博物馆一般为市县级博物馆，其资金来源主要是地方政府拨款。而一些小城市的经济水平并不足以给当地博物馆提供充裕的财政拨款，这就导致一些小城市的博物馆面临资金短缺的窘境。经济基础决定上层建筑，一些卓越的构想如果失去了经济支持则只能沦为空谈。如何实现收支平衡，用有限的资金办大事，成为了中小型城市博物馆面临的一大难题。

相较于大型城市博物馆，中小型城市博物馆存在着明显的劣势，但如何在经费有限的情况下，在面积有限的展厅中，利用数量不多的展品吸引更多的游客前来参观，并在参观过程中提高公众参与度？芬兰首都赫尔辛基城市博物馆似乎可以给我们很好的启示。

## 三、赫尔辛基城市博物馆的展陈模式及特点

赫尔辛基是芬兰首都，但是在城市面积和人口数量上都远不及我国的一个中小城市。芬兰首都赫尔辛基有全国最大的图书馆和著名博物馆，其中包括展示芬兰历史的国家博物馆、收藏名画的雅典娜美术馆以及负责对芬兰设计作品进行甄选与维护的赫尔辛基设计博物馆、体现未来的古根海姆博物馆等等。并且还有一些主题类博物馆，例如铁路博物馆、教会博物馆以及动物学博物馆等。即使在这样一个博物馆林立，艺术馆遍布的地方，赫尔辛基城市博物馆还是以其完备的设施和富有特色的陈列设计吸引了络绎不绝的游客前来参观。本节将对赫尔辛基城市博物馆的布局和展陈特点进行分析，希望能在馆建和展陈设计思路上对我国的城市博物馆有所启发。

赫尔辛基城市博物馆位于赫尔辛基市中心东

北部，赫尔辛基大教堂对面，坐落于议会广场的东南角(图一)。赫尔辛基大教堂又称白教堂，是赫尔辛基市最受欢迎的旅游景点，也是赫尔辛基市的标志。大教堂面前的议会广场是赫尔辛基市民活动的中心，广场两侧分别是赫尔辛基大学和政府大楼，城市博物馆相比之下似乎不那么引人注目。由于大量的观光游客到来，给赫尔辛基城市博物馆带来了一定的客流。

图一　赫尔辛基城市博物馆外立面

赫尔辛基城市博物馆并不是一个展品数量丰富的博物馆，甚至连芬兰国家博物馆的讲解员也自嘲说道："我们国家没有什么历史，没有什么惊艳的东西要展示给大家"。但是赫尔辛基城市博物馆在展示方式上却新颖多样。博物馆一楼设有 VR 眼镜体验区，通过这种虚拟设备展示老城区地图，人眼获取信息后在脑海中产生立体感，让游客身临其境的体验过去的城市生活。二楼城市历史展厅的旧地图、老照片可供游客手动替换展示(图二)。另外芬兰的漫画产业比较发达，创作了手绘漫画版的城市地图，鲜亮的颜色填充一改地图黑白单一的线条感，吸引了很多"小游客"的驻足(图三)。另外，展厅中老物件的展示也并非简单的在玻璃展柜中摆放陈列，而是按照实景复原了家庭生活场景，可供游客入内体验(图四)。虽然博物馆内的展品不多，但是设计思路巧妙，游客在这里不仅能用不同方式看，还能"穿越"到不同时期体验生活。虽然展品依旧是老照片、图片和展品，但比起把展品放在玻璃展柜后面让游客单纯地观看来说，无疑增加了参观的趣味性，吸引更多的少年儿童参观并能寓教于乐，一方面感受科技带来的全新体验，另一方面通过妙趣横生的展示方式又加深了参观印象有所收获。小小的思路转变就能使展厅内的景观有极大的改善。

图二　游客可以手动更换的老照片展示

图三　赫尔辛基城市地图漫画版

图四　芬兰普通家庭的室内陈设

赫尔辛基市城市博物馆内除了展厅，还设有一个公共休息区，休息区的设计感很强。从沙发到灯具，包括整体的颜色搭配都经过设计师的艺术创作，可以算是室内设计的一个典范。这里配有 WI-FI,电源插座,可供本市居民在此办公、休闲、学习(图五)。博物馆内的基础设施例如:存包处、婴儿车寄存处、信息资讯台、博物馆商店等服务部门较为完备。咨询台提供博物馆地图,临时展览的介绍折页等,让游客及市民更加方便的参观博物馆。三楼为临时展厅,举办临时艺术展。并设有长期的图书馆和书报阅览区。书报阅览区不仅有报刊、杂志等供市民自由取阅,还有录像放映处,以多媒体的方式更好的展示城市历史,为市民提供一个良好的文化环境。

图五　博物馆一楼休息区

博物馆内的纪念品商店位于一楼信息咨询台旁,规模很小,除了售卖带有博物馆标志的钥匙扣、文具等常规商品外,主要的文化创意产品是以卡通形象"姆明"为主题的(图六)。姆明是芬兰最著名的卡通形象,风靡整个欧洲,在赫尔辛基的大街小巷都能见到这个白色小河马的形象。以这样高知名度的卡通形象进行文化创意产品的设计,一方面借助了"姆明"的品牌形象,使文化创意产品更受消费者的欢迎,为博物馆创收;另一方面,博物馆是城市的文化名片,在博物馆中宣传这样的城市代表性形象,卡通形象十分直观,更加有利于游客记住这个卡通形象,从而记住这座城市。

在赫尔辛基城市博物馆旁边是一所幼儿园,馆内的部分设施与幼儿园共用。小朋友们可在规定时间内在老师的带领下参观博物馆,从小接受文化熏陶,在良好的文化氛围中成长(图七、图八)。

图六　赫尔辛基的代表性卡通形象"姆明"

图七　芬兰小朋友穿着民族服饰游览博物馆

图八　幼儿园放学后在公共休息区玩耍的小朋友
和接孩子的家长

## 四、我国中小型城市博物馆的未来和发展

芬兰赫尔辛基位于欧亚大陆遥远的另一端,其国情与我国有诸多不同,赫尔辛基城市博物馆的经验当然要取精去粗的吸收。通过上文对赫尔

辛基城市博物馆的分析，结合我国的具体国情，下文对我国中小型博物馆面临的三大难题提出相应的建议。

许多中小博物馆面临的问题，归根结底是经济问题。随着我国经济的高速发展，地方政府对文化博物馆事业的重视，加大对当地城市博物馆的投资是必然的趋势。然而现阶段如何用有限的资金发挥最大的效用，让博物馆设施得到充分利用成了我们最应该考虑的问题。将用于建筑外观方面的较大额投资转向完善室内基础设施以及展陈设计不失为一种很好的思路。新奇有创意的建筑物固然会在初期吸引游客的注意力，然而室内设施的完善和丰富才是长期留住游客的硬件。

习近平总书记曾多次指出，要"让文化遗产活起来"。创新常规陈列设计，增加让游客参与其中的互动环节。把不会说话的文物、照片、资料进行生动的再创作，以提高游客的兴趣。另外，定期布置临时展览，有助于保持博物馆的活力。临时展览因其灵活变化，展览内容丰富。可以使本地市民长期保持对博物馆的兴趣，结合地方特色，极大地延续公众探索博物馆的兴趣[3]。

赫尔辛基城市博物馆的文化职能并不只是作为一个展览馆，同时，为市民提供一个安静的学习环境和良好的文化氛围也是欧洲博物馆的一大特色。目前我国的城市博物馆在场馆设计上越来越重视游客参观体验度，规划出专门的休息区，但因场馆面积有限，休息区仅有长椅等简单的设施供游客歇脚。精心设计的休息区会给游客带来耳目一新的体验，例如绘制城市博物馆主题的墙体彩绘，例如椅子、灯光等的设计也可以利用有自身特色的文化符号，虽然都是细节的改变，但恰是在细节处的用心，提高了体验度，增强游客的参观兴趣。

当然城市博物馆与幼儿园同办这样的方式在我国还不太现实。但经常举办文化活动，让小朋友们走进博物馆，感受博物馆优秀的文化氛围。或者多去幼儿园及中小学进行主题文化宣讲，让孩子从小就对历史文化，对博物馆产生浓厚的兴趣。下一代的成长预示着国家的未来，这不仅为博物馆的未来建设，培育更好的社会文化环境。更有利于提升我国的文化软实力，是利国利民，对国家文化发展有优良的深远影响的策略。

注释：

① 宋新潮：《公共文化服务体系与博物馆免费开放》，《东南文化》2012 年第 4 期。

② 虞海明：《"城市博物馆"的特点及发展方向》，《中国博物馆》2005 年第 4 期。

③ 许梦：《浅析中小型博物馆临时陈列的从 "无"到 "有"》，《文物鉴定与鉴赏》2018 年第 5 期。

（作者单位：南京大学历史学院　西北大学文化遗产学院）

# 我国博物馆公示语及其英译初探

◇ 郝雁南

**内容提要**：博物馆已成为我国文化建设和文明传承等的重要场所，随着我国经济等各方面的发展，博物馆对外交流的作用会越来越大，博物馆内公示语的翻译尤显重要。然而很多博物馆内公示语及其内部展品等的英语翻译还存在不少问题，有些甚至错误百出，进而影响了博物馆的交流作用。本文就此进行分析并指出问题，提出一些改正意见。

**关键词**：博物馆 公示语 翻译 交流

## 一、引言

博物馆在我国经济社会发展中的作用持续显现，给人民群众带来的获得感、幸福感不断增强，已经成为人民向往的美好生活的重要部分。近年来，我国博物馆事业飞速发展，去年 5 月，中央宣传部、国家发改委等 9 部门联合印发《关于推进博物馆改革发展的指导意见》。据文化和旅游部统计，"十三五"期间，全国博物馆数量由 4692 家增长至 5788 家，平均每两天就有一家博物馆建成开放。博物馆的种类越来越多，分布范围越来越广，硬件和软件建设越来越出色，内涵和功能越来越丰富，对公众的各种影响和作用越来越大，对文化的保护传承也越来越重要。博物馆年度参观人数由 7 亿人次增长至 12 亿人次，而且外国观众人数也日益增长，为我国走向世界发挥着显著的作用。如今博物馆已成为我国软实力的重要组成部分，针对博物馆的研究已形成了"博物馆学"等学科，还有人大代表提出将博物馆列入义务教育教学体系。

而如何促进博物馆高质量发展是个值得研究的课题，这其中博物馆内的英文介绍和翻译应引起足够重视。笔者常到各地博物馆参观学习，深感这方面存在严重问题，尤其是一些中小博物馆，不少翻译错误频出。

## 二、博物馆内公示语的翻译

我国有些场合的公示语翻译一直存在部分不规范，不少专家学者都曾指出其中错误，并举行过一些相关的翻译会议，很多城市还专门制定过这方面的标准。但由于种种原因，大多难以贯彻执行。

### 1.博物馆名称的翻译问题

有个别博物馆可能为了显示规格级别，会翻译成"Grand Museum"，以衬托其为"博物院"，显示其与"馆"的区别，比馆级别高。但英文只能表达博物馆，无法显示"博物院"与"博物馆"的区别。

有一些民族博物馆，会翻译成"Racist Museum"，变成了"种族博物馆"，其正确翻译应为"Ethnics

Museum"；同理，自然博物馆不能翻译成"Natural Museum"或"Nature Museum"，而应是"Natural History Museum"。

2.博物馆公共场所公示语翻译问题

这方面问题主要出现在博物馆的大厅、卫生间等公共场合。比如很多博物馆对于卫生间的翻译缺乏统一的英译标准，往往写成"toilet""restroom""men""women""gentlemen""ladies"等。但在英语表述中，"toilet"一般指盥洗室，多用于农村地区；"restroom"一般用于公共场合；博物馆应使用"gentlemen's""ladies's"为佳，注意不能写成"gentlemen""ladies"。

同时卫生间内很多公示语翻译也要注意，很多属于"零翻译"，也就是不能译。比如"大便请对准粪坑"(Please aim at the cesspool.)"向前一小步，文明一大步"(One small step forward,a major civilized stride.Near the convenient,close to civilization. Push the Civilization One Big Step.)，这里要翻译，也只能译成"Step Closer""为了您的安全,请规范使用马桶"(For your safety,please use the closestool correctly.)"来也匆匆,去也匆匆"("Come in rush.Go to rush"令人费解,应译成"Flush after Use")等。笔者认为这样的机械硬性翻译只会令外国游客难以理解。

卫生间内"注意地面湿滑"一类的公示语,往往会翻译成"carefully slide""Be careful slip",这是完全不合适的,只需译成"Be careful"。某些博物馆楼梯通道写着"小心碰头",翻译成"Be careful of your head",真是"小心你的头了",如此直译并不合适,现成的翻译"Watch(Mind) your head"即可。

个别博物馆的公示语"火情发生时,禁止乘坐电梯",会译成"When the Fire Feeling Take Place,Forbid to Multiply by to Use Elevator",这一翻译并不妥当。博物馆内电梯应译作"Elevator",扶梯译作"Escalator",步行楼梯译作"Stairs",电动步道译作"Moving Walkway",无障碍电梯译作"Accessible Elevator"或"Barrier Free Elevator"。

此外，还有博物馆将"军人优先"翻译成"Soldiers First",也十分不妥。首先,此公示语对象为国内游客,军人应指"中国人民解放军和武警部队"现役军人,而不包括外国军人,因此并不需要译成英文;如硬要翻译,也应该译为"PLA First"。还有些博物馆译为"Military Priority",意为"军事第一""军事优先",会引起误解。还有"爱国主义"的翻译,很多博物馆想当然的翻译成"patriotism",可英语这个词与汉语不是完全对应的,西方媒体用这个词,是突出宣扬"民族主义",是负面意思,正确翻译应为"love of the country"。

最后，有的公示语翻译成外语会造成负面影响,比如"谨防扒窃",译成英语"Beware of pickpockets",对内公示尚可,对外就不妥了,会给外国游客造成"中国社会治安不好,扒手很多"的误解。

### 三、博物馆陈列用语的翻译

博物馆的很多翻译，其实不是单纯的翻译(translation)，而是一种交流(communication)，是一种"传播"(publicity)。

1.展览大纲基本用语的翻译

博物馆内解说词的"前言"部分,几乎都翻译成"foreword""preface"等,但这两个词都表示"书"的前言,"foreword"意为"a short introduction at the beginning of a book","preface"意为"an introduction to a book,especially one that explains the author's aims",然而博物馆不是书,所以应使用"introduction",因为博物馆的展览前言主要是起介绍作用的。

博物馆内展品、事件等的介绍词翻译非常重要,它能使国外参观者更加充分了解和理解我们的博物馆内的展品、历史事件,继而了解我们的国家。要注意,外语翻译是给外语使用者看的,是对外交流和传播的,这在处理汉语中是"抽象"而在英语中是"具体"的词语时尤须注意。

另外，在翻译"某某介绍"时,不应使用"An introduction of……",介词要用"to";在介绍我国为"大国"时,应译为"major country",这个词比较中性;而不应用"great power",有妄自尊大的意味。

2.俗语、习语、专业术语的翻译

在介绍我国一些文化遗产、历史时,要注意受众的接受、认同感。比如"守株待兔",不宜直接译为"Waiting for a Hare to Turn up",宜译为"The Farmer and the Hare",这样与西方著名故事《农夫与蛇》的标题"The Farmer and the Snake"文化对等，引起同感；"霸王别姬"，如照字面翻译成"The Lord Says Farewell to Yuji His Concubine"，就远不如"Tragedy of the Beauty and the Hero"，这样外国游客会想起他们读过的"Beauty and the Beast"和"Sleeping Beauty"；在介绍我国文学名著《水浒传》中吴用为"智多星"时，博物馆大多译成"He is very intelligent and resourceful"，但这里完全可以用西方国家具有同样寓意的历史人物来翻译，译成"He is as wise as Solomon"；"世外桃源"翻译成"Land of Idyllic Beauty"就比"Land of Peach Blossoms"好，外国参观者会产生共鸣，更便于记忆。

还有在介绍当地是"物产丰富、鱼米之乡"时，往往翻译成"The Land of Fish and Rice"，这不符合英语习惯，英语中有现成的对应"The Land Flowing with Milk and Honey"；在表达"风马牛不相及"时，个别博物馆会按字面翻译"wind、horse、ox"，其实英语中也有现成的"apples and oranges"；在介绍城市为"投资热点"时译成"a hot spot for investment"，却不知"hot spot"在英语中的意思是"a place where there is likely to be fighting or a particular problem"，两者意思差之千里，此处应该翻译成"a popular spot for investment"。

又如在介绍中医时，把中医翻译成"traditional Chinese medicine"，字面对字面似乎一点也没错，但"traditional"在英语中有些贬义，常有"传统的、因袭的、守旧的"意思(sometimes disapproving/following older methods and ideas rather than modern or different ideas)，会给人以中医"落后，未经当代医学验证为有效的疾病疗法"的感觉，其实只要翻译成"Chinese medicine"就可以了。

### 3.政治性词语的翻译

比如某纪念馆解释为什么要进行起义，中文解释词是：国民党左派和共产党合作。"左派"在中文中意味着进步、革命，于是翻译时将国民党左派翻译成"Kuomintang leftists"，但"leftist"在英语中的意思跟汉语可大相径庭，在英语和西方政治中它通常表示"左倾、激进、捣乱；不正确"等。其实这里应

翻译成"progressive"因为我们想要表达并向外国人介绍的是"国民党中的进步分子"。

某博物馆在介绍革命烈士书籍《王若飞在狱中》时，将其翻译成"Wang Ruofei in Prison"，虽然字字对应，但意思大为相反。外国参观者看到这，会认为这位烈士犯了罪，所以才被关在监狱里，他们不了解我国的历史和国情，此处宜借助英语文学作品，翻译成"Iron Bars but Not a Cage"。

又如某博物馆在翻译"日本侵华老兵"时，竟译成"Japanese veteran"，殊不知"veteran"在英语中是褒义词，意为"有经验的、老资格的(someone who has had a lot of experience of a particular activity)"。美国为纪念参加过一次、二次世界大战的老兵，专门设有国家节日"Veteran Day"以示尊重。把侵华日军老兵译成"Japanese veteran"岂不是美化了日本侵华战争？一般外国人对我国和历史是不太了解的，这样的翻译只会加深他们的"不了解"。

还有的博物馆介绍1949年前根据地革命政权，将政权翻译成"regime"，但"regime"在英语中常常具有贬义的意思 (a method or system of government, especially one that has not been elected in a fair way/a particular system of government or management, especially one you disapprove. 比如a fascist/totalitarian/military, etc.这里的 regime 表示法西斯、极权主义、军事等政权)，现在英美报刊在片面报道我国政府时，常用这个词，我们要特别加以注意。这里的"政权"应译作"authorities"。

在介绍中国民主党派时，很多场馆的翻译都很不合适，往往翻译成"democratic parties"，但其实根据我国的具体政党情况和民主党派现状、地位、发挥的作用等，应译成"minor parties"，"minor"有"小、辅助(small and not very important or serious, especially compared with other things)"的意思，跟我国民主党派相处地位很相似。

### 4.人名、地名的翻译

有些中国人名的翻译是约定俗成，尤其是众所周知的人物，比如有博物馆将"孙中山"按照拼音译成"Sun Zhongshan"，但其实已有"Sun Yatsen"这个国际上早已接受的翻译。同理，"蒋介石"应翻译为

"Chiang Kaishek"。

有些博物馆在介绍钱钟书是"国宝"时，会译成"A Treasure of the State"，这里的"state"就不妥了，此词的政治意味重，钱老并不是政治人物，应改为"nation"。

还有某博物馆在介绍西藏，提到达赖喇嘛，竟将达赖的政权翻译成"Dalai government"，这是政治大错！应该翻译成"Dalai regime"；在讲到大陆与台湾时，"大陆""Mainland"前一定要加上定冠词"the"，反之会出政治错误。

### 四、结语

博物馆是具有国家或地方特色的公共文化机构，扮演着国家和本地名片的角色，是民族的集体记忆，发挥着不可替代的作用。博物馆的介绍语呈现出一个地区或国家的缩影，在讲好中国故事的文化传播方面扮演着举足轻重的角色。它的用语应该标准、规范，特别是有中国特色和内涵的表述，其翻译更要注意，英文应当地道标准，合乎外国人的语言习惯，要使外国人正确理解，"博物馆介绍词的翻译应很好地服务那些并不了解汉语和中国文化的国际游客"。

参考文献：

1.魏向清,赵连振:《术语翻译研究导引》,南京大学出版社,2012年。

2.刘满芸:《共生翻译学建构》,复旦大学出版社,2015年。

3.张慧琴:《翻译协调新论》,外文出版社,2017年。

4.梁林歆:《中国"走出去"背景下外译的传播学路径研究——以〈习近平谈治国理政〉为例》,武汉大学出版社,2018年。

5.黎信:《英语对外新闻报道指南》,外文出版社,2009年。

6.谢国先:《学术翻译批评》,社会科学文献出版社,2018年。

7.《中华思想文化术语》编委会:《中国传统文化关键词》,外语教学与研究出版社,2019年。

8.朱义华:《外宣翻译的政治性剖析及其翻译策略研究》,苏州大学出版社,2017年。

9.张传彪:《诗笔译笔钝笔——英汉语翻译与比较纵谈》,国防工业出版社,2005年。

10.郝雁南:《英汉两种文化翻译中的字对应关系》,《江苏外语教学研究》2015年第3期,第61-63页。

11.孙毅:《博物馆介绍词英语概念的英译——以〈陕博日历〉为例》,《上海翻译》2020年第3期,第34-39页。

12.范勇:《新汉英翻译教程》,南京大学出版社,2006年。

(作者单位:河海大学常州校区外国语学院)

# 文物库房搬迁的准备工作与库房排架落实
## ——以故宫雕版库房为例*

◇ 周 莎

**内容提要**：随着博物馆展览的发展需要，一些展览需要展陈大量可移动文物，这便需要博物馆保管员从库房提陈出所要展览的文物，并安排好必要的准备工作。然而，这一般常见于文物类展览的文物提陈工作，但随着现代化展览需要，用于开放式展览的文物库房整体搬迁及"文物仓储式"展览也越来越多地出现在我们的视野中。本文以故宫博物院为例，以"清文翻译全藏经"仓储式展览前期搬迁工作为样例，探讨文物本体在这种保护性研究中的方式与方法。

**关键词**：仓储式展览 清文翻译全藏经 库房排架 文物搬迁

## 一、文物库房搬迁的总体计划

在博物馆工作中，藏品保管部门的责任重大，文物安全管理是首要环节。提到这里，不得不说库房的安全工作，诸如库房的环境、是否恒温恒湿、是否适应所保管的文物存放、是否便于提陈、是否有详细的库房明细账目等。这些都是库房保管员的职责。

上述基础性的库房保管工作，为日后开展展览提供了前提保障。近几年，随着人民群众日益增长的对美好生活向往的文化需求，博物馆作为公众教育的场所，满足了人们的这一需求并丰富了日常生活。一场高质量、多信息的展览，为人们参观学习提供了良好的场所。全国各地博物馆均在探索中求发展，试图办出具有中国特色的现代化博物馆展览。为了满足和适应时代发展的需要，

"仓储式展览"应运而生，其展览场景令参观者们耳目一新，打破了以往传统式的陈列方式。

所谓"仓储式展览"，即文物库房存放式的陈列模式，也可以理解为'仓库式'的形式。这种展览，既要保证文物的安全，又要方便参观者参观浏览。因此，前期准备工作尤显重要。故宫博物院顺应了这种新时代展览的发展要求，以故宫南大库家具库房的"仓储式展览"首开先河①（图一）。

有了如上所言家具馆的"仓储式展览"模式，故宫博物院图书馆筹备了以《清文翻译全藏经》"仓储式展览"的展陈方案，启动了自场地选址、展柜设计、陈列方案、模拟样品测试等众多环节的可行性方案调研与试验，并经过多方论证研究，选定了在故宫开放路线区域进行雕版"仓储式展览"的规划与落实。拟展出院藏乾隆时期雕刊的

\* 本成果得到故宫博物院"英才计划"和北京故宫文物保护基金会学术故宫万科公益基金会专项经费资助。

《清文翻译全藏经》现藏的全部经版，共计 42237 块。

图一　家具馆的"仓储式展览"

最终，在展厅内建成了《清文翻译全藏经》"仓储式展览"的陈列排架柜，并完成了博物馆相关专业评估的验收。

## 二、库房排架的文物落实方案

《清文翻译全藏经》"仓储式展览"库房的落成验收工作结束后，便要开始将所涉及的可移动文物，搬迁至新的库房之中，安排柜架，落实顺序，以待后期工作。关于工作方案，笔者按实际布陈情况，进行简述。

### (一)人员的组织

在搬迁文物之前，故宫博物院雕版保管人员进行了详细的分工与分组。按照保管员的从业经验，故宫文物库房老带新的传统，参与库房文物搬家的工作人员，分成了 4 人一组，共计"发货组"和"收货组"两组模式。并建立了'移库微信群'，便于工作开展时的联系。

在发货之前，备展的雕版已装箱完毕，并放在搬运的货物托盘之上，只需要用拉货的"地牛"抬出货物托盘上已装箱的文物，再运出库房，放在文物专用的推车内，刹好安全绳，便可起运。已装箱的雕版每块用泡沫隔垫，以防版面之间互相磕碰。

由于故宫雕版文物号码是按"无序排放，有序查找"的方法进行冠号的，装箱时又因厚度不同，个别太厚的雕版甩到新号箱内，故而上架的

号段，可能中间有缺序列的情况。缺序的雕版，可在新号箱内查找，但顺序箱和新号箱并不同时搬运。这就要求在开展运送文物前，必须规划库房排架，提前给定上架顺序，以及每一块文物的码放顺序。

"发货组"的同事应按库房陈列顺序，及垛箱顺序，出库先后的位置，进行装车起运。"收货组"的同事应提前到达展览库房的位置，按照工作开展之前规划好的排架顺序，找到相应的文物号段。

### (二)搬运工具与材料的准备

搬运工具方面，本次采用了手推车的形式，人员押运。共计 10 车，每车有 2 位负责搬运的师傅。

由于雕版"仓储式展览"的地点选定在开放区域，故而，为了文物安全，此次搬迁利用了周一闭馆的时间进行搬运。即整体工作采用"1+4"的模式，一天搬运，四天上架。

为此，配合搬运的部门准备了十辆手推车，以及 20 人以上的搬运师傅团队。将师傅们分成押车和卸货两组。提前预备了防撞垫、防磨损地垫、坡道、刹车绳等工具，以待工作之进行。

### (三)文物安全检查与库房位置

在搬运之前，库房保管员将即将搬运的文物进行核对，并封库，以待搬运时开启库房。"收货组"的同事将箱号位置，提前做成标签，并贴于库房地面，便于码放，也利于查找原始箱号的位置，这样便可得知每块箱内的文物号，对应与之相应的排架，方便上架(图二)。图中蓝色的位置处，提前贴好地标码放位置号码，便于查找。这种贴地标的形式，按博物馆展览的实际需要，可进行调整。但工作原则要遵循就近原则，在不妨碍上架工作的同时，放在库房空闲的位置上，并要留有通道。这样可以多组人员同时上架，同时取箱内文物，互不干扰。

上述准备工作，一定要在搬运之前开展，这样才能保证上架的顺序，提高工作效率。总之，要做到提取和归还文物的方便，上卸文物的安全，不能使文物碰撞损坏。

雕版东库房柜位平面图

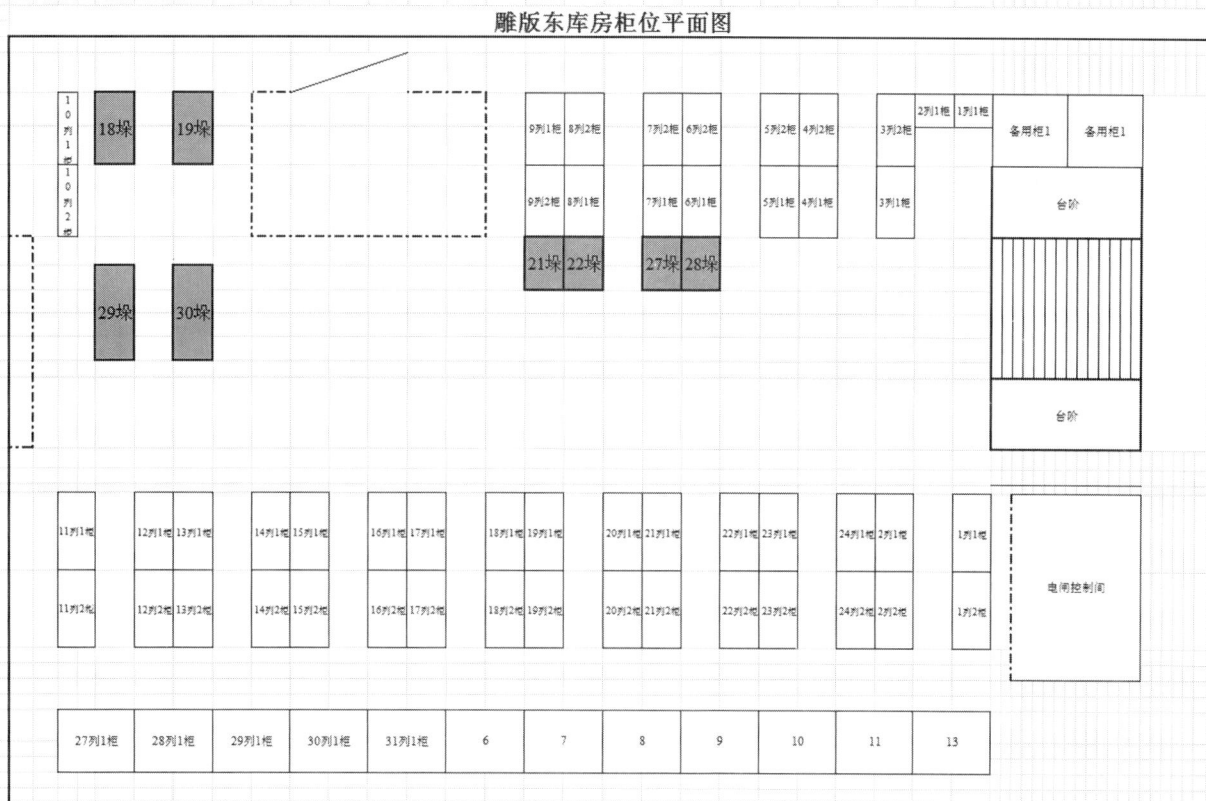

图二　搬迁垛箱地标示意图

（四）搬运实施环节

在搬运实施的环节中，手推车一定要匀速前进，不能忽快忽慢，尽量避免不平的道路，减少文物的颠簸。

搬运时，将文物装箱至手推车后，刹好安全绳，再盖上苫布，防止阳光直射和极端天气的突降。每天搬运的量提前计算出来，规划每辆手推车的具体箱号，装车后，按手推车的车号顺序，以"一字形"队列进行纵列前进，每车间隔一定安全距离。实施过程中，两位押车的库房保管员'一人走前，一人垫后'的方式，保证视线不离开所押运的文物车辆。

（五）上架实施环节

上架工作人员根据临时张贴于柜架门上《文物柜列信息表各层上架表格》，按文物号的顺序进行上架、码放文物。

工人师傅上架方面，相关的列、柜、层位信息，由库房保管员指导进行。每拆一箱文物，保管员都需要进行登记，将箱内装箱单和库房账目明细号对应，核对无误后，需要画勾。这样，每日工作量，每天工作量一目了然，便于统计。

在完成了对库房的上述布局规划与排列方法后，接下来，还要考虑到实施环节里的注意事项。我们预先制定了文物安全操作规范：如：入库登记环节、上架码放环节的流程、用传递文物的流程[②]。

诚如上言，库房保管人员还应确保上架文物准确、文物号等信息准确，并规范记录文物在库房的位置。

## 三、仓储式展览模式的探索应用

根据展览设计与文物排架落实后的情况，便可以进一步安排展览内容的参观顺序，以及对开展前，环境布置的工作。

（一）仓储式展览的适用场景

为了向参观者传达展览某一特定的历史信息，仓储式展览的场地选择多样。它可以是某一展厅或某几个展厅；也可以是某一建筑内的展厅；还可以是一个开放性的展览空间。

首先，场地大小及环境，决定了展览的规模。博物馆的藏品保管员，可根据场地环境、排架的数量，选择适应在此展览的藏品。确定藏品之后，需要拟定展览大纲，展览大纲可分序言厅和几个部分组成。

其次,根据展览大纲上的内容,拣选藏品。挑选出最适合陈列的具有代表性、典型性的文物。在这项工作之前,还要思考藏品的内涵,通过展览要向观众传达什么样的文化、什么样的历史、什么样的思想,甚至通过此次展览,对今后有哪些意义或启示。这些问题,库房保管员都要预先考虑,并通过对自身所保管的藏品的了解,提出"建设性"的意见。

为何这么说呢?这是有一定根据的。因为,任何一类藏品的信息、样式、甚至细节,只有负责保管的库房保管员最有发言权。正所谓盖"专"则成"家",亦是如此。举个例子,就如本文所述的雕版藏品一样,日常的工作,可以让保管员积累丰富的经验及相关信息。

现如今,随着文物数据信息化的发展进程的加快,中国各大博物馆也在将自己馆藏的藏品进行文物数据信息采集。如拍摄文物影像图片、三维扫描、文物信息详细注录等工作。这对于丰富馆藏藏品具有特别重要的意义,同时对设计"仓储式展览"有很大帮助。以本文所述的"清文翻译全藏经"为例,第一,根据文物注录信息,对藏品进行相同类别及特点的描述,将藏品分类后,按相同的名称、工艺等进行布展。这种信息转化的方式,从某种程度而言,便是研究。第二,根据藏品体量的特点,可以将某一种名称相同的全部藏品,陈列在某一展厅区域,给观众视觉上的效果。并可根据分类,在展览设计展板中,制成细部描述的展板,对藏品说明牌进行内容概括。第三,根据"清文翻译全藏经"内容,布置场景,还可以结合 VR、3D 体验方式,模拟某一卷经卷的内容故事,使观众现场互动。

由上所述,仓储式展览的场地一定是较常规展览面积大的展厅。那么每章节单元展览参观结束后,最好可以设置一些休息设施,如座椅等,方便观众短暂的停留。

通过这种展示方式,观众按序参观完毕,对本次主题的内容一定会留下深刻的印象。在最后展厅的环节,可设置一个展览脉络分析的图,实际内容即总结本次展览的藏品特点,可以图像+文字的形式呈现,帮助参观者回顾历史文化信息。

(二)仓储式展览的优缺点

任何一种事物都有它存在的必然性,同时,也有它的优点和缺点,这是由事物发展的客观规律决定的。仓储式展览的优点主要表现为:

第一、仓储式展览模式的启用,可以使馆藏大规模的、同一类别的藏品,同时亮相展出。给参观者"视觉冲击"的效果。

第二、仓储式展览的陈列布局,多以现代化陈列柜架为依据,使藏品在"新时代"有了新的安家之所,便于对藏品的保护。这种批量展览的方式,使各大博物馆长年存放于地下库房的"宝贝"们,有了与公众集体见面的机会。

第三、仓储式展览的种类一般为某一类器物或藏品,从历史脉络或时间顺序上,有助于参观者全面了解该类藏品。同时,也有助于库房保管员对藏品的深入研究。

对于这种新模式的展览方式,仓储式展览的缺点主要表现为:

第一、仓储式展览由于需要将某一类文物全部进行陈列,因此不便于库房保管员对的藏品随时提取。若想提取藏品,为避免影响参观,必须在展览关闭或是闭馆后进行。

第二、仓储式展览陈列信息量较大,会给观众带来视觉张力和空间压力。

第三、仓储式展览基本上可以说是为某类文物量身定制的场地,那么不便于换展为其他藏品。其模式为藏品放入后,几年或是几十年,藏品位置不发生变化。类似于库房管理的模式,也可以称之为"开放式的藏品库房。"

由上所言,仓储式展览模式的应用,还需各大博物馆长时间不断探索。那么就需要针对观众做好对展览的价值评估与调研问卷,对展览开展具体分析。

(三)仓储式展览模式的发展方向

前文已述,仓储式展览的实现,从某种意义上来看,对展览的地点、藏品放置环境的要求比较高。例如,该展览若是选定在古代建筑中陈列,要考虑到天气环境对开放展厅的影响。就如故宫已开的家具仓储式展览,并不是全年 365 天,天天开放。在不开放的时间中,维护场地的人员、库房保管人员等其它相关人员,都会对展览设备进行检查并维护。

诚如上言,这种展览取得的效果有其明显的对藏品全面的、直观的优势。但是,也有需要改进的地方。

首先,在策展、布展时,一定要考虑控制好参观节奏,用合理的展览设计,以缓冲视觉张力给观众带来的疲劳。

其次,要考虑到日后对藏品的维护、提用,如何使展览与维护进行有机的结合。例如,可以在布展前,设计一间维护藏品的空间,就如"故宫文物医院"开放式的修复参观模式,即参观者不打扰文物工作者工作的同时,在外面观看修复师们的工作。仓储式展览既然有场地大的优势,在展览设计之初,可稍做调整,分割好工作区和参观区。从某种程度而言,保管员对藏品的维护过程,也可作为参观方式,让观众近距离了解文物工作。

最后,仓储式展览犹如某一类藏品的"独立展览馆"。全部参观完毕,想必会花一些时间,那么,博物馆的后勤保障要规划合理。例如,可以在展览结束后设计独立的休息区、餐饮区、图书区、文创区、互动区、模拟答题等等,使观众可以"活学活用",发挥博物馆的教育功能,提高文化自信。

### 四、结语

综上所述,"仓储式展览"可根据展览地点、面积等进行设计。展览的空间是先决条件。有了场地的选取后,再因场地来选择适合在此展览的藏品,最后,合理规划空间内的布局,填充藏品的历史文化信息,确定藏品码放的方案及样式,保证文物安全的前提下,制定参观路线。但也得谨记,并非所有的藏品都适合"仓储式展览",不要为了"仓储式展览"而设计展览。对藏品的有效保护,合理利用,才是正确的典守藏品之路。

故宫博物院以"清文翻译全藏经"仓储式展览搬迁计划的工作方案,为全国博物馆开展"仓储式展览"搬迁实施方案提供了样例和示范。"仓储式展览"的这种方式,使沉睡在库房的文物可以与观众见面。与此同时,古建筑也得到了更好的修缮与利用,所展出的雕版藏品,得到了更好的保护、整理、展示,使雕版刊刻这项古代手工业技艺,在研究领域发挥应有的作用。

家具馆"仓储式展览"与雕版馆"仓储式展览"的开放,让故宫走在了全国各大博物馆展览模式的前列,引领新时代博物馆展览、陈列工作的前进方向。在保证文物安全的必要前提下,为广大研究者、参观者们提供了一场视觉饕餮,想必,在"清文翻译全藏经"仓储式展览正式开展之时,定会获得学界学人的好评与赞誉。

注释:
①详见国际在线:《故宫明清家具首次"仓储式展览"》https://baijiahao.baidu.com/s?id=161203616446 7955838&wfr=spider&for=pc
②拿双手捧持拿取文物——递将文物交给第二人时双手传递,交接时口中念"撒手了"等语,以防接物人走神——放接过文物的上架人员,双手捧持文物,将文物轻放于柜架层位之中,确保文物安全。

(作者单位:故宫博物院图书馆)

# "触摸"常博主题课程的建构与实施
## ——以常州博物馆与常州市怀德苑幼儿园园馆共建课程为例

◇ 刘　蓓　徐　静

**内容提要**："触摸"常博主题课程是常州博物馆与常州市怀德苑幼儿园的共建课程,它围绕一个主题进行深挖和拓展,充分利用常博资源,支持幼儿体验探索,通过主题实践,打开幼儿的学习通道,让幼儿在其中获取完整的经验。幼儿园通过创设"触摸环境"、经历"主题"探索、鼓励"收藏"兴趣、开展"触摸"寻访,构建了"触摸"常博主题课程体系。

**关键词**:园馆共建 幼儿教育 博物馆主题课程

早在 20 世纪初期,国外已有研究者对如何在博物馆开展教育进行实践与研究。近年来,随着馆校合作的覆盖面不断扩大,场馆的教育质量也在不断提高,但是,馆校合作的主要受众还是以小学生为主,博物馆和幼儿园的共建涉及较少。随着《中国儿童博物馆教育实践指南（2021 版）》出台,园馆合作共建受到越来越多的重视,如何在园馆共建中引入课程体系?解决园馆共建活动零散、缺乏系统性、没有充分考虑园所和幼儿需求的问题。

"触摸"常博主题课程是幼儿园将博物馆资源转换成适合幼儿体验探究的主题课程,遵循了赫尔巴特的集中和相关的原则,围绕一个主题深挖和拓展,大胆的猜测与质疑,在寻访和求证中主动建构对世界的认知,该课程穿梭于园所和博物馆之间,贯穿于幼儿的一日生活,渗透于幼儿教育的各个领域,是幼儿自主、自由、分享、创造的探索之旅。

## 一、"触摸"常博主题课程理念

以《3-6 岁幼儿学习与发展指南》和《幼儿园教育指导纲要》精神为指导,重视游戏对于幼儿发展的独特价值,遵循幼儿身心发展的规律和学习特点,立足于幼儿个性发展,自我表征。

（一）教育观:促进幼儿自主学习,引导幼儿个性发展

《幼儿园教育指导纲要》中指出幼儿园教育应该充分尊重幼儿作为学习主体的经验和体验。发挥幼儿的主体作用,培养幼儿自主学习,个性发展,是"触摸"常博主题课程教育观的核心。幼儿的学习方式和发展速度存在差异,因此他们在不同发展领域和不同的学习中的表现也存在明显个体差异,在课程的实施过程中,为幼儿的主动学习能力发展提供有效的支持,才能促发幼儿的个性发展。

(二)儿童观:培养具有广泛关注、深入观察、静心欣赏、乐享共享、积极探究学习品质的幼儿

《3-6岁儿童学习与发展指南》中特别提出重视幼儿的学习品质。"触摸"常博主题课程引用了南京师范大学虞永平教授的"博物意识"理论,帮助幼儿逐步养成"广泛关注、深入观察、静心欣赏、乐享共享、积极探究"的学习品质。

通过对事物广泛多样的关注,能拓宽幼儿的视野,通过多元认知、体验和探究感知主题世界。深入观察意味着幼儿对博物馆藏品和现实生活联系的关注,通过观察、记录、分享引发深度的学习。在静心欣赏的学习品质引领下,为幼儿提供专注学习的环境,让幼儿在自主成长的空间,一心一意。乐享共享,体现在主题中游戏互玩和主题经验的分享上,是幼儿人际交往和分享互学的品质体现。积极探究,是尊重幼儿的学习方式和学习特点,为幼儿创设"触摸"环境,尽可能支持和满足幼儿的探究需求,引导幼儿在直接感知、实际操作和亲身体验中获得经验。

**二、"触摸"常博主题课程的建构**

(一)"触摸"常博主题课程的结构框架

"触摸"常博主题课程的结构由"触摸、常博、主题课程"三个部分构成。"触摸"是指感受、体验、探究,是幼儿浸入主题自主探究,丰富体验,获得感悟的过程,体现了幼儿在课程中知识建构的基本路径。

"常博"是常州博物馆的简称,泛指常州博物馆的各种资源。

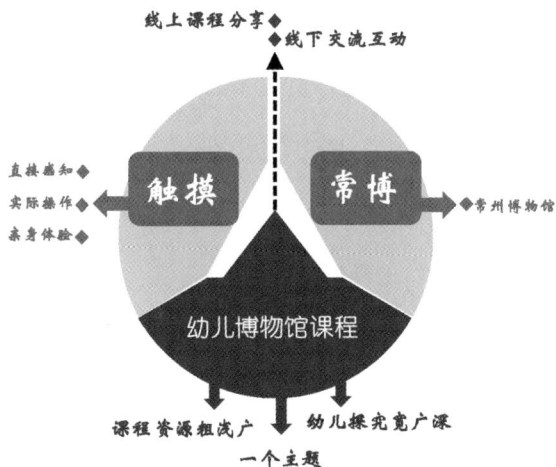

图一 "触摸"常博主题课程结构框架图

"主题课程"是遵循赫尔巴特的集中和相关原则,根据幼儿的已有经验和兴趣点,围绕一个主题进行深挖和拓展的课程。体现了在主题背景下课程资源的粗浅广,幼儿探究的宽广深。

(二)"触摸"常博主题课程的目标定位

"触摸"常博主题课程将总目标定位为在课程的实施中激发幼儿自主学习品质,不断提高教师课程开发和实践的能力。

1.培养个性自主的现代幼儿:以博物馆资源为载体,在课程体验中,形成广泛关注、深入观察、积极探究、乐享分享、静心欣赏的自主学习品质;用自己的发现、创造和表征展现每一个独特的自我。

2.建构自主生长的课程活动:对博物馆的资源进行甄别,选择适合的内容开展课程活动,培养教师的课程开发和实践能力。

3.培育同生共长的园馆文化:优化园馆合作方式,建立新型的师幼、家园、园馆成长共同体。

(三)"触摸"常博主题课程的实施途径

1.创造"触摸"环境,打造幼儿"自主生长"的趣乐园

园所位于市中心,环境空间较小。因此,我们计划重新规划园所空间,创造"触摸"博物主题环境,最大化提高空间利用率,支持幼儿对一个博物主题深入地观察、发现。

"一园一博览——触摸式的园博馆":将幼儿视角下的博物馆进行体验化设计,将活动专用室、走廊等打造成博物馆的延展空间。孩子们对常博"神奇的自然 美丽的家园——自然资源陈列"很感兴趣。于是,园所创设了一条"触摸"自然的公共体验长廊,提供包括放大镜、带颜色的塑料纸、记录本、尺子等在内的各种观察工具;引导幼儿在饭后散步和户外游戏时收集各种自然物,种子、树叶、花瓣、羽毛、树皮等,设计了许多和自然物互动的小游戏,如:扎染,树叶拼画,沙盆故事屋子,甲虫游戏棋等,让幼儿在直接感知、实际操作和亲身体验中亲近大自然。

"一班一场馆——主题式的班级馆":每个班级都能创设成博物主题体验馆,这是平民化、生活化、

儿童化的博物体验馆样本,幼儿和教师一同设计与主题相关的情景环境,营造主题氛围,制作班馆公约和游览图,便于幼儿在这里观察、探索、体验。

"一区一畅玩——开放式的体验馆":班级的每个区域都是一个小小乐园,通过环境留白,给幼儿提供一方探求的世界。自制游戏公约,给幼儿的自主留白;丰富操作材料,给幼儿的选择留白;提供立体陈列,给幼儿作品展示留白。这样的留白环境支持幼儿静心慢慢体验、创作想象,让幼儿更兴趣盎然的专注于区域中的探索。

"一家一微展——个性化的微展馆":在课程实践的过程中,我们会鼓励幼儿根据自己的兴趣爱好,将自己在主题实施过程中产生的兴趣点放大,在班馆的区域中开辟"我的微展馆"区域,根据"龙腾中吴——常州古代历史文化陈列"中马家浜文化出土的木桨、木橹、淹城独木舟设计了主题课程《寻船记》,幼儿在课程的进行中开展各种创作活动,"筷子舟,运河寻船路线图,船票集,动力小船,船的发展史故事书",这些微展的制作,让幼儿自发生成的愿望落地发芽,每个幼儿都表达了自己对船的独特理解和感受。

2.开展"时空"链接,构建幼儿"丰富经验"的多阵地

"触摸"常博主题课程冲破幼儿园围墙,打造多元化的学习场。它贯通历史、文化、生活、未来等多维时空,实现真实世界与虚拟世界的链接,园所和博物馆的联动,在古代、现代与未来之间构架桥梁。

(1)线上线下,实现真实世界与虚拟世界的时间链接。

①链接云展览。园所官网链接博物馆线上资源,通过云观展、云课堂、云直播……云游博物馆,让幼儿足不出户就可以游览博物馆。线上线下展览观摩可以达到相互印证,融会贯通的效果。

②尝试云直播。为了让博物展览更符合幼儿的年龄特点,开展亲子云主播,说说藏品的故事,设计藏品游戏,让受众家庭线上线下互动。

(2)园内园外,实现幼儿园与博物馆的空间联动。

①从馆到园,甄选"适合"的博物馆资源,开发园内的博物大主题。

我们思考从"适合"这个关键词入手,对常州博物馆的资源进行甄选。首先是"适合幼儿",藏品资源是否适合幼儿的年龄特点,是否与幼儿的生活接近,其次是"适合主题",藏品资源与幼儿感兴趣的主题是否契合,三是"适合改造",与幼儿生活有距离的藏品资源能否通过一些媒介让幼儿读懂它,让它为课程所用。

开展全园性的探究,将每一个主题从不同年龄层进行分解,体现循序渐进的逻辑关系。充分利用走廊和专用室空间,呈现不同年龄段幼儿同一主题下的多元学习内容,多年龄、多维度的立体呈现使幼儿的探究向宽度、广度和深度发展。

②从园到馆,招募区域小导游,为博物馆"导游"积累经验。

通过每日公共长廊区域游戏,引导幼儿轮流做长廊小导游,为前来参加混班游戏的幼儿做介绍等服务,积累一定的导游经验。每学期,招募小导游在博物馆展厅开展活动,招募小主播做现场直播,让幼儿联系自己在区域游戏中的导游经验,向其他参与的幼儿讲解博物馆的藏品故事等。

3.经历"主题"探索,架构幼儿"品味成长"的对话框

"触摸"常博主题课程打开了幼儿游戏的通道,实施过程包含五个流程:思——构思,确立主题、探——探索,建构学习、寻——寻访,参观体验、享——分享,互玩共享、品——评品,评量收纳。

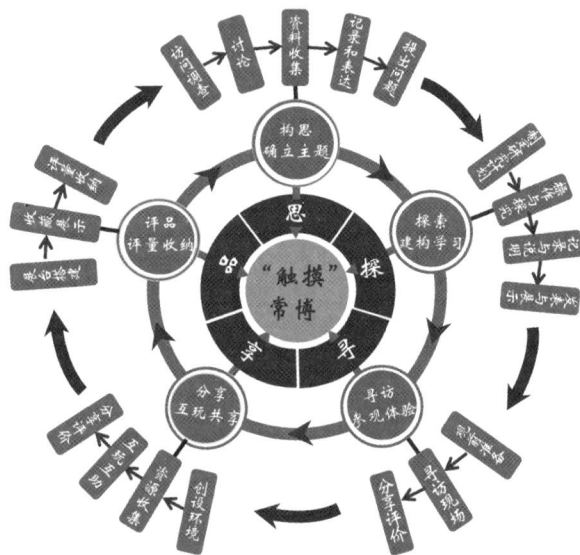

图二 "触摸"常博主题课程流程图

流程一:思——构思,确立主题。"思"构思,是每一个主题活动的起始阶段,在主题开始之前先要考虑幼儿的年龄特点、本阶段根据幼儿的兴趣点和博物馆可利用的资源、环境,在调查的基础上充分讨论、收集资料、提出问题、进行统计、确定主题。在这一过程中建立对主题的认知经验,形成探索的欲望,从而为博物主题活动的开展奠定认知基础。

流程二:探——探索,建构学习。"探"探索,建构学习,是主题实施的第二阶段,在完成了讨论确立主题、资料整理收集以后,师幼对即将开展的主题活动已建立初步的认知,而这一阶段则是在认知的基础上,通过创设班级"触摸"环境,开展教育活动,生成自主探究,幼儿主动学习并积极尝试解决问题的过程。

流程三:寻——寻访,参观体验是指幼儿到博物馆进行参访、探究、体验,是主题中重要的一部分。

在寻访之前,教师、家长、幼儿要做大量的前期工作:

(1)教师怎么做:踩点在先。联系博物馆共建联络人,合理安排课程路线、课程内容、交通方式,杜绝安全隐患。寻找幼儿共同的关注点作为主题来预设寻访活动内容, 在集中研讨中完善活动内容,成为链接课程内容和博物馆资源的关键手段。

(2)家长怎么做:首先家长通过园所定期开展的博物教育专题讲座和各种活动展示,了解"触摸"常博主题课程,明确参观要求,亲子策划参观路线和选择参观内容,主动参与到课程进程中来。

(3)幼儿怎么做:讨论参观须知,自主设计寻访指南。

其次是博物馆现场活动:

博物馆现场活动目的在于让幼儿去看、去做、去听、去玩,去感受博物馆藏品和生活的联系。我们通过"破冰时间——穿越时间——触摸时间——分享时间"使之形成完整的经验链。以参观常博鸡年生肖展为例。

2017 年是鸡年,绘本《中华故事十二生肖》中生肖鸡的故事尤其吸引幼儿,为此,大班开展了以生肖鸡为主题的博物馆现场活动。

①破冰时间:教师通过"天鸡破晓、鸡鸣五德、雄鸡百变、神鸡吉祥"四个单元从传说、文化、艺术、民俗等视角让幼儿感受生肖鸡文德、武德、仁德、勇德、信德的品格故事,让幼儿对生肖鸡有一定的感性经验,通过多种手段,让孩子和博物馆资源之间架起联系的桥梁。

②穿越时间: 在幼儿具备了一定的前期经验后,引导家长带着幼儿到博物馆参观,大家参观了 20 多家文博机构联合举办有关"鸡"主题的图片展,400 余件鸡、凤、神鸟题材的文物和民俗作品,通过集体活动和亲子互动的交替进行让幼儿感受中华民俗和世界文化的碰撞。幼儿文明欣赏、细心观察、爱国爱家乡的价值认同也将在此悄然发生。

③触摸时间:鼓励"感官"体验,触发幼儿"全面体验"的兴趣点。

看:常博鸡年生肖展,是幼儿参观的主要资源,在这一过程中,幼儿更全面、系统地了解鸡文化的演变过程,他们在非正式情境学习中获得更全面的经验。

听:首先是集体听,由常博的讲解员对展品进行了详细的系统介绍,然后是个别听,由家长和幼儿组成小组参观团,家长对幼儿特别感兴趣的展品详细了解,集体和个别的参观,让幼儿获得系统经验的同时也让他们对自己的兴趣点获得更丰富的信息。

说:参观完后,大家来到常博的活动室,孩子和家长自由分享参观时的看法,生肖鸡和报时鸟的故事,鸡、凤的区别,世界其他地方又有什么神话中的奇异之鸟……这些主题的分享和讨论,让幼儿获得经验的内化和延伸。

玩:最后,教师将博物馆的"生肖鸡"参观经验和展品设计成趣味十足的游戏,将博物知识趣味化,例如"鸡鸣游戏",根据公鸡鸣叫报时的特点,教师引导幼儿设计自己的一日生活流程图,教师举早上 7:00 的时钟牌,引导幼儿说喔喔喔,起床啦,8:00 喔喔喔,上幼儿园……以此类推,进行分组竞赛活动。

④分享时间:幼儿通过"鸡"主题的绘画、摄影、小报作品, 分享了自己对这次活动的理解和感受,

各个家庭零散经验的分享正是构建幼儿完整主题经验的过程。

流程四:享——分享,互玩共享。"享"分享,互动共享,每间教室都是一个博物主题体验馆,幼儿可以自由选择和体验不同的主题游戏。参观完博物馆后,幼儿会有更丰富的主题经验,我们鼓励根据自己的兴趣爱好,放大在主题实施过程中产生的某一个兴趣点,在园所、班级中开辟"我的微展馆"区域,幼儿可以去不断丰富自己的藏品,让每个幼儿都能在其中表达自己对事物独特的理解和感受。

通过"探索藏品的玩法、搭建藏品展台、扩展藏品认识"等活动支持幼儿在收藏活动中感受、体验,让收藏行为充满生命的活力,让幼儿成为主动探究藏品丰富文化内涵的真正"收藏家"。这既是幼儿对"触摸"常博主题课程的回顾和总结,也是将这种经历转化为经验,并带到日常生活中的一种方式。

互玩与共享环节,幼儿行走在各个不同的体验馆之间,在不同主题情境中参访体验、探究学习、丰富经验,增进伙伴间的交流与合作,提升社会交往和乐享共享的品质。

流程五:品——评品,评量收纳。"品"评品,评量收纳,这是基于对幼儿真实学习过程的记录、作品收纳和展台搭建、微展展示等有价值信息的过程。幼儿、教师及家长共同开展学习与发展评量,为新一轮的主题学习提供支持和服务。同时把有价值的环境材料和操作材料以及数字化资料存放在信息资源库,实现资源共享。

三、结语

园馆共建课程"触摸"常博,以"推广、辐射、分享、展示"为目标,它充分利用常州博物馆的历史文化、自然陈列资源,发挥常博的实物、数字、空间资源优势,重点计划打造五个流程的完整课程模式,通过"思——探——寻——享——品"五个步骤,使之形成完整的体验链,让幼儿在师生、亲子、生生互动中直面真实的文物。在课程的实施中,"让文物活起来",它们被幼儿感知,探究,并联系到生活。

"触摸"常博主题课程关注幼儿学习与发展的整体性,促进了幼儿身心全面协调发展,注重培养幼儿的学习品质,是集趣味性、适宜性和创新性于一体的博物馆教育课程。在课程的建设中,教师和博物馆工作者的教育经验互相融通,无论是课程建设的种类、形式,还是效果,影响范围都比独立活动更为丰富和深远。

**参考文献:**

1.教育部基础教育司组织编写:《幼儿园教育指导纲要(试行)》,江苏教育出版社,2002年,第253页。

2.幸福新童年编写组:《〈3-6岁儿童学习与发展指南〉解读》,旅游教育出版社,2012年。

3.中华人民共和国教育部:《3-6岁儿童学习与发展指南》,首都师范大学出版社,2012年。

4.王昊涵:《让博物教育走进幼儿园视野——访南京师范大学教授虞永平》,《福建教育》2017年第51期,第12-13页。

5.虞永平:《儿童博物馆与幼儿园课程》,《幼儿教育》2010年第10期。

(作者单位:常州市怀德苑幼儿园)

# 创新模式打造自然科普教育新亮点
## ——以常州少儿自然博物馆科普教育为例

◇ 韦 曙

**内容提要**：目前国内一些地方综合性博物馆中，由于自然类学科筹建较晚，再加上人员配置不足、经费短缺等原因，自然类学科相对人文类学科明显处于弱势的地位。如何在新的历史条件下改变现状，拓展思路，不断打造自然科普教育的新亮点，更好地为公众服务，这是综合性博物馆从业人员必须面对和思考的问题。笔者结合自身的工作经历，从有目的地征集标本、打造有特色的科普临展、创意设计夏令营活动、积极开展馆际交流、组织流动展览进校园活动等方面谈了具体做法和体会。

**关键词**：征集标本 特色科普展 馆际交流 夏令营活动 流动展览

2015年3月施行的《博物馆条例》在第一章"总则"中明确指出："本条例所称博物馆，是指以教育、研究和欣赏为目的的，收藏、保护并向公众展示人类活动和自然环境的见证物，经登记管理机关依法登记的非营利组织。"①《条例》将博物馆的教育功能放到了首位，特别强调了博物馆在教育方面的重要性。这为今后博物馆重点工作明确了目标。

我国现有的博物馆按收藏分类可分为综合博物馆、考古博物馆、艺术博物馆、历史博物馆、民族博物馆等。其中以综合性博物馆和历史类博物馆两类为主，占比分别为36.28%和35.27%②。综合博物馆因其丰富的藏品种类在科普教育中有着独特的优势，尤其是自然标本类的藏品更是在自然科普教育中有着不可或缺的作用。然而在目前多数的公办地方综合性博物馆中，自然类学科相较于人文类学科普遍处于次要或弱势的地位，究其原因有多方

面，如有的是因为起步较晚，专业人员配备不足；有的是征集经费短缺，新征自然藏品困难，还有的因领导认识局限，众多资源向人文类学科倾斜等。如何在新的历史条件下改变现状，开拓思路，充分利用自身的"综合"优势策划并推出富有特色的自然科普展览，不断打造自然科普教育的新亮点，更好地为公众服务，是综合博物馆自然科普工作人员的重要目标。下面笔者结合实际工作经历就常州少儿自然博物馆科普教育工作发展谈一点具体做法。

**一、常州少儿自然博物馆简介**

常州少儿自然博物馆是常州博物馆的"馆中馆"，成立于1995年，1997年被常州市委宣传部、市科协列为"市科普基地"，1998年又被首批列为"江苏省科普教育基地"及"江苏省科技示范基地"，同时也是江苏省唯一的一家少儿自然博物馆。经过几十年的艰苦积累，目前少儿自然博物馆已拥有各

类自然标本藏品5000余种、10000余件。重点打造常设展览"神奇的自然 美丽的家园——自然资源陈列"因展览形式生动活泼、内容深入浅出、展示手段先进，自2007年推出以来深受广大观众特别是青少年的欢迎，并于2009年荣获第八届全国博物馆十大陈列展览精品评选"最佳创意奖"。

**二、常州少儿自然博物馆科普教育工作**

为了更好地服务大众，打造自然科普教育新亮点，近十年来馆领导和专业人员集思广益，团结协作，将标本征集、业务研究与举办展览相结合，成功推出了一系列公众喜闻乐见的专题性科普展，及多个配套性科普教育活动，一些原创性的科普临展在本馆展出取得成功后又积极赴省内外多家博物馆和学校社区巡回展出，不仅提升了常州少儿自然博物馆的社会知名度，同时还取得了一定的经济效益，为博物馆的发展起到积极的作用。

1.有目的地征集标本以丰厚自然科普展的物质基础

自然标本是自然博物馆一切业务工作的物质基础，博物馆的研究、展示传播、科普教育工作都有赖于馆藏自然标本③。常州少儿自然博物馆因成立较晚，藏品基础薄弱。为了丰富馆藏标本，多年来专业人员一方面结合地区性自然资源考察活动，不断采集本地常见的生物标本。另一方面利用有限的征集经费，有的放矢、由粗及精、循序渐进地征集各类自然标本。标本征集突出"三优先"原则，即物种珍稀者优先，品貌俱佳者优先，可供展出者优先。为了以最适的价格征集最优的标本，业务人员平时关注市场信息，及时了解标本的价格行情，同时注重知识的积累，向书本学习，更向有经验的同行学习，以确保征集的标本是真品和精品。经过十余年的不懈努力，我馆的自然标本不仅在数量上有了明显增加，在标本的精品化和系列化方面也初具规模，不仅有华南虎、朱鹮、金丝猴等珍稀标本，同时基本形成了昆虫、贝类、现代鸟兽、地方性中草药和岩石矿物等系列的特色收藏。这些标本为不断策划和推出专题性科普临展提供了必要的物质保证。

2.创新思路不断推出富有特色的自然科普临展

临时展览是常设展览不可或缺的有益补充。通过举办各类临展，使公众接受新的科技文化信息，从而达到普及科学知识、传播科学方法和弘扬科学思想的目的。临展在实现科普教育职能，提升全民科学素养中发挥出越来越重要的作用④。自2009年以来，为了满足公众修学求知、休闲娱乐的需求，策展人员利用馆藏的自然标本，开展学术研究和社会调研工作，从观众的需求出发精心策划有特色、接地气的专题性科普展，如："舞动的天使——世界精品蝴蝶展""天高任鸟飞——世界奇鸟类展""小贝壳 大世界——中外珍奇海贝展""虫虫世界——常州博物馆藏精品昆虫展""腾飞之龙——从龙到鸟的演化之旅"等。这些展览的成功举办，提升了博物馆的吸引力，让社会公众特别是青少年学生了解博

图一 "蝶舞翩跹——名蝶精粹与蝶文化展"赴扬州博物馆展出

图二 蝶文化相关现代工艺品

物馆,走进博物馆,从而使常州博物馆的社会知名度和影响力显著提高。不过单纯的自然科普展对观众实施的教育内容相对片面,近几年来,科普策展人员在展览的形式和内容上不断创新,充分利用综合性博物馆人文历史优势的特点,将传统文化引入科普展,丰富展览的内涵,扩充了展览的张力。比如在"舞动的天使——世界精品蝴蝶展"基础上,新策划了"蝶舞翩跹——名蝶精粹与蝶文化展",该展重新整合了蝴蝶展品,并增加咏蝶古诗、书画,非遗传承人以馆藏蝴蝶标本为元素创作金坛刻纸、常州梳篦,带有蝴蝶图案的剪纸、丝巾、折扇等现代工艺品等,展厅内循环播放小提琴协奏曲"梁祝"。整个展览,自然与人文知识相映成趣,视觉与听觉艺术水乳交融,令观众受益匪浅。

我们在利用自身藏品资源策划自然科普展之外,还积极从其他自然博物馆引进专业的科普展。如从台湾自然科学博馆引进"鸣虫特展"(2013年);从浙江自然博物馆引进"海洋瑰宝——珊瑚特展"(2014年),从北京自然博物馆引进"聪明的植物"(2022年)等。临展的引进,促进了展览资源的共享,丰富了本地观众的文化生活。

3.创意设计夏令营活动以拓展科普展内涵

除了举办内容丰富、形式多样的科普临展外,我们还配合展览推出主题鲜明、内容丰富的科普夏令营活动,提升青少年学习科普知识的兴趣。例如博物馆在举办"舞动的天使——世界精品蝴蝶展"期间,推出了"舞动的精灵"科技夏令营活动,该夏令营活动主要面向的是中小学生群体,根据他们的

爱好特点,我们针对性地设计了多个活动内容,如蝴蝶知识的科普讲座、野外蝴蝶的捕捉、蝴蝶标本的制作等。这些活动不仅提高了同学们的观察和动手能力,同时也激发了他们对自然科学的兴趣。在"天高任鸟飞——世界奇鸟类展"期间,专业人员策划推出"雏鸟展翅"特色夏令营活动。活动有鸟类知识讲座、观看《鸟类的迁徙》视频、动手制作鸟类标本、野外观鸟、鸟类绘画——画一画我心中最美的鸟、鸟类成语填空、鸟类猜谜等。通过夏令营活动向学生们普及鸟类知识,培养了他们的爱心,并增强了他们从小树立起保护生态环境,保护野生动物的责任性和使命感。

4.举办学术讲座,扩大自然科普教育受众范围

科普学术讲座为专家学者和社会公众提供了一个沟通交流和互动的机会,也扩大自然科普教育受众范围。例如我馆在举办"小贝壳 大世界——中外珍奇海贝展"期间,邀请国内知名的贝类专家何径先生来馆作"贝壳是生物"的科普讲座,讲座内容由浅及深,涵盖知识面广泛,涉及到海贝的种类、分类、采集、制作、保管等多个方面。讲座当天百余人的学术报告厅座无虚席,听众不仅有中小学生,还有许多贝类收藏爱好者。讲座结束后的交流互动更是热火朝天。所以学术讲座在扩大博物馆科普教育受众面上起着重要的作用。

5.加强馆际交流努力提升博物馆的社会知名度

鉴于自然科普临展在科普教育中的重要作用,近年来国内各类博物馆对引进各类科普展览需求与日俱增。所以常州博物馆抓住契机,将每年馆内的原

创性科普展推出后进行再加工，挑选适合巡展的展品进行再包装，然后推广至省内外其他博物馆巡回展出。目前我馆常年在外巡展的科普展主要有"小贝壳 大世界——中外珍奇海贝展""蝶舞翩跹——名蝶精粹与蝶文化展""邮票上的贝壳""虫虫世界——常州博物馆藏精品昆虫展"等五个，平均每年巡展6场次，足迹遍布江苏、上海、浙江、安徽、甘肃等省内外多个地区，受众人次达500万人次。

6.精心组织"流动展览进乡村校园"活动

流动展览是巡回展的简化形式，也是博物馆延伸社会教育功能的有效手段。它以主题展览为基本单位，将博物馆展览资源微缩化，把博物馆办展的范围从馆内拓展到馆外，从城市扩展到农村。通过服务意识的转变，以实现博物馆服务模式的创新。

常州博物馆积极推进"流动展览进乡村校园"活动。先后策划"常州地区自然资源展""可触摸的博物馆——神奇的海贝"等流动展，赴金坛、溧阳两辖市，及新北区、武进区多所乡村学校展出。其中"常州地区自然资源展"以20块精彩的图文版面和20种富有代表性的动植物标本，形象生动地介绍了常州地区自然资源展概况。这对于孩子们进行乡土科普教育，增进家乡生态环保意识，培养他们热爱祖国、建设家乡的热情具有特别的意义。"可触摸的博物馆——神奇的海贝"流动展一改以往博物馆

展品可看不能动的状况，让广大学生通过触摸一件件标本以切身感受海贝的神奇。

## 三、结语

进入新世纪以来，我国颁布了《中华人民共和国科学技术普及法》《全民科学素质行计划纲要》等一系列法律、法规，使科普教育的目的更加明确，即科学教育要为提高全民科学素质服务。博物馆特别是自然类博物馆、综合性博物馆，均承担着科学普及和国民素质提高的主要社会职能，所以在新的历史条件下，我们只有顺应形势，创新思维，不断打造科普教育的新亮点，才能吸引更多的人关注博物馆、亲近博物馆、走进博物馆。博物馆才能焕发出蓬勃的生机，为时代的发展、社会的进步做出更多的贡献。

**注释：**

①《博物馆条例》,中国法制出版社,2015年。
②资料来源：中国博物馆协会 前瞻产业研究院整理。
③陆建松:《论自然博物馆展览学术支撑体系》,《科学教育与博物馆》2021年第6期。
④张倩:《科技馆临展开发工作的思考和建议——以上海科技馆为例》,《文物鉴定与鉴赏》2019年第8期。

(作者单位:常州博物馆)

# 常州慈墅村遗址宋墓出土都城铜坊铭文镜的修复

◇ 李家金　肖　宇　张　华

**内容提要**：都城铜坊铭文镜为常州市慈墅村遗址宋墓出土，受埋藏环境的影响，产生了裂隙、锈蚀、变形等病害。在对这面铜镜进行便携式 X 射线荧光光谱分析、有害锈检测分析后，遵循金属文物保护修复原则，制定保护修复方案，对铜镜进行了清洗、整形、粘接、补配、打磨、缓蚀、封护、做旧等工作。此项工作保护了铜镜的历史、科学和艺术价值，也为常州地区青铜器保护修复提供了一定的参考。

**关键词**：宋墓　铜镜　修复　保护

　　慈墅村遗址位于江苏省常州市钟楼区永红街道宣塘村南部，南侧紧邻中吴大道，东侧临近白云南路。慈墅村遗址发现周代土墩墓 1 座，宋代至明代水井 9 座，六朝至清代墓葬 106 座。其中一座宋代墓葬（编号 2021CZCD1M9），随葬器物 9 件（组），包括瓷盒、陶罐、银钗、铜镜和铜钱等（图一、图二）。依据墓葬形制及随葬器物形态特征，墓葬年代为北宋早期。墓葬出土铜镜（编号 2021CZCD1M9:3）为都城铜坊铭文镜，较为珍贵，具有较高历史价值，但出土时已有明显裂隙，并产生表面锈蚀、镜体变形等病害。现将该面铜镜保护修复的具体情况阐述如下。

## 一、铜镜概况

　　都城铜坊铭文镜呈圆形，窄素缘，小圆钮，较为轻薄，镜背铸有多处楷书铭文，字体率意，钮上方为"官"，钮右侧为"都城铜坊"，钮左侧为"匠人房惊"。直径 18.3 厘米，缘厚 0.2 厘米，镜面厚 0.1 厘米，重235 克。都城铜坊铭文镜主要流于五代时期，南唐

图一　慈墅村遗址宋墓（2021CZCD1M9）发掘情况

图二　都城铜坊铭文镜出土情况

割据政权为抑制铜荒,而垄断铜镜生产,铸造此类铜镜。北宋早期墓葬随葬的都城铜坊铭文镜,大多为前朝遗物。

　　这面都城铜坊铭文镜整体器形较为完整,局部锈蚀严重,从镜钮到镜缘有三条裂缝,其中一条几乎贯穿镜面。此外,受埋藏环境的影响,铜镜严重变形(图三—图五)。如不及时进行保护修复,文物病害会越来越严重,从而影响铜镜的长久保存、研究与展示。

　　**二、修复目标与原则**

　　对不同病害、不同破损的文物,需要具体问题具体分析,制定不同的保护修复方案,严格按照文物保护修复原则,在保护修复过程中,保证文物的真实性。将科学的保护方法与传统的修复技艺相结合,遵循"修旧如旧、保持原貌"的原则。工作程序、处理方法不改变文物本质,也不改变文物原貌,保护、延续文物的真实信息和多重价值,确保文物安全及增强文物抗锈蚀能力,且不影响以后的再次保护修复。

　　1.不改变文物原状原则

　　文物保护的实质,是保持文物的历史价值、艺术价值和科学价值。只有保留文物的本来面貌、历史风韵,才能保存其珍贵价值。保持文物原有的气韵色调,修旧如旧。修复(粘接、补配、做旧等)要有充分的依据,不能主观臆想,尊重原物。

　　2.最小干预原则

　　严格按照文物保护修复方案,保护原有外观,除对文物有害部分处理外,不扩大保护修复范围。

图三　都城铜坊铭文镜镜背(修复前)

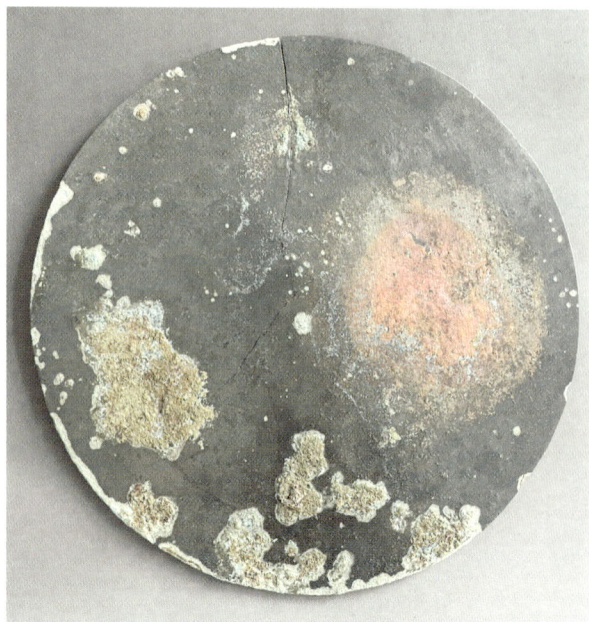

图四　都城铜坊铭文镜镜面(修复前)

图五　都城铜坊铭文镜变形情况(修复前)

修复范围越小,补配、补色的内容越少,对文物本体损害越小。遵循最小干预原则,一是修复前正确规划修复所涉及的范围,二是修复过程中的每一步都要控制在合理的范围内。

### 3.可逆性原则

对于修复过程中使用的材料,如加固剂、表面封护剂等,应注意其可再处理性和可逆性,以备材料老化或更好的材料出现后可以进行替换。

### 4.科学性和安全性原则

严格按照现有成熟工艺和材料的使用方法进行修复,在选用新材料和新方法时要事先经过充分论证,在确保文物安全的基础上再进行局部试验,局部试验良好,再开展常规使用。

### 5.不以唯美至上原则

文物修复不能一味追求所谓的漂亮而人为改变文物原貌,如铜镜的锈色,为了展现某些花纹而大量去除承载着出土信息的无害锈,在未找到稳妥全新的方法之前,要给后人的研究留下足够空间,不以唯美至上。

### 6.预防性保护原则

预防性保护是现今文物保护的重要理念。任何文物保护修复前都应尽可能进行详尽的观察、检测与分析,确保对文物全面了解之后才可以进行保护修复实践。经过修复的金属文物,并不意味其可以永远安全的收藏和展示,所以库房及展厅的环境控制就显得非常重要,预防性保护工作就是对文物所处环境进行洁净、稳定的调控,并随时监测环境数据。

## 三、取样分析与检测

为了了解文物成分及含量,并为修复提供参考,对都城铜坊铭文镜进行便携式X射线荧光光谱分析。分析检测结果为:

**表一 铜镜成分及含量(质量分数%)**

| Cu | Sn | Pb | Fe | Sb | Bi | Ag |
|---|---|---|---|---|---|---|
| 48.06 | 38.50 | 7.84 | 3.77 | 0.50 | 0.77 | 0.48 |

通过检测数据可知,都城铜坊铭文镜是铜锡铅三元合金,铜含量仅有48.06%,含锡量高达38.50%。这在铜镜铸造中属于高锡铜,使得铜镜整体硬度增加,同时脆性也随之增高,这也是铜镜出现裂隙的主要内因。

选取铜镜上的两处锈蚀部位,用手术刀取下少量铜锈。采用硝酸银滴定法检测有无碱式氯化铜(粉状锈),滴入适量的1:1浓度硝酸水溶液将样品进行酸化处理,轻轻震荡试管,让样品与硝酸充分溶解,在过滤后的溶液中,滴入1%的硝酸银溶液静置,无白色絮状物沉淀生成,说明该样品中,无氯离子存在,不存在有害锈。

## 四、保护修复过程

### 1.清洗

都城铜坊铭文镜表面有轻微土垢污浊覆盖,用毛笔蘸蒸馏水和无水乙醇反复清洗表面和断面,清洗完成后放入电热鼓风恒温箱,温度调至55℃,烘干15分钟,确保铜镜表面污染物处理干净,铭文清晰显露。

### 2.整形

都城铜坊铭文镜为铜锡铅合金,区别于陶瓷器,具有一定韧性,但脆性也高。局部已经严重弯曲,剖面呈波浪形、凹形,需要进行整形。

将都城铜坊铭文镜置于平面,用调温热风枪加热至600度左右,增强铜镜本体的柔韧性,再用U型夹,调整其已经变形的部位,确保调整的方向与角度,均匀用力(图六)。这一过程需仔细把握,否则用力过度,铜镜就有可能发生断裂、破损。调整完成后,待铜镜温度冷却下来,再观察铜镜变形部位有没有完全平整。如果没有,再重复上述操作。整形过程需要重复多次甚至几十次,才能达到理想效果(图七)。

图六 都城铜坊铭文镜整形

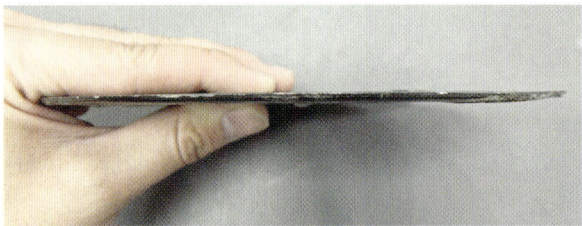

图七　都城铜坊铭文镜整形后情况

**3.粘接、补配**

都城铜坊铭文镜裂缝很细,开裂部位的粘接和补配使用环氧树脂和氰基丙烯酸酯胶,在补配过程中要注意不扩大保护修复范围,遵循最小干预性原则,用削尖的竹签粘上环氧树脂一点点填补进铜镜裂缝之中(图八),溢出的环氧树脂用丙酮擦拭掉。

图八　都城铜坊铭文镜补配

**4.打磨**

铜镜修复过程中,打磨环节至关重要,打磨稍有不平整,做旧时上色就会显得突兀。在都城铜坊铭文镜粘接、补配部位用1500目砂纸打磨至基本光滑,再用5000目或7000目砂纸细细抛光,直至手指触摸无凹凸感。

**5.缓蚀、封护**

都城铜坊铭文镜修复补配完成后,先进行缓蚀处理,用2%苯并三氮唑(BTA)-乙醇溶液浸泡。再用3%至5%的B72-丙酮溶液对器物表面涂刷封护,可以阻止空气中有害物质对铜镜本体的侵蚀。涂覆采用涂刷方式,通体均匀浸润,需要重复刷涂三遍,再静置晾干。需要注意的是,每次选择相互垂直的方向涂刷,避免或减少眩光的产生。

**6.做旧**

都城铜坊铭文镜带有黑漆古锈色,想要做出黑漆古的锈层效果很难,仅用传统技法和矿物质颜料做旧难以达到理想效果。先按照原器物固有颜色和锈层,用传统技法,使用虫胶、矿物颜料等材料,采用喷、涂、弹、点等技法进行着色做旧处理,做出各种层次的锈色,使之与原器物和谐统一。黑漆古的锈色就要用色漆混合稀释剂,用喷、涂、弹、点等技法进行着色做旧处理。与传统技法不同的是,不能一层层上色,而是要一次性做完。最后,再给镜背罩光达到修旧如旧的效果,与铜镜原有的颜色、光泽近似,再现文物古朴的色调与风貌(图九、图十)。

图九　都城铜坊铭文镜镜背(修复后)

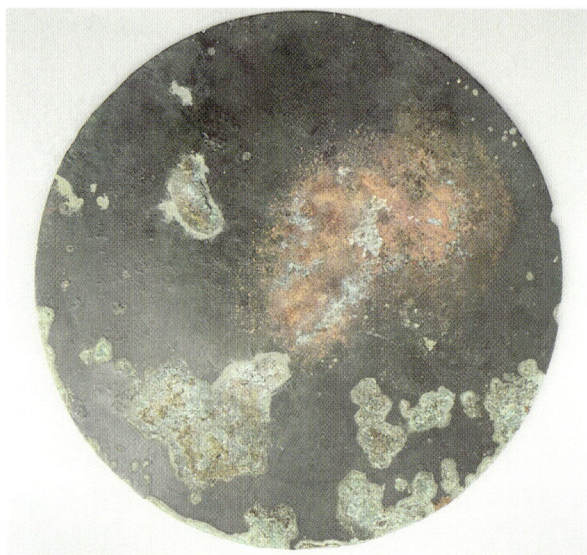

图十　都城铜坊铭文镜镜面(修复后)

**7.档案记录**

在修复前,对都城铜坊铭文镜进行拍照,记录器物保存现状及相关数据。在修复过程中,也应做好修复流程记录,包括修复材料、操作步骤、修复位置等信息。待修复完成后,对文字记录和影像资料进行整理、登记,形成完整修复档案。

**五、结语**

文物修复是一项复杂的系统工作,涉及科学分析和技术处理等多个维度。由于文物材料种类繁多并且埋藏环境、出土状况各异,文物自身保存情况也千差万别。在对文物进行修复时,针对不同文物、不同病害要制定相应的修复方案,对症下药。保护修复后的都城铜坊铭文镜,器形完整,铭文清晰,锈色古朴。本次保护修复实践,不但恢复了出土铜镜的风貌,而且对出土文物保护、文化遗产利用和展示起到了积极作用。

**参考文献:**

1.陈章龙:《宋代铜镜分期初探》,载山东大学东方考古研究中心编:《东方考古(第 8 集)》,科学出版社,2011 年。

2.杨夏薇:《宋代铜镜纹饰研究》,南京艺术学院博士学位论文,2021 年。

3.杜金鹏:《实验室考古入门》,中国社会科学出版社,2021 年。

4.王振江:《唐代金银平脱铜镜的修复》,《考古》1987 年第 12 期。

5.李新春、杨倩:《古铜镜的修复与保护》,《中国文物科学研究》2007 年第 4 期。

6.杜晓俊、刘彦琪、朱丽彬等:《广西桂平市博物馆藏宋代双凤纹铜镜的修复研究》,载浙江省博物馆编:《东方博物 (第五十九辑)》,浙江大学出版社,2016 年。

7.马立治:《铜镜修复解析与思考》,《中国国家博物馆馆刊》2020 年第 6 期。

8.周亦超:《云浮市博物馆藏宋代"长命富贵"铜镜的保护与修复》,《客家文博》2021 年第 2 期。

9.莫泽:《一面战国铜镜的保护修复》,载湖南省博物馆编:《湖南省博物馆馆刊(第十辑)》,岳麓书社,2013 年。

10.李彦平:《浅谈中国古代铜镜的保护与修复》,载中国文物学会文物修复专业委员会编:《文物修复研究》,中国文联出版社,2016 年。

11.贾晓燕、董少华、相建凯等:《西安博物院唐代双鸾衔绶镜分析检查及其保护修复》,《文博》2016 第 2 期。

(作者单位:常州市考古研究所)

# 南京明故宫遗址现状及其保护措施的思考

◇ 夏　慧　王南南

**内容提要**:南京明故宫是明初国家的政治核心和权利象征,它的设计与建造堪称遵循礼制秩序的典范,其建筑形制完全为北京故宫所继承,是北京故宫的建造蓝本。笔者通过对南京明故宫现存遗址遗迹的考察调研,详细论述其现状与存在的问题,并就其保护与展示提出相关建议。

**关键词**:南京明故宫遗址　现状　保护建议

南京,作为历史文化名城,素以"六朝古都""十朝都会"闻名于世,有着近两千五百年的建城史和约四百五十年的建都史,留有六朝、南唐、明朝、近代等丰富的历史遗迹。不过,南京第一次成为拥有全国版图的大一统封建帝国的都城是在明代。明代南京城是明太祖朱元璋举全天下之力建造而成,由内至外由宫城、皇城、都城、外郭四重城垣组成,规模庞大,气势恢宏。其中,由宫城和皇城所构成的区域就是明初的皇宫,作为明初国家的政治核心和权利象征,它的设计与建造堪称遵循礼制秩序的典范,其建筑形制完全为北京故宫所继承,是北京故宫的建造蓝本。

## 一、南京明故宫简介

南京明故宫(图一)是明代洪武、建文、永乐三朝50余年的皇宫,分内外两重,其中内为宫城,外为皇城。宫城俗称紫禁城,位于皇城的中部,形状近正方形,共设六座城门,其中南为左掖门、午门、右掖门,东为东华门,西为西华门,北为玄武门。宫城内遵循"前朝后寝"的制度,前朝是皇帝处理政务和举行朝会的场所,核心建筑是三大殿——奉天殿、华盖殿、谨身殿;后寝是帝后居住生活的场所,核心建筑是乾清、坤宁两宫,嫔妃们则居住在围绕两宫所建的东西六宫中。宫城内还建有奉先殿、武英殿、柔仪殿等建筑,供帝后日常使用。

皇城环绕于宫城之外,平面呈倒"凸"字形,亦设六座门,其中南为长安左门、洪武门和长安右门,东为东安门,西为西安门,北为北安门。内建有社稷坛、太庙,以及"五部六府"中央官署、仓库和禁卫军营地等附属设施。同时,宫城午门与皇城洪武门,以及都城的正阳门同处在一条轴线上,构成明朝南京的御道,也就是今天南京的御道街。明洪武、建文时期,南京明故宫以御道所在的延长线呈中轴对称。公元1402年,燕王朱棣攻占南京,史称"靖难之役"。明成祖朱棣在南京登基后,西拓皇城西垣,重建西安门。致使西华门至西安门的距离,要比东华门至东安门长一倍左右,改变了原先环绕宫城等距而建的皇城格局。

明永乐十八年(1420),朱棣迁都北京。迁都之后,南京明故宫保持原有建制,由皇族重臣驻守,但由于已非实际的权力中心,维护渐趋松懈,屡次遭受雷、风、火、水等自然灾害,损毁日益严重。清军平定江南后,南京明故宫改作八旗驻防城,再度遭受破坏。至太平天国时期,又拆故宫建筑充天王府工程之用,明故宫破坏殆尽。1927年修明故宫机场,1928年至1929年修中山东路从明故宫遗址穿过,将其一分为二,彻底割裂了南京明故宫的历史格局。

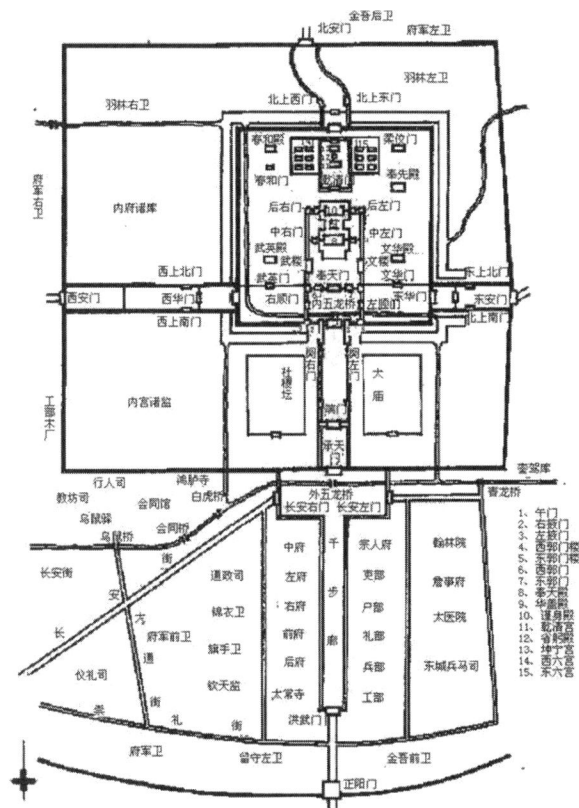

图一　明代南京皇城宫城复原图

(图片源自:《南京明故宫》第79页)

**二、明故宫保存现状与问题**

南京明故宫现存的地面遗迹基本上沿今天东西向的中山东路和南北向的御道街分布。宫城的遗迹主要有午门(图八)、东华门(图十四)、内五龙桥(图十一),以及奉天门遗址和西华门遗址(图七)等。皇城遗迹有西安门(图四)、玄津桥(图二)、外五龙桥(图十六、图十七)等,其他大部分的遗迹都保存在地下。

玄津桥:坐落于中山东路逸仙桥以南约100米处,为明代皇城西安门外的桥梁,横跨在南唐金陵城的东护城河——杨吴城壕之上,是明故宫遗址上最大的一座桥梁,清代也称为“天津桥”。据研究人员推测,永乐四年(1406)西扩皇城新建西安门时,为了与新西安门的宏大规模相配合,也为了适应宽阔的河道,修建了这座桥梁。玄津桥桥身长约41米,宽约为19米,原桥面、桥栏皆为青条石,桥栏东西两端共设有石狮子四只,桥栏柱头为方形浅雕莲花瓣纹饰。如今在桥身的东南侧灌木丛中仍保留了一段原始桥栏(图三),桥栏末端有一石狮,昂首起身,虽已残损不全,但仍感受到明代的遗风。

图二　玄津桥全景(作者自摄)

图三　明代玄津桥桥栏(作者自摄)

2006年,玄津桥被列为南京市文物保护单位。2017年,玄津桥遗址公园沿河环境进行整理维护,景观打造中融入了南唐绘画、诗词、雕塑等艺术,再现了南唐的兴起、繁盛与衰落,其中尤为特色的是巨幅的《南唐江宁府图》石刻和《韩熙载夜宴图》景墙。但笔者认为美中不足的是玄津桥作为昔日西安门大街进出皇宫的要道，几乎不见明文化元素，而唯一保留至今的明代桥栏也隐没于植被之中，缺少必要的文化解读，如不仔细寻找，不易发现。如何彰显"玄津朝阙"值得深入思考。

西安门：位于中山东路与龙蟠中路的交叉口，是南京明故宫皇城最西面的一座城门，也是唯一保存至今的明代皇城城门。历史上，南京明故宫先后有过两座西安门，第一座建于洪武年间，为明太祖所建；第二座建于永乐年间，为明成祖登基之后扩建皇城西部区域时所建，现存西安门即为永乐年间所建，城门为三孔券，均设有对开的城门一道、闸门一道，城顶雉堞及城楼均已不存。城门基座为石质须弥座，一直延伸至城门南侧，其上雕刻精美的卷草纹、方胜纹等，装饰华丽，规格很高，仅次于宫城午门。2003年，西安门遗址公园建设完成，临近西安门地铁口，是周边市民休闲、纳凉的好去处，游玩人数众多。

图四　西安门全景(作者自摄)

目前，西安门的保存现状不甚理想，城墙上杂树杂草丛生，部分墙面城砖风化破损严重，恐有坠落危险，威胁游客安全。此外，城门洞内壁可见多处渗水点，即使在晴天，也有水滴渗出，在墙根积聚形成明显的小水塘。由于雨水的渗漏，墙体灰浆析出，在墙面形成大片的灰白色凝结物，在城门洞券顶形成密集垂挂的类似钟乳石的小石柱(图五)。个别城砖因长期遭受雨水侵蚀，颜色加深，质地松散，酥化明显。如任其发展，砖石内部结构势必变空，增加了西安门的不稳定因素。

图五　西安门门洞内壁因渗漏致灰浆析出凝结
(作者自摄)

西华门：位于中山东路南侧，临近五十五所宿舍区，是南京明故宫宫城的西门，与东华门相对，历史上遭损毁，现今地面尚存有部分遗址。1999年，南京市博物馆考古部对其进行了发掘，遗址由三条门道和四座基座组成，其中北侧基座遭破坏已不存，北侧门道局部破坏。基座以灰白色大理石垒砌雕凿而成须弥座为框，局部刻有简单的云纹。2003年，西华门遗址公园建设完成，对现存的遗址进行修缮，使得城门轮廓更为清晰。同时在公园内建设大型的浮雕景墙（图六），展示南京明故宫昔日风采，可供游客驻足观赏。

图六　南京明故宫浮雕景墙(作者自摄)

美中不足的是西华门遗址公园位置隐蔽，位于中山东路的公园入口也没有设置明显标志牌，因此来往行人很难发现。而且，由于西华门只留存部分基座遗址，又缺少必要的文化解读和图片说明，往往使得参观游客无法直观了解西华门的整体形制结构。

图七　西华门遗址全景(作者自摄)

午门：是宫城的正南门，因其居中向阳，位当子午，故名，民间又俗称"午朝门"。南京午门的原本形制与北京午门一致，平面呈"凹"字形，前有双阙，当中开三门，两阙曲而向南各开一门，西向者为左掖门，东向者为右掖门，城上有正楼和四个方亭，俗称"五凤楼"。现双阙与城上建筑均已拆毁，仅存午门墩台及五个券门。城门基座为青石雕刻而成的须弥座，上有方胜、卷草、如意云纹等精美的纹饰，简约大气。城门两侧为 20 世纪 80 年代新建的登城道，登城而上，可以看到城顶残存的近百个石柱础(图九)，据记载原先午门上是面阔九间、进深五间的大殿结构，象征皇权的"九五之尊"。

虽然，午门遗址已不完整，但它依旧是明故宫遗址上最大的地面建筑遗迹，目前保存状况稳定。登临城上，可见笔直的御道街向南延伸，两侧雪松郁郁葱葱，向北则可以眺望明代皇宫的镇山——富贵山，以及紫金山，具有极佳的空间感、视野感，可以遥想明故宫当年的恢弘气势(图十)。

图九　午门城顶石柱础(作者自摄)

图十　站在午门城顶眺望御道街(作者自摄)

奉天门遗址：从午门向内，便是内五龙桥，目前现状稳定，除原始桥栏缺失外，原青石桥面及桥拱保存较好。内五龙桥以北便是奉天门遗址，现辟为奉天门遗址石刻园。奉天门是明故宫三大殿之一奉天殿前的御门，是皇帝接见大臣议事的地方，其原有建筑在太平天国兵火中消失殆尽。2012 年，经考古发掘，发现了奉天门建筑基址，并出土了大型柱础石、磉墩、排水沟等重要建筑遗存。现奉天门遗址石刻园（图十二）中除 12 个 2 米见方的巨型石柱础和部分须弥座为原奉天门

图八　午门全景(作者自摄)

的遗物，其余则多是从别处迁入，摆放十分密集，且基本未对石构件的来源加以说明，文字解读简单并有缺失。

1958年，中山东路以南午门与奉天门遗址所在区域被辟为午朝门公园。此后，在南京市政府的支持下，陆续对午门进行大规模保护修缮，对公园进行整体规划改造，行成了古朴、典雅、凝重、恬静的园区风格。午朝门公园也成为了许多南京市民及外地游客观光游览的圣地。

图十一　内五龙桥（作者自摄）

图十二　奉天门遗址石刻园（作者自摄）

三大殿遗址：与南京午朝门公园有着一街之隔

的便是奉天、华盖（图十三）、谨身三大殿遗址所在的南京明故宫遗址公园。绕过公园门口的仿古建筑，映入眼帘便是以三大殿须弥座轮廓为主景的台基遗址，三大殿四周以青灰色石材铺设，遗址上方覆盖草坪，既为游人提供活动空间，又凸显了宫殿的原始格局。现今，这里俨然成为集纪念怀古和休闲健身于一体的开放性公共绿地。

但是据南京师范大学王志高教授介绍，目前所展示的三大殿遗址，除了排列顺序是正确的，其规模形制相较于明初都大为缩小，且遗址上的石柱础也并非原位，容易对游客造成误导。因此，必须在遗址的解读中加以说明，或者对三大殿遗址的展示方式进行改造。

图十三　华盖殿遗址展示（作者自摄）

东华门：位于中山东路532号，隐藏于一片高楼林木之中，是南京明故宫宫城的东门，与西华门相对。目前仅保留城门遗址，两侧墙垣及顶部城楼早已不存。城门设有三座拱券，均设对开城门一道，闸门一道，青石板路面。门基须弥座上刻浅浮雕云纹，纹饰古朴典雅，制式类同午门，稍简。2002年，东华门遗址公园建成开放。

目前，东华门保存现状亦不甚理想。第一，城墙表面杂树杂草丛生，破坏墙体结构；第二，墙体存在渗漏现象（图十五），墙体灰浆析出，在墙面形成大片的灰白色凝结物；第三，东华门所处环境非常闭塞，周边均为高大的建筑物，特别是东华门北侧以及东侧的桔子酒店、金蝶软件园等高层建筑完全将东华门圈进一个闭塞的空间之内，严重破坏了东华门应有的空间布局。

144

图十四　东华门全景(作者自摄)

图十五　东华门门洞内壁渗漏情况(作者自摄)

外五龙桥:外五龙桥位于明皇城承天门前,即现在御道街与瑞金路口交叉路口,在午门南侧约500米处。五龙桥并排五通,相当于北京天安门前的金水桥。外五龙桥建于明洪武年间,作为明御河上的重要通道,沟通着御道街南北,且一直沿用至今,已有六百五十多年的历史。

随着城市的发展,外五龙桥中间三座石拱桥已成为机动车道,桥面上铺了沥青,桥面拱形弧度不甚明显。好在最外侧的两桥现在是人行道,仍保留着原来的青石路面和桥的拱形。但是,外五龙桥原来精美的栏杆早已无存,现在的栏杆是汪伪时期的钢筋混凝土仿石栏。外五龙桥作为明皇城的重要组成部分,是御道街上的关键节点,但目前周边的环境和这座具有重要历史价值的桥很不协调,桥上交通车水马龙,桥下御河水质脏臭,使过往的行人很难想象它原本所具有的威严与气势。

图十六　外五龙桥现状(作者自摄)

图十七　外五龙桥及明御河(作者自摄)

### 三、关于明故宫遗址保护的一些想法和建议

1.纳入统一管理体系

2014年,南京城墙保护管理中心成立,将全线城墙收归中心管理,2019年,明故宫遗址公园也被划入统一管理。但是,目前东华门、西安门、外五龙桥等遗址仍然分属于不同的单位,管理较为混乱。应将这些属于明故宫范围的各遗址点统一归口南京城墙保护管理中心,形成统一的保护管理体系,以利于各项保护措施的及时施行。

2.加强遗址本体修缮保护

加强对现存明故宫遗址、遗迹的保护管理,定期巡查,及时维护。对于像西安门、东华门存在的险情问题及时进行修复处理。在不破坏墙体的基础上,清除城门上的杂树杂草,恢复外部观瞻效果。对墙面因风化严重,已经松动的城砖进行替换修补,避免城砖坠落砸伤游客。同时,邀请古建筑专家弄清城门渗漏的原因,制定科学合理的修缮方案,对城门进行整体的保护加固与防渗漏处理。

3.构建明故宫大遗址保护格局

南京明故宫历经650余年,由于战火破坏及城市变迁,众多的历史遗迹已消失不存,保存在地面上的遗址遗迹又往往散落各处,相互分隔,彼此缺少关联,让当代人无法感受南京明故宫的历史格局,无法想象其原有的壮丽恢弘。我们应树立整体意识,借助适当的方法手段,积极串联各遗址点间的联系,构建明故宫大遗址保护格局。

### 4.提升文化解读与展示

以中山东路与御道街为两条观光线,在重要节点加强文化解读,树立文字说明牌,详细介绍遗址的具体情况、历史演变等。对于像西华门、东华门这样位置较为隐蔽的遗址,应在遗址公园的入口设立醒目的标识牌以提醒过往游客。此外,应进一步提升展览展示的效果,例如,对玄津桥的明代桥栏进行保护性展示,对奉天门遗址石刻园中的石刻进行全面的整理、分类,建立石刻长廊,深入细致地解读众多明代石刻。

### 5.强化对现有考古资料的研究与整合

近年来,南京市考古工作者已经从地下找到了明故宫太庙、社稷坛、文华殿、武英殿、西宫、羽林卫等皇宫建筑和附属机构的遗址遗迹。我们应充分利用现有考古发掘成果,对于那些虽已消逝,但位置明确的历史遗迹,亦在原地设立标识牌,并进行文化解读。通过地面遗存和考古发现相结合的方式,来标记明故宫内重要建筑、水系、道路的布局。

### 6.充分保存现有历史信息

借助现代科技手段,真实完整地采集南京明故宫现存遗址遗迹的历史信息,并形成永久性保存的数字化资料。一方面,为今后各遗址点的保护修缮提供重要的基础资料;另一方面,为今后南京明故宫遗址的展览展示,以及数字化复原奠定基础。2020年,南京城墙保护管理中心启动了"南京明故宫大遗址文物数据信息采集与展示"项目,对明故宫现存遗址遗迹、建筑构件,以及相关历史文物进行三维数字扫描、存档,并及时将取得的成果展示给市民大众。

### 7.关于明故宫手绘地图的一点设想

绘制明故宫区域的手绘图,以现代的街道、水系、重要建筑作为浅灰色背景,根据考古发掘的成果,标记出已发现的各个遗址点,同时咨询明史、古建、考古学科的专家,尽量在各个遗址点绘制简略建筑复原图。通过这样一份手绘图,可以让大众在现代的城市中更直观感受南京明故宫的历史格局,甚至可以跟着地图自行探寻这座消失的"紫禁城"。

**参考文献:**

1.杨新华:《南京明故宫》,南京出版社,2009年。

2.朱明城:《旷世城垣——南京明城墙》,南京出版社,2018年。

3.潘谷西、陈薇:《历史文化名城中的史迹保护:以南京明故宫遗址保护规划为例》,《建筑创作》2006年第9期。

4.李文彬:《南都旧阙应尤在——南京明故宫遗址》,《大众考古》2016年第6期。

(作者单位:南京城墙保护管理中心)

# 陕西省传统村落空间分布及其影响因素 *

◇ 魏唯一

**内容提要**：传统村落是我国古代农耕文明遗留下来的拥有较为丰富的文化资源与自然资源，并具有历史、文化、科学等多重价值的村落。目前国内公布的陕西传统村落保护名录中，在空间上呈现出黄土高原、丘陵分布多，台塬、平原分布较少的特点。这些主要受到自然地理环境、农业发展水平、人口分布及历史文化积淀等因素的影响。

**关键词**：陕西省 传统村落 空间分布 影响因素

国家住房和城乡建设部、财政部、文化部在《关于加强传统村落保护发展工作的指导意见》中第一次确立了传统村落的概念和内涵："是指村落形成较早，拥有丰富的文化与自然资源，具有一定历史、文化、科学、艺术、经济、社会价值，应予以保护的村落"。传统村落是中华民族数千年历史文化的积淀，是古代社会传承至今不可多得的文化遗产，是中华文明的见证，同时也是维系现代人对传统文化认同的桥梁。在党和国家全面复兴传统文化与乡村振兴的大背景下，近几年国家相继出台多项政策、法规以加强对此传统文化载体的保护。文章以国家部门以及陕西省公布的传统村落保护名录为基础，分析陕西省传统村落的分布特征及影响因素，以期促进对其系统性、整体性的保护。

## 一、陕西省传统村落现状

2012年12月至2016年12月，国家住建部、文化部等四部联合经过评审先后分四批公布了4153个国家级传统村落，其中陕西入围名录71个，约占公布总数的1.71%；地域密度0.34个/千平方千米，略低于全国的0.43%平均水平。在绝对数量值上，陕西省传统村落远低于云南、贵州、山西等省份。自2015年至今，陕西省住建厅联合省文化厅、省文物局、省财政厅等部门分二批公布了本省传统村落名录，共计323个，平均每个省辖市32.3个①（见表一）。

## 二、陕西省传统村落空间分布及其特征

1.陕西省传统村落的空间分布结构

（1）市域分布

陕西省的传统村落在市域分布上呈现分布极不均衡的特点，安康市79个、榆林市77个领先其余各市，渭南市64个紧随其后，各占全省总数的24.5%、23.8%和19.8%。排在渭南市之后总数在20

* 本文是2020年度河南省哲学社会科学规划项目（2020CKG002）、安阳师范学院科研培育基金（AYNUKPY-2020-14）、安阳师范学院课程思政教学改革研究项目"立德树人理念下考古学科育人模式的探究与实践"阶段性成果。

个以上有延安(33个)、咸阳(24个)、商洛(20个)三市;西安市(3个)、铜川市(1个)最少,传统村落数量不足10个,宝鸡、汉中市都在11个。

从传统村落分布的地域密度来看,陕西传统村落为1.57/km²。渭南市、安康市因传统村落数量较多、区域面积适中,分别以每一千平方千米4.9个、3.4个;咸阳市以2.2个位列第三,榆林市略微高于省平均密度,其余六市均未达到全省平均水平,甚至每平方千米不足1个(表二)。

### 表一 国家级及陕西省级各批次传统村落数量及地域密度

| 批次 | 国家传统村落 | 陕西传统村落 | |
| --- | --- | --- | --- |
| | | 国家级 | 省级 |
| 第一批(个) | 646 | 5 | 171 |
| 第二批(个) | 915 | 8 | 152 |
| 第三批(个) | 994 | 17 | |
| 第四批(个) | 1598 | 41 | |
| 总计(个) | 4153 | 71 | 323 |
| 地域密度个/千平方千米 | 0.43 | 0.34 | 1.57 |

### 表二 陕西省内各市传统村落数量及其地域密度②

| 省辖市 | 陕西省传统村落数量 | | | 区域面积 | 地域密度 | 全省比例 |
| --- | --- | --- | --- | --- | --- | --- |
| | 第一批/个 | 第二批/个 | 共计/个 | /平方千米 | /千平方千米 | % |
| 西安市 | 1 | 2 | 3 | 10096.81 | 0.29 | 0.92 |
| 咸阳市 | 13 | 11 | 24 | 10189.4 | 2.3 | 7.4 |
| 渭南市 | 28 | 36 | 64 | 13030 | 4.9 | 19.8 |
| 宝鸡市 | 10 | 1 | 11 | 18117 | 0.60 | 3.4 |
| 榆林市 | 40 | 37 | 77 | 43578 | 1.76 | 23.8 |
| 延安市 | 16 | 17 | 33 | 37000 | 0.89 | 10.2 |
| 商洛市 | 16 | 4 | 20 | 19292 | 1.0 | 6.2 |
| 汉中市 | 5 | 6 | 11 | 27100 | 0.41 | 3.4 |
| 安康市 | 40 | 39 | 79 | 23534.5 | 3.4 | 24.5 |
| 铜川市 | 1 | | 1 | 3882 | 0.26 | 0.3 |
| 全省 | 171 | 152 | 323 | 205600 | 1.57 | 100 |

(2)区际分布

传统意义上对陕西进行区域划分,可将陕西省分为3个区域:即陕南地区(商洛市、安康市、汉中市3市)、关中地区(宝鸡市、咸阳市、铜川市、西安市、渭南市5市)、陕北地区(延安市、榆林市2市)。在这3个区域里传统村落的数量也呈现出不尽相同的态势(表三)。

### 表三 陕西省传统村落区域分布数量及密度表

| 区域 | 传统村落数量 | 所占比例 | 区域面积 | 地域密度 |
| --- | --- | --- | --- | --- |
| | /个 | % | /平方千米 | 个/千平方千米 |
| 陕北 | 109 | 33.75 | 80578 | 1.3 |
| 关中 | 103 | 31.89 | 55315.21 | 1.8 |
| 陕南 | 110 | 34.06 | 69926 | 1.6 |

表三可得知,陕西省传统村落的分布趋于分布均衡的状态。陕南110个独占鳌头,所占全省的34.06%,陕北109个、关中103个紧随其后,虽然关中地区数量相比其他两区略少,但因其总面积不大,地域密度为1.8个/千平方千米为全省之冠。陕北因其地广人稀,地域密度为1.3个/千平方千米,故排在全省末位。

(3)地形分布

陕西地势呈南北高、中间低,并由西向东倾斜明显,有高原、山地、平原和盆地等多种地形。北山和秦岭把陕西分为三大自然区：北部是黄土高原区，海拔900-1900米，总面积8.22万平方千米，约占全省土地面积的40%，本区又分为黄土梁峁丘陵沟壑自然区、黄土塬梁沟壑自然区等四个亚区，区域内传统村落基本分布在前两个亚区；中部是关中平原区，海拔460-850米，总面积4.94万平方千

米，约占全省土地面积的24%；南部是秦巴山区，海拔1000-3000米，总面积7.4万平方千米，约占全省土地面积的36%。作为中国南北气候分界线的秦岭山脉横贯全省东西，将地形地貌与行政区域结合起来，发现可以将陕西省分为高原地区、平原地区与山地地区(表四)。

表四  陕西省不同地形地貌传统村落数量及密度

| 区域 | 平均海拔高度 | 主要包括范围 | 面积与所占比例 | 传统村落数量与所占比例 |
|---|---|---|---|---|
| 渭河平原 | 350米 | 渭南市、西安市、咸阳市、铜川市的全部和除凤县、太白两县以外的宝鸡市辖各县，共38个县、市和16个县级区 | 4.94万平方公里，占全省面积24% | 98个，占全省传统村落的29.41% |
| 黄土高原 | 1200米 | 榆林市的清涧、绥德、子洲、米脂和延安市的宝塔区、子长、延长、延川、甘泉等19个县区 | 8.22万平方公里，占全省面积40% | 106个，占全省传统村落的32.82% |
| 秦巴山地 | 800米 | 汉中、安康、商洛三个地市的全部和宝鸡市的凤县、太白县(南部)，共计30个县(市) | 7.4万平方公里，占全省面积36% | 107个，占全省传统村落的33.13% |

由表四可以看出，陕西各个地形地貌区域内的传统村落数量差异不大，秦巴山地传统村落数为107个，高于渭河平原地区(98个)与陕北高原地区(106个)；但在分布密度上，渭河平原地区由于面积较小，而保存数量较多，故而密度最高，超过了全省平均密度，为2.0个/千平方公里，秦巴山地和黄土高原地带虽然在传统村落保存数量上具有优势，但因地域广阔，因而在密度上低于渭河平原地区(图一)。

2.陕西传统村落分布特征

(1)局部聚集、整体分散

就市域而言，全省323个传统村落广泛分布于全省10个省辖市中。安康市市最多 (79个，占24.5%)，市域密度3.4个/千平方公里。其次是榆林市77个，地域密度1.76个/千平方公里。渭南市64个，但地域密度最高(4.9个/千平方公里)。以上三市传统村落分布相对聚集；其余省辖市中有6个地域密度低于平均值1.57个/千平方公里，其中西安、宝鸡、延安、铜川、汉中低于1个/千平方公里，传统村落分布较为分散。就区域而言，关中地区虽

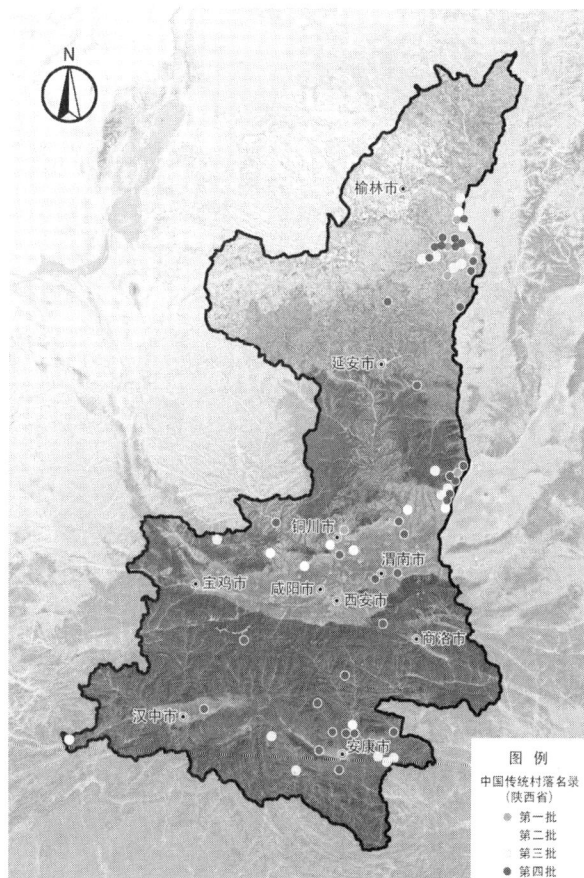

图一  中国传统村落(陕西省)分布图(作者自绘)

绝对数量值位居末位,但地域密度以 1.8 个/千平方公里居首位,是传统村落的聚集区。其次是陕南地区。而陕北地区虽然传统村落数量较多,但因地理位置关系,地域密度相对较小,分布较为分散。

(2)黄土高原、秦巴地区多,渭河平原少

黄土高原地区和秦巴山地地区约占全省面积的 4/5,同时也集中着全省近乎 4/5 的传统村落(213 个,占总数的 66.0%);但两地区地域密度均小于省内平均密度;虽然渭河平原地区传统村落数量最少(98 个,占总数的 29.41%),但是地域密度为 2.0 个/千平方公里,在三种地形地貌中最高,地域密度高于其他两个地区。

### 三、陕西省传统村落分布的影响因素

#### 1.自然环境因素

人类由最早的筑巢而栖到旧石器时代的择洞而居还是后来的建房而住,都离不开对自然环境的依赖。多数陕西传统村落在选址过程中天人合一的儒家思想与和谐共生的生态意识起着指导性的作用,村落在选址过程中一般会选择或高处或避风处或靠近水源,背山面水并有广阔的自然腹地则为最佳的选址之地,村落的空间布局与山形水势尽可能的融为一体,房屋建筑沿地势高低而组合,村中街巷随地形而蜿蜒。天(空气)、地(土地)、人(居民)三要素虽彼此独立,但可以通过能量的互相传递从而构成环境整体,为传统村落的发展提供了物质基础(图二)。《国语·周语下第三》载:"夫山,土之聚也。薮,物之归也。川,气之导也。泽,水之钟也。是以民生有财用,而死有所葬。"[③]《阳宅十书·宅外形第一》写到:"凡宅左有流水谓之青龙,右有长道谓之白虎,前有污池谓之朱雀,后有丘陵谓之玄武,最为贵

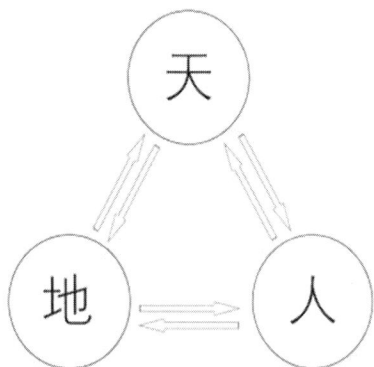

图二　村落要素构成关系图(作者自绘)

地。"[④]村民百姓从自然界的山川河流中获得财富,于是便形成了最原始的山川崇拜。基于这种朴素的山水情怀,所谓的"左青龙,右白虎,前朱雀,后玄武"便成为理想的选址格局(图三)。

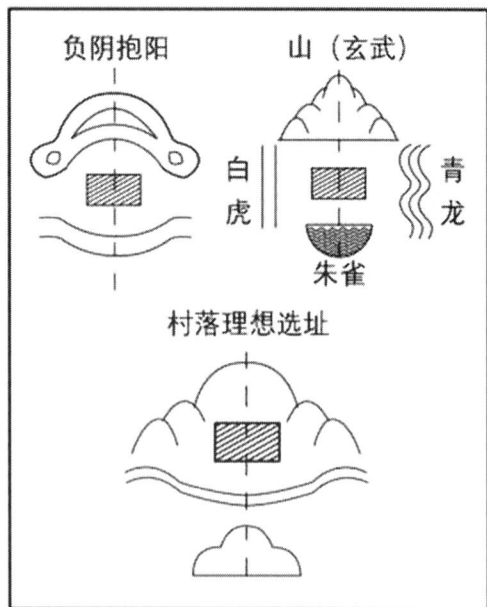

图三　村落理想选址示意图(作者自绘)

陕西东南、西南部自然地形地貌可分为秦岭南坡高山中山自然区、秦岭南坡低山丘陵自然区、汉江沿岸宽谷盆地丘陵自然区、大巴山北坡低山丘陵自然区和大巴山亚高山中山自然区五个亚区。区内山峦起伏,多属秦岭余脉,构成了与河南、湖北、安徽、四川等省的天然分界线,同时也是我国南北地理分界线。行政区划上汉中地区的佛坪、宁强等县,安康地区的宁陕、石泉等县,商洛地区的商南、山阳等县,平均海拔在 1000 米左右。以秦岭南坡低山丘陵自然区为例,区域境内水系河流发达,多为汉江、丹江等河流的流经地或支系,森林覆盖率高,海拔较高,但人均可耕地土地面积较少,农业生产并不发达,理论上并不是传统村落的主要聚集区。但是另一方面由于山地地区交通不便,受外界因素干扰较小,自给自足的小农经济只要确立,随之形成的传统村落便可以得到良好的保存。清道光《紫阳县志》载:"紫阳皆山,稻田不多…浅山低坡尽种苞谷。"[⑤]《三省边防备览》记:"秦巴山地低山种黄豆、苞谷,高山种洋芋、燕麦、苦荞。"[⑥]自然环境只要满足人口对粮食的需求,村落便得到了稳定发展的必备条件。丘陵地区海拔适中,雨热同期,水资源、日

照资源丰富,适合人类生存;河水水流平缓,为发展农业灌溉提供了良好的条件;河流两岸土地肥沃,利于开展农业生产。清嘉庆《汉南续修郡志》有记述:"略阳现有水田者,近因川、楚人民徙居,来此开垦,引山沟水以资灌溉……"⑦地形的多样性在一定程度上增强了防御自然灾害的能力,在以上自然因素的共同作用下,虽然秦巴山地地区密度较小,但传统村落数量最多。

渭河平原地区可进一步划分为西部陇山山地区、秦岭北坡山地区、秦岭山麓台塬洪积扇区、渭河冲积平原区、渭北黄土台塬北山区等5个自然亚区。渭河及其支流下的一、二、三级阶地属于渭河冲积平原区,地面平坦且土地肥沃,地表和地下水资源丰富,农业生产条件优越,引灌和井灌并举,境内有战国时期穿凿的郑国渠、民国时期的泾惠渠等关中农业灌溉设施。人类从旧、新石器时期就开始在这里居住并开展农业、手工业生产,如临潼姜寨、西安半坡等原始村落遗址都位于渭河及其支流沪、灞河的二级阶地之上。历史时期城市如西周丰镐、秦咸阳、汉长安城都建立这个区域,此地虽自然条件良好,社会文明程度高,曾为十四朝国都京畿之地,但容易遭受战争等政治因素的影响,屡遭兵燹遂保存村落较少。区域密度最大、保存村落较多数量的区域为渭北黄土台塬北山区,此区域南部以渭北一级黄土台塬的南缘为界,北部大致以子午岭南端——宜君梁——黄龙山南缘为界,东部则抵黄河西岸,与山西省隔河而望,行政区域包括宝鸡市的凤翔、麟游等县和岐山、扶风县北部,咸阳市的长武、永寿和武功县北部,铜川市及耀州区、宜君县,渭南市的韩城、合阳等县市,台塬区海拔450~700米,台塬塬面平坦宽阔,土壤肥沃,且村落选址相对高度落差较大,易守难攻,这是其保存状况的一个重要的自然因素。

黄土高原地区又可划分为北部黄土梁峁丘陵沟壑自然区、中南部黄土塬梁沟壑区、西北部白于山南侧梁塬涧自然区和南部土石低山自然区等4个亚区。其中黄土梁峁丘陵沟壑自然区位于陕北黄土高原区北部,大致在甘泉——云岩河一线以北地区,包括延安地区的甘泉、志丹等县和子长县的东

南部,以及榆林地区的绥德、米脂等县,一般海拔1000~1300米。该区内梁峁起伏,但都有河流川道流经,沟壑发育良好,适于种植小麦、玉米、高粱、谷糜为主,兼有薯类、豆类等,尤其以榆林地区为例,佳县、吴堡等县临近黄河或其一级、二级支流。黄土梁峁丘陵沟壑自然位于陕北黄土高原区的南部和中南部,大致包括洛川、宜川等县,海拔一般在1200米以下,局部可达1400米,地貌以黄土塬和残塬为主,间有黄土梁分布,黄土塬是塬面地势平坦,适合农业生产,区间多有小支流、河川等,因本地区降雨量少、霜期较长等自然原因,对于水的追求是黄土高原地区传统村落选址的一个重要的因素,故而黄土高原地区传统村落逐水而居,多集聚在临近水系一带。

2.农业、手工业、商业发展水平

生产力水平是保证历史时期传统村落发展的主要因素之一。自唐末宋初以后,中国民间商品经济开始逐渐发展并发达。地区内农业发展水平的高低在传统的农耕社会对于村落的选址的影响力是毋庸置疑的。农业发展的好坏直接影响到传统社会的经济状况,拥有较好的农业生产条件十分重要,凡是日照时间长、耕地土壤条件肥沃优厚、水资源丰富、能够抵御自然灾害的区域,农业发展水平就较高,社会经济相对繁荣,传统村落数量一般分布较多。就陕西省渭南市而言,其地处关中平原,土壤肥沃,全年无霜期较长、水系发达,农业生产水平最高,因而传统村落总体数量(64个)虽位居全省第三,但地域密度(4.9个/千平方公里)在陕西省处于领先位置。

手工业的发展也是影响村落分布的因素之一。《三省边防备览》中记:"秦巴山区有铁场、木场、纸场、耳场各项,一场多者恒数百人,少者亦数十人。"⑧在清中期以后,秦岭山区出现一些规模较大的矿业、冶炼手工工场,铁器场、煤矿、造纸场的发展吸引了大量的劳动力,同时也使得工人在此选址定居。民国十五年《澄城附志》记述:"境内工艺不兴,无其他特产,著名者惟长润镇(尧头镇)之瓷器,余皆寻常之物……""有瓦器瓷器砂器,瓷器多有黑瓷瓮盆盏之类粗朴耐久,砂器每家每月约烧砂器一

千余个，以八个月计共约一万余数。”[9]关中平原渭河北部的澄城县尧头村以产民瓷闻名，至今村中分布有以白、宋、周、雷、李五支宗族亲族划分区域的制瓷作坊并炉火不断，发达的手工业水平对于村落的产生和发展也起到了一定的促进作用。

商业水平发展的程度取决于村落在该区内的地理位置。《三省边防备览》卷十一《策略》中提到："商州龙驹寨，估客上下觅舟雇驴、人烟稠密，亦小都会焉"[10]；《秦疆治略》中对于安康市旬阳县蜀河镇的描述"商贾辐辏，人烟稠密…"，安康县(清为县)"城内富贾辐辏，百货云屯"[11]，故而安康市境内传统村落数量(79个)为全省市域第一；民国二十二年版《佳县志》载："葭地东临黄河，本境所用油盐瓷煤木料百货等，皆赖黄河转运而来。设遇到凶年，宁夏河口之粮买来转济晋省陆路转运，多用骡马，近年渐有榆林骆驼运蒙盐转售山西。"[12]陕北地区以榆林市为例，市内所辖县境村落有靠黄河者，多为渡口、驿站等商品集散地，因此榆林市传统村落数量(77个)居于全省次席。地理位置优越的地区往往容易形成商业集镇、码头、驿站等，区域内商业的兴盛容易吸引人口在此经商、定居，并形成一定规模的聚落。

3.人口分布格局

村落人口是构成村落的主体要素。人口数量往往决定着该村落规模的大小，其分布格局也与传统村落分布息息相关。传统村落是源于传统社会的产物，同时也与农业生产紧密相关，即使零星形成手工业、商业型村落，也是依托人口数量，因而人口是传统村落产生的关键因素。

历史时期的陕西由于受到战乱等诸多原因的影响，平原地区的村落几乎被瓦解，元末明初整个陕西地区人口锐减，人口流失十分严重，"明洪武七年降商州为县，元沔州于洪武七年降为县，十年六月省入略阳县"[13]；清乾隆《直隶商州志》"明末兵燹劫烧无遗，人民百存一二而已"[14]；清道光《石泉县志》"崇祯丙子以后五十二年间，七经寇陷，所存者寥寥数百余家"[15]；清朝立国初期今安康白河县"百里不闻人声，四境荒芜"[16]。故而陕西省目前保存元明以前的传统村落寥寥无几，基本为清代所建。

随着政治格局的稳定，至清乾隆时期，西北、中原地区的移民迁徙使得陕西人口得到增长，这中间以陕南为最。清陕西巡抚毕沅在《兴安升府疏》中提到："前俱系荒山僻壤，土著无多，乾隆三十七、八年以后，因川、楚间有歉收处所，穷民就食前来。旋即栖谷依岩，开垦度日。而河南、江西、安徽等处贫民，亦多携带家室，来此认地开荒，络绎不绝，是以近年户口骤增数十余万。"[17]陕西省汉中市镇巴县(清为定远厅)"设于嘉庆八年，承平日久，川楚之民生齿日繁，入山开垦者益众"[18]，至清道光初年"烟户渐多，川人过半，楚人次之，土著甚少"[19]。由以上方志文献记载可知，今陕南地区各县市民众多为四川、湖北、河南迁移而来，至少在清中期阶段，陕南地区人口重新达到了一定高度，为该地区传统村落的建立和发展提供了主体保证。

4.历史文化因素的沉淀

传统村落作为中国传统社会乃至整个中华民族珍贵的文化遗产，它是文化容器，同样也是集物质文化和非物质文化遗产的一个综合体。陕西地处黄河文化发源地区，留下了大量的历史文化积淀。在不同的历史文化积淀之上，笔者认为传统村落形成原因可以分为以下几个方面：

第一，历史人物、事件的影响。一些传统村落与历史人物、事件有密切关系，是社会重要事件的"活化石"。如铜川市耀州区孙塬村，是"药王"孙思邈的故里，孙思邈去世之后也埋葬于此，后人建有药王祠。从唐至今，每逢庙会，信众、香客从四面八方赶来，香火旺盛络绎不绝。咸阳市永寿县等驾坡村，地处秦陇要道，南达高宗乾陵，西至佛教古刹法门寺，北与彬县大佛寺相邻，是唐代皇家西行的必经之地。《新唐书》载"唐天宝十四年(755)安禄山攻陷长安，玄宗仓皇奔蜀，太子李亨北逃朔方途经永寿"[20]，《永寿县新志》记述"在境西北侯玄宗圣驾，闻玄宗奔蜀，遂去朔方，故而得名等驾坡"[21]，留下了至今当地广为传颂的"皇帝亲莅临，等驾有此坡"的民谣。

第二，特定地域环境的影响。如咸阳市三原县柏社村，整个村落地势南低北高，村落中间为平地，长形、方形地坑窑东西南北各自如棋子般散落村中。现今保留有窑洞780处，形成"见树木不见村落，见村落不见房屋，闻人声难觅人踪"的景象，完整的保留了该地区传统的居住方式。

第三，传统习俗和观念的渲染。如渭南市富平县莲湖村，为国家级非物质文化遗产项目阿宫腔的主要传承地，自明建村以来，每逢正月十三，全省戏剧艺人便汇聚于此，大戏连唱三天三夜，村民已经形成了固有的文化记忆。

第四，建筑、绘画、雕塑等艺术的发挥。榆林市绥德县白贺一村党氏庄园，现存石门17座，石窑洞125孔，厢房4间，库房、磨坊、马房若干，窑洞建筑鳞次栉比，错落有序，有上、下、左、右、阳和背院，院落由大门、内外照壁、主窑、厢房、畜圈、过桥等构成，门楼、照壁、厢房及门窗上配有精美的石、砖、木雕，是陕北地区"三明两暗两厢房"传统民居的典型代表。石雕技艺至今也是贺一村的支柱产业。

## 四、结语

以往对于陕西省传统村落的研究多注重于建筑学形态的角度分析单体村落，很少将关注点聚集到整个陕西省的村落群上。本文运用理论研究与实证分析相结合、文献查阅与实地社会调查方法相结合、定性分析与定量研究相结合的研究方法，对整个陕西省的传统村落进行科学地分析与研究，胪述陕西传统村落的空间分布特征以及分布的影响因素，以期对于日后陕西省传统村落的保护和发展研究提供些许参考与借鉴。

**注释：**
①陕西现有西安、渭南、宝鸡、咸阳、榆林、延安、安康、商洛、汉中、铜川等10个省辖市。辖区总面积按陕西省人民政府网站公布的20.56万平方公里计算。
②各省辖市面积数据来源于陕西省人民政府网站。
③[三国·吴]韦昭注:《国语》，上海古籍出版社，2009年。
④王君荣、郑同:《四库存目青囊汇刊阳宅十书》，华龄出版社，2009年。
⑤[清]道光《紫阳县志》，清道光二十年(1840)刊本影印。
⑥[清]严如煜:《三省边防备览》，西安交通大学出版社，2018年。
⑦[清]嘉庆《汉南续修郡志》，清嘉庆十年(1805)刊本影印。
⑧[清]严如煜:《三省边防备览》，西安交通大学出版社，2018年。
⑨[民国]王怀斌修、赵邦楹等撰:《澄城县附志(全)民国十五年铅印本影印》，成文出版社有限公司，1976年。
⑩[清]严如煜:《三省边防备览》，西安交通大学出版社，2018年。
⑪[清]卢坤:《秦疆治略》，成文出版社，1970年。
⑫[民国]陈琯修、赵思明纂:《葭县志(全)民国二十二年石印本影印》，成文出版社有限公司，1976年。
⑬[清]张廷玉等:《明史》，中华书局，1974年。
⑭[清]王如玖:《直隶商州总志点注》，陕西人民教育出版社，1992年。
⑮[清]舒均:《道光〈石泉县志〉》，清道光二十九年(1849)刊本影印。
⑯[清]严一清:《嘉庆〈白河县志〉》，清嘉庆六年(1801)刊本影印。
⑰[清]严如煜:《三省边防备览》，西安交通大学出版社，2018年。
⑱[清]余修风:《光绪〈定远厅志〉》，清光绪五年(1879)刊本影印。
⑲[清]余修风:《光绪〈定远厅志〉》，清光绪五年(1879)刊本影印。
⑳[后晋]刘昫等撰:《旧唐书》，中华书局，1975年。
㉑[清]郑德枢修:《永寿县新志》，陕西三秦出版社，2010年。

(作者单位:咸阳师范学院历史文化学院)

# 夷陵古兵寨遗址及形制特征

◇ 邓刘新

**内容提要**：夷陵古兵寨遗址位于西部大巴山脉的崇山峻岭之中，是古巴楚夷陵特有的历史和文化存在，100多座古兵寨高悬于孤峰危岩之顶，气势恢弘，自发现以来，引起考古学界重视。其构造奇特，集雄、奇、险于一身；功能齐全，烽火台、箭垛、瞭望口等设施充分体现了冷兵器时代的战争特征，具有较高历史、艺术和科学价值。

**关键词**：兵寨遗址 形制 特征 夷陵

夷陵地处长江西陵峡口，是川鄂咽喉，自古就有"上控巴蜀、下扼荆襄"之说。湖北宜昌夷陵区西北至宜昌市兴山县、襄阳市保康县方向，特别是在夷陵区黄花镇晓峰境内，分布着大大小小上百座形态各异的古兵寨建筑遗址群。这些兵寨砌筑在各个险要的山头，兵寨建筑就地取材，用不是很规整的石块，不用任何粘连物，叠垒砌筑于孤峰危岩之顶，凌空高耸。有的则是沿山为壑，仅在隘口用山石砌筑墙体，构筑防御山门。兵寨在此自东南向西北蜿延密布，气势雄伟，让人惊诧。笔者现就兵寨建筑遗址的形制特征谈一点浅见，以供方家指正。

**一、古兵寨遗址现状、分布范围及地理环境**

夷陵古兵寨是目前长江流域发现的最大的古代军事遗存，20世纪90年代初，夷陵古兵寨被逐步发现后得到当地政府的重视和保护。2002年，以晓峰聂家河村杨岭头为代表的三处古兵寨被湖北省人民政府公布为文物保护单位。据全国第三次文物普查和后期多次专项调查统计，仅夷陵区境内就发现140余处古兵寨遗迹遗存，其中有45座古兵寨保存相对完整，其他大都坍塌，仅剩一些寨墙遗存。

这些古兵寨就近取材，由石片干垒而成。所有古寨均不见房顶，保存较好的寨墙内营房、烽火台、防御工事掩体、点将台、骑兵阅马场、步兵操练场、战壕、护城墙等遗迹散落于丛林之中。其面积大小不一，一般300至800平方米，其中最大的古兵寨占地面积近9600平方米，最小的约60平方米。寨内现存房屋最多的有47间，石墙残高1.5-3.2米，厚0.5-0.8米，面积2-10平方米。

夷陵古兵寨分布广泛，分别位于小溪塔街道和龙泉、黄花、分乡、雾渡河、下堡坪、樟村坪等多个乡镇，绵延数十公里，略成扇形状向西北方延伸。其中黄花镇分布就达120余处，主要集中在小峰一带，形成以沿黄柏河西支小峰河流域至七里峡20余公里两岸的聂家河、牛坪、杜家坪、杨家河和二户坪村等规模巨大的小峰古兵寨群落。古兵寨自西北下堡坪、樟村坪至兴山、神农架一直延伸到秦岭；东南到长阳、恩施一直延伸到湖南湘西一带,形成"北方长城"。

夷陵古兵寨距古夷陵 30 公里,处于东经 111° 9′至北纬 30°1′之间,大部分位于各个险要的山头,海拔在 500 米以上,彼此相距 0.5-3 公里,易守难攻。由于地质运动,这里地势高峻,尖峰峭壁层叠,石岭悬岩林立,形成了一条天然漫长的峡谷。因境内是大巴山东支余脉,从西部蜿蜒入境,逐渐向东

南倾斜,致使这里山势高大雄伟、连绵不绝,地形多呈尖峰峭岭,局部形似喀斯特地貌。其中,小峰大峡谷成长廊式谷地,其一侧的杨家河至两河口主体山脉横亘黄花镇西部,长约 38 公里,宽约 0.5-1 公里,海拔自西向东起伏逐渐下降,形成峡谷和部分斗状、串珠状小回廊谷地,是一道天然屏障(图一)。冷兵器时代,夷陵古兵寨与长江西陵峡江关相互呼应,成为夷陵西部的一条重要战争防线。

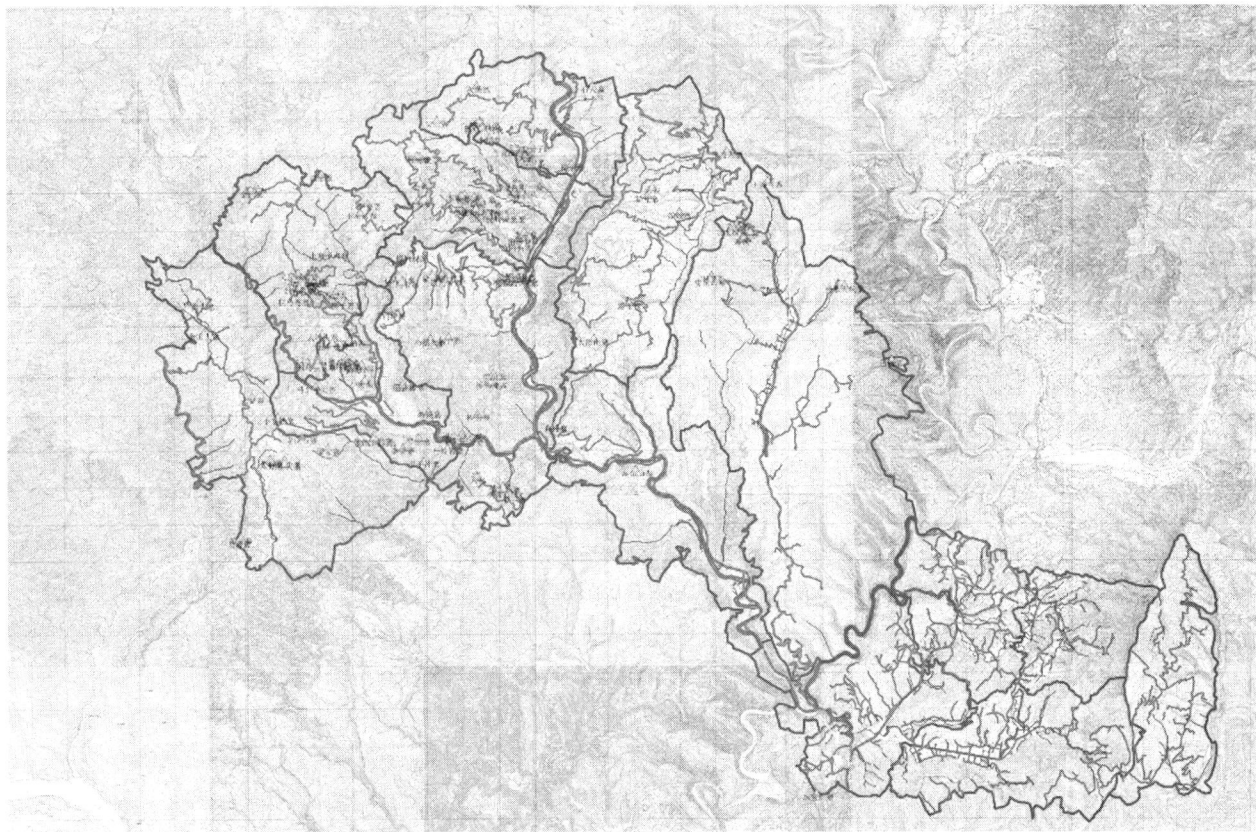

图一　夷陵区黄花镇古兵寨遗址分布图(其中绿色标志代表古兵寨)

## 二、古兵寨形制分类、特征及功能

### (一)古兵寨类型

夷陵古兵寨不是孤立的据点,其建筑规模大、范围广、建筑点众多,它沿着黄柏河流域向西北方绵延数十公里,形成规模巨大、有着纵深作战的民用及军事防御体系。现有聂家河(含杨领头古兵塞、角阳寨、当阳头寨)、黄家白头、聂家白头、杨家河、二胡坪、五龙堡、青龙寨等数十个古兵寨遗址群。古兵寨分布密集,建筑形式多样,建寨用的石料来源于附近山体,大小不一,一般墙体根部石块较大,大的有上百斤重,干垒而成。从建造方式来看,古兵寨大致可分为岩洞式、平顶式、半岛或梯田式三种类型。

### (二)古兵寨的建筑特点及功能

#### 1.岩洞式

《易·系辞》曰:"上古穴居而野处"。为安全起见,人们在岩洞或岩屋的外围垒筑石卡、石墙以防大型动物的攻击和外人入侵,这也是早期"砦"的雏形。这种岩洞式古兵寨共计 15 处。因是利用天然岩屋或洞穴,少数除了用规整的方石块砌成外墙外,还在岩洞入口约 50 米处的路径上设有简易卡门。如鸡笼寨、牛鼻子岩屋寨、丁家洞寨、白龙洞寨、黑龙洞寨、大洞岩寨、张家冲岩屋寨等,只在洞外修筑简易栈道。其中张家冲岩屋寨至今还保存有石磨、石碾、石碓等石器,成为穴居文化的活化石。

另外，还有一种纯人工在砂岩上开凿的岩屋寨，如西北口寨。它地处峡沟之中的半山腰陡峭的绝壁上，距地面6米多高。石寨内部横向开凿成大小基本相同的4开间，高约2米，长方形。每间隔墙开1.2米宽的过道，面积8-12平方米。岩屋进出口与左边第一间石房相连，仅容一人通过，房屋最右侧中部朝外开凿一个倒梯形瞭望孔，并用于采光。

2.平顶式

从地形看，这种古兵寨依山而建，多选址在山峰隘口、地势险要之地。古兵寨多以孤峰危岩之顶或山顶平地为据点，沿四围山势而建，形成单一、封闭的外围寨墙。寨内根据面积、功能等建造大小不一的用房，一般成椭圆形或不规则带状。面积最大的龙泉五龙宝古兵寨占地面积9600余平方米，房屋31间，可容兵万余人。最小的尖山头寨面积约60平方米，除烽火台外，房屋仅1间，容纳不到百人。隘口用山石砌筑墙体，构筑成防御山门。这种平顶式构建方式在古兵寨占绝大多数，全由大小不等的毛石块精心砌筑而成。在选址上注重环境，一般坐西朝东，负阴抱阳，背山面水。有的一面甚至三面临悬崖，有"一夫当关，万夫莫开"之势。古兵寨设计讲究，基本上都有寨卡和出入栈道等辅助功能设施。哨卡一般建在通往兵寨的必经之路上，两旁连接着兵寨的外围城墙，沿着绝壁延伸，组成一道重要的防守屏障。古兵寨通常按照规模大小设计1个东寨门或者1个东寨门和1个西寨门以及1-2条东、西下山通道。东寨门为正门，一般高1.8-2.5米，宽2米左右，以拱形和矩形为主，少数呈圭字形。西寨门为后门，一般较小，和现在人们普通住房房门差不多大小。门框、门槛都是用斧凿的石条砌成，较为规整。有的寨门左右两侧各设有一个小四方形的瞭望孔。通过台阶或栈道进入寨门，再通过转角通道可以登上寨墙。寨墙为不规则扁石块砌筑，残高3-8米，厚度1.2-2.5米，寨墙顶部每3-5米远一般设一箭垛，内墙底部设一圈高约0.3米、宽约0.6米的哨巡走道。

这些古兵寨建筑结构除少数只有高大单一的寨墙外，一般在东、西两侧设有重要关口，大都垒成内外两道墙，外墙2米以上垒有垛口，每间隔3米

设有瞭望孔和射击孔。内部多由瓮城、营房、巡逻道、战壕、望孔、箭垛、烽火台等设施组成。寨内营房成排、巷道相通，有的相互之间还设有暗道，可攻可退(图二)。有的寨中有寨，重重设防，构成多道防御体系。例如角阳寨内除布满巡逻道、瞭望孔、箭垛等防御设施外，其一对如羊角一样的小山脊四周还布置了一圈高1米左右、设有瞭望孔和箭垛的围墙，形成最后一道防线；五龙寨除背面绝壁外，三面还设有约2米高的护城墙；青龙寨外20米处的山坡上有一条宽约1.2米、深0.8米的战壕。寨与寨之间一般相隔1-3公里，其栈道相通。透过瞭望孔，对面的栈道和烽烟互见、鼓角相闻。这些古兵寨依托天险，居高临下，易守难攻。站在烽火台上，上下几十里的交通要道尽收眼底。

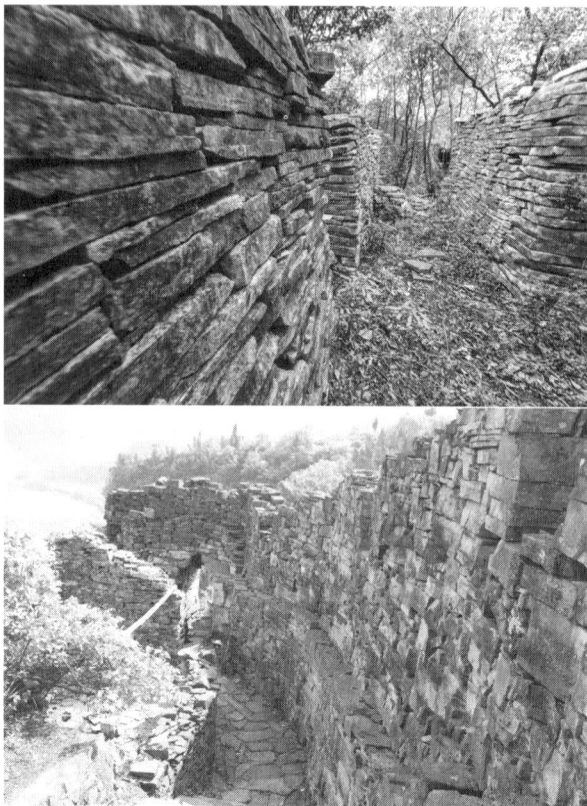

图二 上:五龙寨营房及通道 下:杨领头寨巡逻道

3.半岛或梯田式

古兵寨一般由一座大山或一座大山上1-3个相连的山头合成。其三面悬岩，一面背靠大山，岩下是溪沟峡谷，形似半岛。寨内较平缓，房址以山巅石房屋为中轴，像梯田一样一级一级依山势分层环绕而建(图三)。层数最多的李家寨有五层之多，寨内平顶式独栋建筑40余座；枇杷寨则是在3座山头

独立垒建石寨,形成一体。

图三　白马寨遗址鸟瞰

这种古兵寨在选址上和平顶式古兵寨一样注重环境,讲究风水,一般坐西朝东,依山傍水。建造工艺和平顶式古兵寨基本相似,但建造规模一般比平顶式古兵寨大,其内部结构和功能却相对简单。主要由上山石径、卡门、田园、寨门、寨墙、石房屋等构成。古兵寨都有卡门,一般在通往兵寨的必经之路上设一道拱形门哨卡。门卡与高约3米、宽1.5米的外围城墙一起组成重要的防守屏障,又称山寨的障城。除高大的外墙外,寨内石房屋环绕山体垒砌,较松散杂乱。其大小不一,构造质量也参差不齐,有的墙高约3米,房门和屋脊规整,有的外墙则只有1.2米高,仅沿山体搭建斜顶。从房屋的分布看,大都自成体系,即形成一个家族聚集区或部落独居一寨。寨内靠近中央一般有一大块空地,用来开会或训练,少数在大门左右两侧或寨墙中设有正方形小瞭望口,都没有箭垛、烽火台等设施。寨内寨外有不少梯田,梯田全部用石块砌成,总面积大的可达10余亩,平时用来耕种、生活。古兵寨附近一般水源充足,青龙寨寨卡外数十米处人工开凿的近5立方米的蓄水坑至今仍在使用。

据白马寨、枇杷寨等碑刻记载和史料反映,半岛或梯田式古兵寨大都修建或重修于清晚期,由当地民众自筹银两和物资所建,主要起防御匪患、临时躲避战乱,保护自身生命财产安全的作用。当时清政府推行"县办团练,依山隘寨堡,扼守要路,坚壁清野"的平定教乱策略,要求各地老百姓自主修建,通过筑兵寨、并村落,令百姓移居其中,训练丁壮,进行防守、镇压白莲教起义。这也印证了《清史稿》关于嘉庆年间地方官员贪污朝廷剿灭白莲教匪官银记载的真实性。

### 三、古兵寨的历史及考古调查

(一)古兵寨的相关历史记载

据民国二十五年(1936)《宜昌县志初稿》开篇记载:"襄王十八年(楚成王三十八年)秋(即公元前634)楚灭夔,尽有夷陵邻属地。"是年,楚成王御驾亲征,率部伐夔,攻伐到今宜昌市夷陵区中岭村一带时,成王身故,楚军士气低落,不宜再战,令部队在中岭村羊岭头一带沿山脊修筑兵道(长城),以此为国界守护边疆,与夔军对峙。

《宜昌县志初稿》还引用司马迁《史记》所载,楚顷襄王二十一年(公元前278),秦将白起率领10万大军攻楚,西击西塞(夷陵),将楚军打败,使其残余逃至西陵山中。秦军为防楚军偷袭,将西塞楚军营地和民宅550余间焚为灰烬。

《宋史·宗泽传》曰:"今河东西不从敌国而保山寨者,不知其几"。《宋史·地理志》载,峡州夷陵境内有兵寨10余座。乾隆五十五年《湖北通志》载,聂家河附近的聂渡河驻有塘兵6人,新坪驻有塘兵5人。同治版《东湖县志》记载,东湖县境内以砦命名的地方众多,其中婆婆寨、角阳寨等为驻军场所。

(二)近年来对古兵寨的几次重要考古调查

这些古兵寨始建于何年,历史文献和本地文史资料均无详细记载。为弄清夷陵古兵寨历史,加强对这些古建筑遗存的保护,当地政府多次组织专家对其进行调查和论证,并得到了一些初步成果。

1. 2001年5月9日至10日,原湖北省文物局文物处副处长祝建华、省文物考古研究所研究员杨权喜、宜昌市文化局文物科王家德一行6人,在当地村民的带领下,对晓峰聂家河独石寨、双丫寨、九头寨和聂家河八组4处无名寨进行实地考察。期间,工作人员在九头寨内表层沉积土中发现"景德元宝"和"嘉祐通宝"2枚古钱币,以及数片散落于树叶中的明代青花碗残瓷片和若干清代小青瓦残陶片。因时间紧促,考察组一行只进行了询问了解、拍照和文字记录、定位等简要工作,未给出调查结果。

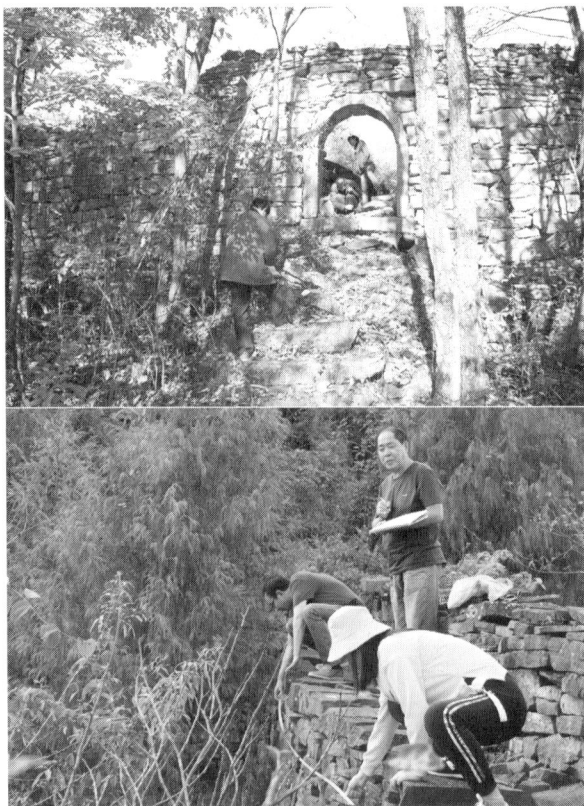

图四

上:2008年文物"三普"宜昌博物馆专家考察青龙寨

下:夷陵博物馆测绘角阳寨

2. 2002年3月18日至21日,北京大学考古系博士生导师高崇文、中国社会科学院考古研究所研究员蒋忠义、中国历史博物馆遥感与航空考古中心主任杨林等6人应邀,对晓峰(聂家河)三峡古兵寨7处遗址群落进行了考察论证并得出具体意见:"一是三峡古兵寨是庞大的古代军事防御体系,是大政社会集团或国家的军事对垒建筑,是重要文物。二是三峡宜昌一带,从春秋战国到南北朝期间,有规模大、时间长的军事对垒,三峡古兵寨可能在这时期修筑,但因缺乏地面层和遗物证据,其准确始建年代暂难确定,有待进一步考证"。

3. 2008年7月至2009年10月,夷陵区开展全国第三次文物普查工作,笔者曾参与其中,在一年多的田野调查中,初步发现62处古兵寨遗址,并按照全国文物普查工作要求登记造册。期间,文物普查小组在九头寨东侧寨墙底部一隐蔽的石缝中发现一个完全破碎的汉代小陶罐,其内有13枚锈迹斑斑的秦代"半两"钱币,其中5枚保存较完整;在角阳寨测绘登记(图四)的过程中,工作人员在杂草丛生的战壕中发现了数片明朝的青花瓷小残片。同时,经过调查访问,在角阳寨附近一聂姓人家中还发现了据说其在上世纪90年代在以上寨子中捡到的锈蚀严重的汉代箭镞和弩机各一件(现已被夷陵博物馆征集并修复入藏)以及疑似明清时期的鸣镝、飞轮、大刀等冷兵器。

4. 2018年9月16日至25日,宜昌博物馆副馆长、研究员张清平、吴义兵2人应邀参加夷陵区古兵寨群遗址申报第八批全国重点文物保护单位田野调查工作(笔者也有幸参与其中),主要对聂家河古兵寨、角阳寨、当阳头寨、李家寨、白马寨、青龙寨、五龙寨、大寨等8处古兵寨遗址进行了GPS定位、测量、绘图、拍照、现场文字记录和文史资料调查整理等具体工作(图五)。期间,工作人员对李家寨遗址最顶端一处约2平方米的哨房进行了简单发掘,其文化堆积层很薄,发掘深度80余厘米就呈现出底部坚硬岩体,现场发掘出一破损成数片的汉代圆形花边草叶纹泥质灰陶瓦当和少许明清陶、瓷器残片等实物。

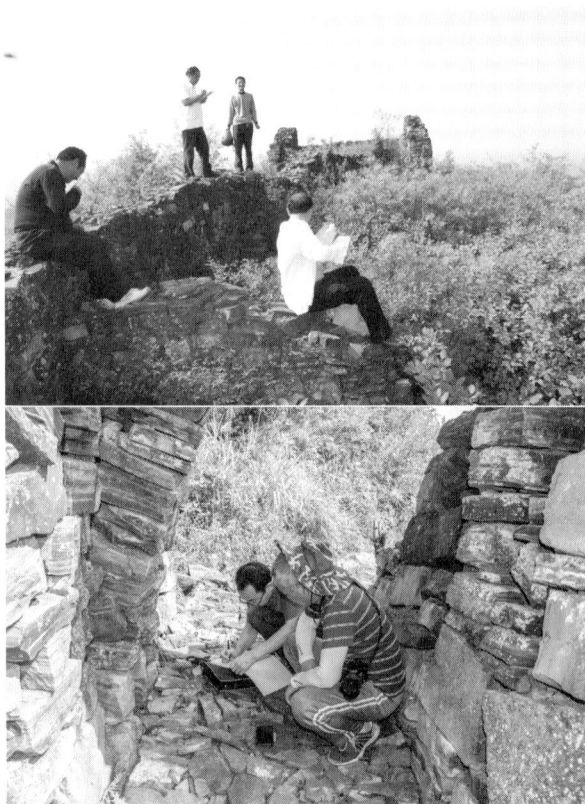

图五

上:2018年宜昌、夷陵博物馆联合考察白马寨

下:2018年夷陵博物馆考察李家寨

5. 2019 年,黄花镇开展"军屯文化之乡"建设,对古兵寨专项调查,陆续新发现二户坪古兵寨遗址群和黄家白头古兵寨等遗址群以及数十处单体古兵寨遗址遗存,总计 120 余处。并发现自嘉庆元年至嘉庆七年以及咸丰年间重修古兵寨的石碑 6 通(图六)。碑文大都记载了建寨的时间、目的、捐款人姓名及数目等内容。如嘉庆七年修建白马寨"万古流传"碑(该碑刻保存在寨脚下一崔姓农家中)记载:"嘉庆元年,逆匪蜂起,杀人放火,扰乱数载,屡害良民,众姓商议,出赀修理佛前山寨口,以为托命保身之所……"

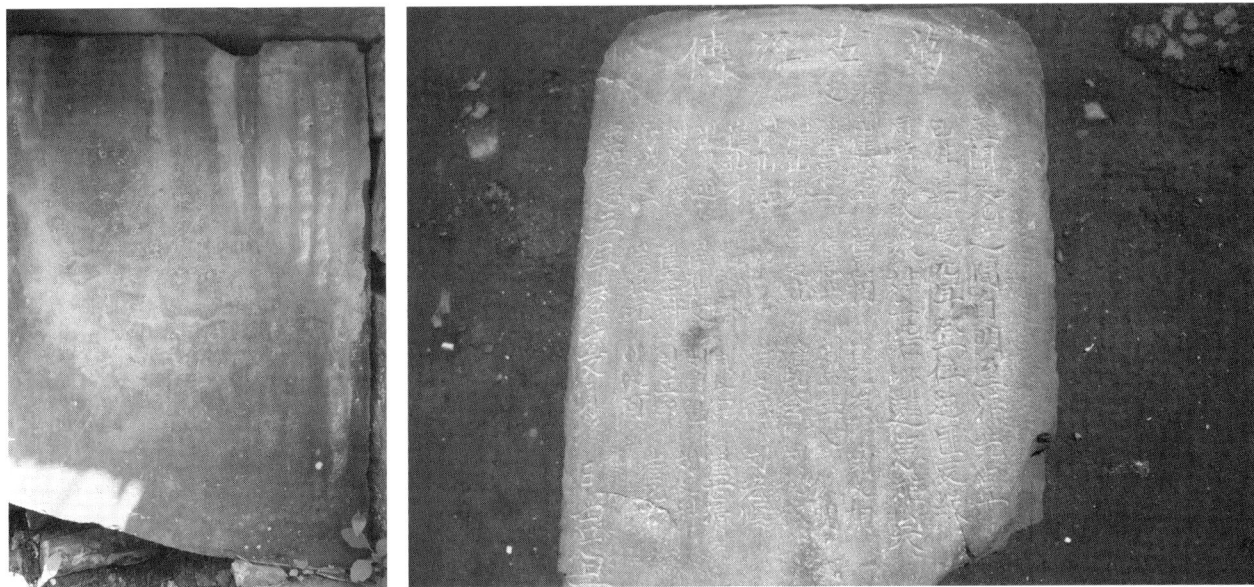

图六　左:咸丰六年重修琵琶寨功德碑　右:嘉庆五年修建白马寨功德碑

**四、古兵寨的现今意义**

夷陵历来是兵家必争之地,是多民族杂居之地,夷陵古兵寨对研究我国古代民族融合、国家统一以及三峡地区古代的政治、军事、经济、文化具有重要的意义和科学价值,在推动当地文化发展、促进文旅融合、带动经济发展等方面具有不可限量的作用。

一是对现代军事学而言,具有一定借鉴意义。其地理特点决定了它既扼三峡北岸旱路入川咽喉,又是夷陵西部的屏障,故每遇战争,这里都成为兵家必争之地。兵寨的结构充分体现了冷兵器时代的战争特征,关卡、寨门、战壕、兵居、箭垛、烽火台、瞭望孔设计讲究、齐全,栈道相通,险而难攻,而且寨寨相望,烽烟互见,鼓角可闻。这些古兵寨的选址、布局、构造、防御功能等体现了当时当地的科学技术水平,兵寨的设计与构建反映出当时指挥者丰富的军事见识,对现代军事及国防建设仍有一定借鉴和教育意义。

二是在历史、美学等方面具有较高研究价值。夷陵古兵寨建筑群,是古代劳动人民智慧的结晶,它古朴自然,雄伟壮观,具有很高的艺术价值,极具地域特色。其数量之多、规模之大、成系列、保存好,为同类遗址所罕见。通过它我们不仅可见夷陵峡江历代的分裂、战乱、匪患以及三峡民众生活状态的影子,尤其是其作为白莲教起义军在这一地区活动的历史实物佐证,填补了地方志记载的遗漏,具有十分重要的历史价值。其承载丰富的历史信息,对于研究我国古代疆域治理、国家统一和军事战役以及近代地域民俗风情等都具有重大的历史文化和科学价值。

三是作为文化旅游资源,推动了当地经济发展。古兵寨凌空高耸,势如悬寨,形体各异,上千年不倒,彰显了峡江地域典型山地建筑风格。作为夷陵大地特有的文化资源,将其遗存遗迹开发成休闲探险游乐场地向世人展现开放,让人们在探险游乐过程中追寻古人的足迹,不仅可以领略古人卓越非凡的构思能力和聪明才智,而且可以体味防御体系遗迹的历史厚重感、沧桑感,加深对今天来之不易的和平幸福的理解和维护。目前,在当地政府大力支持下,杨岭头古兵寨、李家寨先后于 2006 年、

2012 年被开发成旅游景点,相继对外开放,在带来可观经济效益的同时,其文物保护修缮工作也得到进一步夯实,真正在文物保护与利用方面实现了"双赢"。

结合峡江一带的考古发现,如晓峰一带战国时期的悬棺葬,有专家推测古兵寨是一种国界标志。但究竟是巴楚国界还是秦楚国界,还是其他小国国界,有待进一步考证。古兵寨是三国军屯之说也缺乏文献、实物等具体佐证。古兵寨虽然始建年代不详,但有明确记载的年代为宋代,以及从现场挖掘出的"景德元宝""嘉祐通宝"等几枚北宋铸造古钱币推断,古兵寨至少有 1000 余年历史。

夷陵古兵寨的形制、功能和特点与邯郸涉县王金庄春秋战国时期的古兵寨极其相似。根据先前发现的秦代的钱币、汉代的箭镞、弩机以及 2018 年笔者参与夷陵古兵寨第八批申报国保专项调查时,在李家寨遗址发现的汉代五铢钱和部分汉瓦残片推测,笔者认为夷陵古兵寨的历史至少应追溯到汉代或汉代以前。夷陵古兵寨经过历代战火和扩建,才形成如此规模。现存的寨子绝大多数应该在清嘉庆、咸丰时期的匪患中修建,并在近代的兵灾中,经当地百姓多次复修和扩建,以作避难之所。

**参考文献:**

1.秦德标、黄奎:《夔人文化楚探》,《三峡文学》2003 年 6 月。

2.秦德标、黄奎:《三考古兵寨》,《宜昌文博》2016 年。

3.刘玉朱:《宜昌古兵寨几多岁了》,《三峡晚报》2002 年 3 月 28 日第 7 版。

4.黄道华:《宜昌小峰古兵寨考实》,《三峡文化研究丛刊》2003 年第 3 期。

(作者单位:宜昌市夷陵区博物馆)

# 重整国家金融信用:盛宣怀与晚清币制改革

◇ 应焕强

**内容提要**:盛宣怀为振兴国运,努力推进晚清币制改革。广泛征求各省大员币制改革建议,调研国外货币制度、国内各省货币流通情形。倚重部分财政干才、地方大员,铸造官币驱逐洋元,稳固金融秩序,期图重整国家货币信用,维护国家货币发行主权。

**关键词**:盛宣怀 晚清 币制改革 国家信用

晚清政府财政困难,币制改革成为缓解财税收入紧缩窘境的备选项。盛宣怀(1844-1916),字杏荪,江苏武进人,晚清洋务运动重要人物之一,在铁路、银行、厂矿等领域业绩宏大,是晚清货币金融改革倚重的显宦。晚清币制混乱,多个省份擅自设立铸币厂,发展实业。外洋货币涌入,泛滥于民间,货币流通受阻,金融市场失序,国家金融信用处于风雨飘摇之中。银价下跌和国际流行金本位制度加剧了清政府的财政危机,偿还外债压力陡增①。铸币利润丰厚,清廷有意收回铸币权②。许涤新评价盛宣怀借清廷度支部钱款筹办中国通商银行是近代中国官僚资本发展的重要事件,但有肯定其创新经济发展模式③。邓绍辉认为,甲午战争后清政府币制改革中指导思想有误,组织领导、配套措施薄弱,财力不足等原因导致改革措施未能贯彻执行④。韩国学者丘凡真研究指出,西方财税官员亦向清政府建言献策,地方大员阻挠、地方财政存在种种弊病,币制改革寸步难行⑤。总起来看,学界既有成果侧重分析币制改革的失败原因和消极后果。盛宣怀认识到币制

改革关乎清朝国运、雪耻图存、富国强兵急需整顿币制和国内金融秩序。本文尝试梳理盛宣怀以顽强意志努力推进币制改革的运筹和实践,探讨对其后中国重整金融信用、维护中央财政治理权威的积极意义。

## 一、各省大员汇奏币制政策主张

晚清中央政府努力重掌金融管制权。1850年代尝试发行纸币,借力民营银行,结合国家财政税收流通,树立纸币信用和稳固币值。但因国内战乱不断,难以推行。1887年,李鸿章委派盛宣怀等与美国商人洽谈筹建银行⑥。同年,各省大员向牵头币制政策咨询调研的盛宣怀发函,表达各自对币制改革的主张。张之洞向时任邮传部右侍郎盛宣怀通报,称广东全省、广西、福建、浙江、安徽、湖北以及通商口岸城市均使用外国银币。但张之洞亦申明,铸币系国家固有权利。此外,当时使用的外国银币已是"旧洋烂板,破碎熏黑",商民受亏⑦。广东计划聘请外国银匠使用外国上等银来铸币,恢复官币信用。其后,明令缴交各种税款即用省府新铸银币。如

此商民趋利,外国银币自然退出省内流通市场。不过,两江总督刘坤一表示币制改革须慎重,否则弄巧成拙,官币丧失信用,导致外国货币流通更加顺畅⑧。政策建议汇总如下:

(一)仿制墨西哥银元

京师货币流通情形往往牵动其他省份银钱往来和税赋缴纳,多名大员主张仿制墨西哥银元。张之洞建议,银钱重量参照国际流行的墨西哥银元,便于华洋商民使用,利于京内外银货互通。同时昭告中外商民,币制恒定,各种税钱采用新币缴纳⑨。闽浙总督许应骙奏报军机处,认为币制改革需要改铸钱币。银币有成色、分量要求。当时财窘商弱,一两纹银币值过高,难以形成风气,商民必然抵制。因此,他同样建议形制方面与墨西哥银元相同⑩。

(二)商民使用便利为上

地方大员认为短期内难以杜绝外洋货币在华流通。云贵总督锡良奏报,云南流通各种银元多从越南流入。地方政府一度购入四川、湖北的龙元抵制越南法元。奸商搅扰,越南法元充斥全省。民间使用法元,政府已无法禁断。铸造银两,称重上不免会有亏蚀。久而久之,银两因成色、轻重差异,商民优先选用外洋货币,而银两仍旧无法长期通用。他指出,即便规定使用银两缴纳官府各种税款,无法根治市面上外洋货币流通的现况⑪。湖广总督赵尔巽注意到,银价高涨,铜元盛行,极大影响了官府、商民钱财用度。收回市面上广泛流通的七钱二分银元改铸造一两银元,政府无此财力完成该项任务⑫。若此,有两种货币流通。加之清政府已经发行钞票,新增一两重的银元会使得币制再度陷入混乱。收回钞票,则政府金融信用再度丧失。此外,赵尔巽分析认为国民使用货币以便利为主要考量,信用通行的七钱二分钱币。他同样认为,强推一两银元会适得其反,造成外国银币进一步泛滥。

(三)尊重现状,华洋货币并用

部分大员反对清廷提议的统一银两为官方、民间流通货币的政策指引,主张维持现状,承认地方货币铸造权利、允许华洋货币并用。两广总督张人骏奏称,广东对外通商时间最长,商民习惯使用七

钱二分的银元。即便田赋、税厘、俸禄、军饷和赔款仍以银两征收,但出纳仍须用银元。省府仿照洋银铸币七钱二分银元,辅之以铜币,外洋货币流行之势才受到明显遏制。铸造一两重银元为主币,杂质和工耗会令官府陷入严重亏损⑬。一两重银元容易推高物价,加剧民众经济困难。纯银货币容易变形、剐蹭、腐蚀、掺杂其他金属,外国绝少使用。各省自铸银钱,又有大量外国银钱流通,国家全盘收回重新铸造新币,财力窘迫,难以实现。总之,张人骏认为,徐图缓计,依照现状,发行纸币,用银买金,铸造金币施行金本位。逐步稳固本国货币地位,维护在国际贸易中的金融利益。闽浙总督松寿认为无论使用金或银或铜质钱币,信用至上。国家具备金融信用则可发行纸币。考究国外货币施行金本位,货币流通以个数计并不以重量计,各种钱币较为简明、便利⑭。可见,松寿并不赞同清廷中央改铸一两重银元的计划。吉林巡抚朱家宝奏报,日本金币、银币与英镑保持恒定汇率。若铸造纯银货币,银价波动,奸商或囤积或销毁出口,滋生种种流弊,国家金融安全受到严重威胁。他认为,清廷当维持现状,继续使用七钱二分银元,华洋货币皆予以承认。不必标新立异铸造纯银货币,否则会导致纯银再度外流,加剧金融困境⑮。

(四)防范外国金融洗劫,维护国家铸币主权

亦有部分大员深刻认识到外洋货币严重侵蚀国家货币发行主权和金融权益。黑龙江巡抚程德全报告主管省份俄国卢布充斥。他主张废除以两为单位的币制,推广七钱二分银元,并稳定币值。程德全注意到,另有纸币羌帖流行于该省,占流通货币总值六至七成。因此,他对外国以纸币抽取国内银两进行金融洗劫保持高度警惕⑯。中国赔款为货币现银输出大宗,推广银元和币值划一,金本位为根基稳固货币流通,则无亏损之虞。河南巡抚林绍年认为货币发行属于国家主权,要考虑便于商民日常使用而不必频繁折算。币制混乱主要因为各省贪图铸币暴利,而置商民利益于不顾。币制统一实施起来较难但仍须努力实现。他主张收回各地官方发行的龙元。铸币权收归中央,重新铸造国币,依据流通市场需求控制国币供应量,稳定币值。各行业、税赋、

财政以国币交收。查禁私铸货币⑰。

**(五)逐步融入国际金本位制**

另有部分大员认为银两已然过时,亦不必在意外洋货币在华流通,遵从民间结算偏好即可。江西巡抚瑞良奏报,各国币制不同,清朝国库出入以两计。银两有成色差异,官商或借口多收税费,或从中渔利,弊病丛生。银两成色、生银分量等问题长期未得到解决。银两长途运送不便,中外贸易往来,海关仍需换成国际认可的金镑。他预见到推广银元,生银制成的银两终究会被废止。此举还可以逐步确立金本位制度,控制铜币币值涨落⑱。浙江冯汝骙主张货币发行当取消银两,发行银元予商民便利。两种货币在征收税赋时有折算之烦,需要顾及银价涨跌。以枚数计算,远较以重量计算简便。使用与外洋货币形制、材质相近的货币,可以相互抵制,无须担心外洋货币成为强势货币充斥流通市场。而各国货币与墨西哥银元大小大略相同,可见轻质银元已为世人接受⑲。

**(六)中央承认地方铸币**

部分地方大员奏请清廷中央承认地方银元为全国通用的法定货币。内陆省份贵州巡抚庞鸿书奏陈,货币在商业领域使用量为最。银元无论在沿海沿江各商埠抑或是四川云南都相当流行。他认为即便推行银两为国币,也只会在官府内部流通,商民仍然选用银元。此外,订立银两为国币,则须回收龙元重新铸造。一来发行银两的旧有弊病暴露,再者外洋货币在流通市场的份额或会大涨。庞鸿书建议以地方官府发行的龙元为国币,辅以面额较小的银元,利于民间交易找零和兑换⑳。河南巡抚林绍年指出币制混乱肇因各省铸造铜元救荒又可谋取利润。私自铸造货币,货币贬值,民众陷入穷困。他提出银钱、铜元均可认定为国币,而不必处理各种烦难之事㉑。

官员们呈报的政策建议大致认为银两的弊病多,发行银元乃大势所趋。取信于民非单纯统一货币就能达致,须满足市场流通实际需求。盛宣怀深入调研,即便清廷拨付给地方的银两用于官员支取薪酬,官员群体银两使用率亦极低,以至于官府停止铸造银两㉒。铜元市场供应过多,持续贬值,造成

官府财政收入上缴兑换成银两时出现严重亏空。官、商、民都倾向于使用银元,利益无损。

**二、划一币制的政策调查**

清廷派遣钦差督查各省铸币等财政管治措施执行情况㉓,盛宣怀亦调查各地钱币铸造情形。张之洞在广东、湖北设铸币厂,刘坤一等大员奏报所铸货币为七钱二分,刻有省份名称,故而流通范围有限。

光绪二十二年(1896)九月二十六日,官方铸造的银币出款,以此扩大流通,提振官银信用。强力推进官铸银币使用范围,尤其是在地丁、钱粮、盐课、关税、厘金等覆盖面广、大宗项目银钱往来的项目,巩固官铸银币的地位,迅速形成货币流通优势。如此,"利源无外溢,藏富于商民",国家强盛指日可待㉔。

十月,盛宣怀又提议银行亦可商办,加快收回金融利权㉕。晚清中国有票号、钱庄,但是国家并不保障其利权,更难以与西方列强在华银行相抗衡。清廷借债唯有求助洋行,如此巨额利益被洋行攘夺㉖,盘剥、垄断中国商民利益㉗。盛宣怀注意到,英国、法国等财政收入均出入于银行,货币发行权统归中央银行,便利于铁路铺设等大型公共工程推展。具体到操作办法,盛宣怀指出,可以由有名望的绅商集资合股,在北京和上海先行设立中国银行,其他省会和口岸城市设立分行。

清廷高级官员均高调倡议自行铸造银元,但无意推进实施。军机处答复盛宣怀表示嘉许其提议,准其在银行办成后铸造银元,并在南方省份试点推广。如果银元推广顺利,再由户部制定章程确定新的币制㉘。受国际货币标准化影响,广东、湖北、北洋、南洋参照墨西哥银元仿制银元。尽管国内银矿产出和日本银铜进口减少,盛宣怀受命与度支部一道筹谋币制统一㉙。他积极参与相关政策的调研、咨询和部署推进相关计划安排。1908年,盛宣怀去到日本就医时,特意拜会日本政要伊藤博文、日本银行总裁、造币局局长等人,现场参观金融机构㉚、大阪造币局㉛。翌年,盛宣怀意欲效仿日本等国,建立中央银行以统一币制。

清廷决定启动币制改革,将盛宣怀留任在京。

盛宣怀在邮传部任职,协助度支部推进此事。盛宣怀奏请订立5元、10元、100元三种面额的纸币,辅以小额铜元,统一由"大清银行"发行。银行须存有与市面流通货币总量相当比例的金币。盛宣怀前往各省调研,咨询国外财政、精算专家,总结认为银两和银元两种制度无法并存。盛宣怀与张之洞等人商议,得到其他官员奏报讯息,预料到全面推行新币制难以实施。盛宣怀深知在当时放开发行纸币,极易导致通货膨胀、金融秩序混乱。中央政府不大可能轻易采纳其建议,币制改革政策建议亦触犯筹谋印制纸币的鄂、宁两省利益㉜。唯有允许各地区货币互认兑换,中央银行负责搜集各地货币方面的情报,再设法驱逐部分流通劣势的货币,逐步实现币制划一的局面。赫德来华前,盛宣怀即与其面议币制改革事宜。赫德回应清政府不必订定金本位,但须确定金银兑换比例,便利国际商贸汇兑需求。此法保障中国银行在外国的权益,而免于外国银行的节制㉝。

### 三、大兴厂矿,整顿铸币

清朝政府陷入财政危机,但盛宣怀乐观认为仍有转圜的余地,尤其需要开源节流。"办理新政,能强必先能富;整齐元法,善创尤贵善因。"㉞国内商民和西方势力都期盼清政府早日落实币制划一。

（一）整顿中央财政,倚赖巨资稳固国家金融信用

盛宣怀了解到墨西哥银元流行国内,造成国内银两流出。财政收入以银元宝为标准核算、入库。长此以往,清政府难以寻觅银矿铸造银元宝维持财政库银。彼时军费和饷银支出亦须参照北京平银方能安定军心㉟。盛宣怀访问日本财经事务机关的要员后,总结认为币制划一最根本的是整顿中央财政,有议会监督财政,提供充足的资金注入国库,如此才能掌控铸币权、顺利推行统一币制。仿效世界主要流通货币美元建立金本位制。日本货币以纸币为主,金属货币为辅币。中央银行日本银行为唯一发行日币的银行。商人创办银行,由央行派员监督,公示主要账目。在推展过程中,尊重民间货币使用习惯,新铸官币形制、重量与墨西哥银元相若,以此循序渐进驱逐外币在国内市场流通,也不至于冲击财

税征收。清廷财政紊乱、财源匮乏,以至于即便设立中央银行,币制亦会迟迟无法统一㊱。不过,盛宣怀注意到日本在获得甲午战争赔款后才确立金本位制。故而在清政府财政疲弱之时,不必执意于选择金本位制或银本位制。清廷设立银元总局,另在广东、湖北、天津、上海设立分局,铸造银币、金钱、小银钱。盛宣怀注意到,日本发行的货币重量较前期发行的来得轻,但民众不以为意。他认为"国与民苟能上下相孚以信,当不在总量纯质之高低"㊲。国家金融能取信于民,则货币发行畅顺无阻。清廷财政疲弱,各省财力有限,以至于民间执意使用金属货币且在乎大小轻重,"各为风气",流通到外省币值下跌㊳,纸币发行阻力更大。但前期货币发行仍当谨慎精准,运用精良机器和纸张印制钞票。

（二）兴办银行,打破外国银行金融垄断局面

盛宣怀期图清政府主导统一币制,但不能折腾国家经济发展。振兴国家社会经济发展,才是取信于民的根本所在。盛宣怀向清政府建议"广制造、兴矿业",增强经济实力,保障实业利益,振奋商界信心,以免西方列强利用借款厘金长期围猎中国,极大缓解内忧外患的双重压力,期图挽回清廷统治颓势。盛宣怀多次参与中外商约谈判,在整顿金融秩序方面有着国际视野,主张创办银行,谓"中国银行既立,使大信孚于商民、众府,因通而不穷,仿借国债可代洋债,不受重息之挟制、不吃镑价之亏折"㊴。此举可以排斥外国银行在华垄断金融。上海总行设立后,盛宣怀又鼓励各地商人合股创办银行,提议将巨额关税收入存入中国自办银行,经办政府钱款汇兑业务,以此激发商人的积极性㊵。盛宣怀奏请清廷户部部分钱款注入中国通商银行,以此立足金融市场,不至于被外国银行围猎㊶。诸如南北洋经费、东三省军饷等大额财政用款应存放北京,稳定民心。铸币机构分设广东、湖北、天津、上海等商贸交通要冲之地。盛宣怀积极推动活跃金融市场,银行、保险、典当、证券、期货交易等,无不大胆尝试吸引民间资本参与其中,打破地域垄断,才能为新币推广创造理想的市场环境。

（三）规制地方大员操弄铸币

张之洞等在地方举办实业的官员,多倚赖铸币

收入。地方区域流通的货币满足了金融、交易的多项需要，银两货币逐步被淘汰，地方货币信用体系的建立可以稳定市场信心[42]，促进现代银行在华兴起。此外，地方大员鼓动铸币乃至借助日本印制纸币受到中央和商民广泛关注。为保障货币发行主权和避免通货膨胀，中央和地方商民都积极参与规制地方大员的货币金融管控[43]。在商约谈判过程中，盛宣怀要求美国、日本、英国、葡萄牙等对华贸易规范使用国币，保障清廷铸币外贸流通地位。此举可限制墨西哥银元进一步泛滥，亦可压制地方大员操弄铸币的空间。

### （四）扶植矿产业，降低铸币成本

中国铸造货币所需的铜矿、银矿、金矿、煤矿资源丰富，但本国行业发展始终不见起色。铸币所需金属矿产依赖进口，推高国际铜矿价格，铸币成本陡增，而由此亏蚀的金额足以实现在国内开采大型铜矿矿藏[44]。熟稔官商关系的盛宣怀分析认为，主要原因是中国商人畏惧官府干预、抢夺经营权而不愿涉足采矿业[45]，加之需要较长时间的资本积累，矿产勘探成功率约半成导致的经营风险较高，而矿冶对于振兴民族经济、保障铸造金属货币物资供应有着重大现实意义。因之，政府要长期扶植民营企业参与矿产勘探、冶炼，遏制官府短视而任意干预企业经营和盘剥利润，最终培植多家独立的民营矿业企业发展壮大，降低政府远期铸币成本、减少白银外流日本等国。其次，保护本国矿藏资源。李鸿章得知俄国商人意图在黑龙江省开采金矿，阻止外国商人涉足贵金属矿藏开采，建议中国上海等地熟悉政界商界人情、品行端正可靠的富商合股开采，指示盛宣怀酌情办理[46]。另外，政府资助金矿开采，但须在勘探确定有连绵大片矿脉之后方可投入资金购买机械。做好矿区配套基础设施建设、军队提供安保和经济开发工作，吸引农人屯垦，然后招募技术人员和矿工妥善安置才能较为顺利推进，使得矿业发展带来良好社会经济效益[47]。

### （五）划一币制，周密部署铸币

1910年，清政府颁布厘定币制的办法。主币单位为元，重量照旧为七钱二分。盛宣怀负责落实旧币回收、新币铸造和发行。推举干才，联系、监督各

地造币厂运营业务，满足货币供应需求[48]。盛宣怀筹谋铸币工作细致入微，时刻关注社会上各种私自铸造货币的技术和设备，指派可靠人士细密查访禁绝[49]。司法、警察、交通运输部门参与查处制造、运输、买卖假币。严复亦就鉴别铸币真伪、优劣等事宜向盛宣怀建言献策，并举荐相关专门技术人才[50]。清廷用人之际，尤其缺乏财政方面的干才。陈夔龙在江苏担任督抚时即与盛宣怀交好，互相协调救灾、平息民变[51]。陈夔龙调任湖广总督后，盛宣怀仍然帮助陈筹措棉花、粮食等赈灾物资。为推进币制改革，盛宣怀两次托陈夔龙铸造龙元，期图压缩洋元在中国货币流通市场的数量[52]。

盛宣怀坚信，国家自强不外乎练兵、理财、育才[53]。盛宣怀考察日本造币局和中央银行，总结日本币制改革经验和教训，听取日本财经官员的建议。明治年间强推纸币、发行国债都未能立刻奏效，又遭遇国际银价飙升、贸易逆差、国内通货膨胀。最终负责财政事务的中央部委大藏省设法充实国库、吸纳大量旧币缴纳的税款再支出巨额新币，加速新币流通。重大基建项目等支出改用公债，控制市场货币流通量，树立国家金融信用。明治一朝历时30年之久形成日本较为稳固的币制。其后政府逐步增发纸币，回笼贵金属货币。继之，设立中央银行日本银行，则有大量贵金属货币储备，调节币值、物价的功能逐步显现。待到中央银行储备增强、调节利率顺畅，银本位制过渡到金本位制。抛却白银储备转换到金本位制过程中，可能遭遇银价上涨而利益受损，需要及时改革旧制、利用交战国需要白银等商机及早抛售止损。待到贸易额大增、银价下跌之时，扩大纸币发行量，进一步稳固纸币在流通中的地位。因之，盛宣怀感叹，相较于日本，中国银行业还是"培塿"，预见到中国币制改革将更加曲折，扭转外贸颓势、提升经济总量所需年限可能更长。远期财税收入增长点将转向依赖刺激工商业扩张。盛宣怀奏请减低优势行业产品出口税费负担，提升本国企业在外贸竞争力[54]。即便到了辛亥革命爆发，清廷统治走向末路，盛宣怀仍然主张坚守国家政权稳定柱石的武装和钱币。盛宣怀急电端方，要求保住汉阳钱厂和枪炮厂，谓"关系国家实业、军事前途，

十分重大,自在鉴中"⑤。推翻清王朝的孙中山亦赞赏盛宣怀在"经济界又极有信用",恳请遭遇过清廷背弃弹劾、与袁世凯交恶的盛宣怀协助借款纾解国民党财政困难⑥。

### 四、结语

各省操控铸币权,中央财政集权体制崩塌。张之洞等部分大员于抵制外洋银元有突出贡献,努力维护国家铸币主权,但阻挠币制改革说明其对于重整国家金融信用则认识不足,未能进一步扩充中央政府主导金融财政政策,纾解财政困难的实力。币制改革未能持续彻底施行,但社会评价盛宣怀的谋略颇有远见⑦,为民国政府推进财经改革提供了诸多可行方案,各地铸币厂亦得沿用。

致谢:本文获政协常州市委、常州市盛宣怀研究会、江苏理工学院等单位学术论文奖励资助,获北京大学经济学院提供论文成果学术交流奖励资助,谨致谢忱!

注释:

① 王五一:《清末货币本位制大讨论》,《开放时代》2017年第1期,第97页。

② 熊昌锟:《清代币制改革的酝酿与纠葛——以厘定国币为中心》,《清华大学学报(哲学社会科学版)》2019年第3期,第118页。

③ 许涤新:《官僚资本论》,南洋书店,1947年,第20-21页。

④ 邓绍辉:《论甲午战后清政府币制改革及失败原因》,《四川师范大学学报(社会科学版)》1999年4月,第100页。

⑤ [韩]丘凡真:《精琪的币制改革方案与晚清币制问题》,《近代史研究》2005年第3期,第117页。

⑥ Wenkai He, Paths toward the Modern Fiscal State: England, Japan, and China, Harvard University Press, 2013, pp.153-179.

⑦《光绪十三年二月两广督臣张之洞片奏》,《东方杂志》1909年第7期,第47页。

⑧《光绪二十五年十一月两江督臣刘坤一电复军机处》,《东方杂志》1909年第7期,第48页。

⑨《光绪二十五年十一月湖广督臣张之洞电复军机处》,《东方杂志》1909年第7期,第48页。

⑩《光绪二十五年十一月闽浙督臣许应骙电复军机处》,《东方杂志》1909年第7期,第49页。

⑪《光绪三十三年十二月云贵督臣锡良电奏》,《东方杂志》1909年第7期,第50页。

⑫《光绪三十四年正月湖广督臣赵尔巽电奏》,《东方杂志》1909年第7期,第50-51页。

⑬《光绪三十四年正月两广督臣张人骏电奏》,《东方杂志》1909年第7期,第51页。

⑭《光绪三十四年正月闽浙督臣松寿电奏》,《东方杂志》1909年第7期,第52-53页。

⑮《光绪三十三年十二月吉林抚臣朱家宝电奏》,《东方杂志》1909年第7期,第53-54页。

⑯《光绪三十三年十二月黑龙江抚臣程德全电奏》,《东方杂志》1909年第7期,第54页。

⑰《光绪三十三年十二月河南抚臣林绍年电奏》,《东方杂志》1909年第7期,第55页。

⑱《光绪三十三年十二月江西抚臣瑞良电奏》,《东方杂志》1909年第7期,第56-57页。

⑲《光绪三十四年正月浙江抚臣冯汝骙电奏》,《东方杂志》1909年第7期,第57页。

⑳《光绪三十三年十二月贵州抚臣庞鸿书电奏》,《东方杂志》1909年第7期,第57页。

㉑《光绪三十四年河南抚臣林绍年片奏》,《东方杂志》1909年第7期,第59页。

㉒《邮传部右侍郎盛宣怀奏陈币制未尽事宜片》,《东方杂志》1909年第8期,第71页。

㉓ 刘增合:《纾困与破局:清末财政监理制度研究》,《历史研究》2016年第4期,第47页。

㉔ 盛宣怀:《候补四品京堂盛宣怀胪陈自强大计》,载毛佩之辑:《变法自强奏议汇编·卷四》,文海出版社,1977年,第138页。

㉕ 盛同颐:《盛宣怀行述》,载中国科学院近代史研究所史料编辑室编:《洋务运动(第8册)》,上海人民出版社,1961年,第58页。

㉖ 盛宣怀:《请招商设立中国银行疏》,载《皇清道咸同光奏议(第一辑)》,文海出版社,1969年,第583页。

㉗ 盛宣怀:《上李鸿章拟设通商银局节略》,载上海图书馆编:《上海图书馆藏盛宣怀档案萃编(上)》,

上海古籍出版社,2008 年,第 103 页。

㉘《军机大臣等议复盛宣怀条陈折》,载毛佩之辑:《变法自强奏议汇编·卷四》,文海出版社,1977 年,第 149 页。

㉙[清]瑞澂:《清史稿·列传二百五十八·盛宣怀》,第 2 页上。

㉚《邮传部右侍郎盛宣怀奏陈划一币制办法折》,《东方杂志》1909 年第 6 期,第 31 页。

㉛盛宣怀:《盛宣怀日记》,广陵古籍出版社,1998 年,第 38 页上。

㉜盛宣怀:《致礼部尚书陆再启(宣统元年四月初四日)》,《愚斋未刊信稿(光绪二十二年至民国四年附:家书)》,文海出版社有限公司,1974 年,第 168 页。

㉝《邮传部右侍郎盛宣怀奏呈各种币制条陈》,《东方杂志》1909 年第 8 期,第 62 页。

㉞《邮传部右侍郎盛宣怀奏陈币制未尽事宜片》,《东方杂志》1909 年第 8 期,第 72 页。

㉟盛宣怀:《候补四品京堂盛宣怀胪陈自强大计》,载毛佩之辑:《变法自强奏议汇编·卷四》,文海出版社,1977 年,第 137 页。

㊱盛宣怀:《盛宣怀日记》,广陵古籍出版社,1998 年,第 44 页下。

㊲《邮传部右侍郎盛宣怀奏呈各种币制条陈》,《东方杂志》1909 年第 8 期,第 66 页。

㊳盛宣怀:《盛宣怀日记》,广陵古籍出版社,1998 年,第 10 页下至第 11 页上。

㊴盛宣怀:《候补四品京堂盛宣怀胪陈自强大计》,载毛佩之辑:《变法自强奏议汇编·卷四》,文海出版社,1977 年,第 137 页。

㊵盛宣怀:《复君实书》,《愚斋未刊信稿》,文海出版社,1974 年,第 16 页。

㊶盛宣怀:《遵议中国同上银行沥解官款疏》,载《皇清道咸同光奏议》,文海出版社,1969 年,第 584 页。

㊷王昉、燕红忠、高宇:《晚清区域货币市场发展研究——以营口"过炉银"为中心》,《历史研究》2016 年第 3 期,第 97 页。

㊸朱英、许龙生:《清末民初湖北官钱局向日本订印钞票述论》,《安徽史学》2017 年第 3 期,第 27 页。

㊹盛宣怀:《盛宣怀日记》,广陵古籍出版社,1998 年,第 16 页上。

㊺盛宣怀:《盛宣怀日记》,广陵古籍出版社,1998 年,第 14 页上。

㊻李鸿章:《李鸿章致盛宣怀函》,载《上海图书馆藏盛宣怀档案萃编(上)》,上海古籍出版社,2008 年,第 53 页。

㊼周冕:《筹办东三省金矿说帖》,载上海图书馆编:《上海图书馆藏盛宣怀档案萃编(上)》,上海古籍出版社,2008 年,第 67 页。

㊽杨观:《叶景葵任天津造币厂监督前后相关函札三通释读》,《文献》2015 年第 2 期,第 83-89 页。

㊾盛宣怀:《致竹楼》,《愚斋未刊信稿》,文海出版社有限公司,1974 年,第 115 页。

㊿严复:《与盛宣怀书》,载王栻编《严复集》,中华书局,1986 年,第 601 页。

(51)应焕强、陈磊:《谊关桑梓:盛宣怀与清末常州慈善救疗事业》,《江苏地方志》2020 年第 4 期,第 26-29 页。

(52)盛宣怀:《寄武昌陈筱帅(宣统元年九月二十四日)》,《盛上述愚斋存稿初刊一百卷·卷七十五·电报五十二》,思补楼藏版,第 3 页上。

(53)盛宣怀:《自强大计折(清光绪二十二年九月)》,《中国近代币制问题汇编》,年代不详,第 13-14 页。

(54)盛宣怀:《商约大臣盛奏请减轻茶税折》,《农学报》1902 年第 184 期,第 1 页。

(55)盛宣怀:《盛宣怀为保汉阳钱厂、枪炮厂愿出重犒致荫昌函(宣统三年八月二十四日)》,载中国第二历史档案馆编:《中华民国史档案资料汇编 第 1 辑 辛亥革命》,江苏人民出版社,1979 年,第 178 页。

(56)孙中山:《孙中山致盛宣怀》,载上海图书馆编:《上海图书馆藏盛宣怀档案萃编(上)》,上海古籍出版社,2008 年,第 262 页。

(57)陈夔龙:《邮传大臣盛公神道碑》,载汪兆镛辑:《碑传集三编·卷七》,文海出版社有限公司,1978 年,第 382 页。

(作者单位:复旦大学国际关系与公共事务学院)

# 江阴市博物馆藏钱玄同致刘半农信札识读与考略

◇ 刁文伟

**内容提要**：江阴市博物馆收藏有刘半农信札 165 通，经整理，其中的 141 通皆为民国时期的文化、教育界名人写给刘半农的信件，这批信札所涉及的名家众多，研究价值极高，是珍贵的民国史料。其中钱玄同致刘半农信札有两通，写信的时间分别是 1932 年 2 月 23 日和 12 月 5 日，通过识读信的内容并结合史料研究，阐述两者之间不平凡的关系。这批信札属首次公开，为钱玄同与刘半农之间的关系研究，增添了新的史料。
**关键词**：江阴市博物馆 钱玄同 刘半农 信札 新史料

江阴市博物馆珍藏的刘半农信札，是 2003 年由中国人民大学移交所得，这得益于刘氏后裔的无私奉献以及人民大学的宽阔胸襟①。据刘半农子刘育伦先生的回忆，这批信札能得以保全，历经诸多坎坷，而今展现在世人面前，确为万幸之万幸。由于这批信札过去从未公开，因此它的展现，为民国时期文化、艺术的研究增添了新的史料。

信札共计 165 通，整理出其中的 141 通后可知，信的作者涵盖了当时中央教育行政机构、科研院所、北平各高校的领导、教授，以及美术界、文博界、出版界、收藏界的顶尖人物，可谓群英荟萃。这批信札中包含有 2 通钱玄同分别在 1932 年 2 月 23 日和 12 月 5 日写给刘半农的信件，写信时距刘半农去世，相差了约两年的时间。

钱玄同（1887–1939），浙江湖州人，民国初期著名的教育家、思想家、语言文字学家，是五四新文化运动激进派代表人物之一②。早年留学日本，成为章太炎的弟子，与黄侃、鲁迅、周作人

等师出同门。1910 年回国后从事教学工作，1913 年至北京任教于北京高等师范学校，1915 年开始兼任北京大学的教授，1917 年又兼任北大国学门的导师（图一）。

图一　入职北大时的钱玄同

刘半农（1891-1934），原名寿彭，后改名为"复"、字半侬，北大任教后改为"半农"，江苏江阴人，是五四新文化运动的闯将，文学和语言学家、中国实验语音学的奠基者③（图二）。

图二　刚入职北大的刘半农

**一、钱玄同致刘半农信札识读**

按写信时间的先后顺序，介绍如下：

1.第一通（图三）识读：

半农兄：

某问题，我还要来打搅你一次：

（1）何故惟爆发声容易闹出"流音"的问题 而其它如无声、摩擦声等则否？我的回答是：因为爆发声最短，

一爆发即完，故略一延长即显明的露出"流音"来了。这个说法对不对？

（2）ㄅㄚ音虽无"流音"，是否可以说有与ㄅ前ㄚ后这些不必理会的同样的流音？说到

另纸　这里，我要向你宣誓：我绝对不是反对或者怀疑你的"无流音"说。老实说，我是甚愿其"无流音"，则讲堂上就很容易说，只消说"ㄅㄚ无流，ㄆㄚ有气流"，岂不干脆也乎哉！其所以必须要那么问你者，因为现在要做几句简单的国音发音说明，关于这流音的问题，是不能不说几句。但既要说了，那就无论

另纸　如何简单，"似尚宜"要从ㄅ前ㄚ后那些不用管它的流音说起，于是看的人要怀疑了："何以ㄅ前ㄚ后都有流音，而从ㄅ到ㄚ反倒没有'过道儿'呢？"此我之所以为难而必须向你讨办法也。若你有不必说到那么无用的流音（即ㄅ前ㄚ后者）而能将"ㄅㄚ无流"而"ㄆㄚ有流"的简妙的说法，那就请替我做个枪手（不是要

另纸　你包办文章，只是要你出主意而已。）但如无妙法，则ㄅㄚ中无流与ㄅ前ㄚ后有流（虽然无用）之说，我总觉得有些别扭也。惟 先生教之，幸甚幸甚！并希于一半天内赐书为荷。

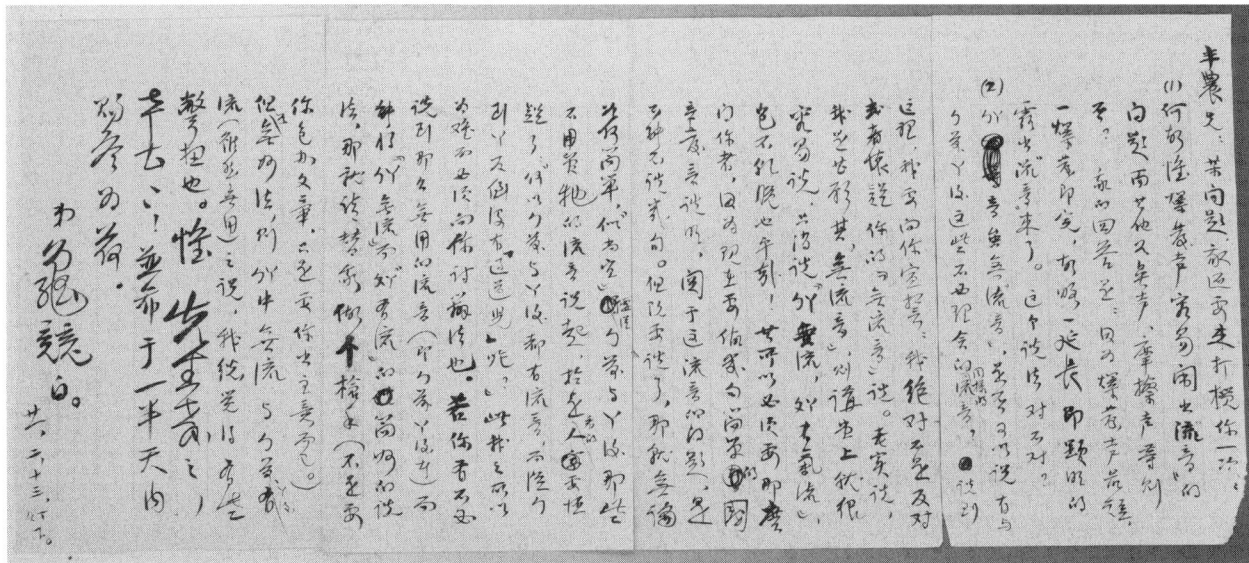

图三　钱玄同致刘半农信札第一通

弟 龟竟 白。

廿一，二，十三，灯下。

注：编号：LXB——001

类型：毛笔行书 使用标点

用纸："苦雨斋"条格信纸 4 页

尺寸：25.2×14.9 厘米

日期：署廿一，二，十三。（1932 年 2 月 13 日）

龟竟：钱玄同

2．第二通（图四）识读：

半农吾兄：

开蒙要训已看了一道，自"盘挐"至"乖懒"廿八句已代为点断，其他尚有数处我觉得有点"似尚宜"者，均一一记明，乞再复审为荷。同文一隅亦送还。鄙意此书无甚用处。且以为凡此类书现在皆无用处。因为若为应用计，只应从习惯，无所谓正俗；若要考古，至少须看说文。（其实说文也不过汉朝的同文一隅耳。真要找源，必当向甲骨及铜器中求之。不过此语只可为专门治文字者道；若对普通人说，自然说文也就

对付着可以算数了。）至于宋元明清四代常有一种辨字体正假的书，则于考古及应用两无当也。

兹有恳者：北大研究所旧生周国亭，他现在因要看道藏，特在骑河楼一带租了公寓，天天到松公府去看书，近因所中至下午五时即止，他要请求延长一点时间，要我向您设法通融。如可通融，务请特许，无任感荷。手颂

大安。 弟 钱玄同 白。廿一、十二、五、

注：编号：LXB——002

类型：毛笔行书 使用标点

用纸：普通蓝色条格信纸 3 页拼接

尺寸：24×39.7 厘米

日期：署廿一，十二，五。（1932 年 12 月 5 日）

周国亭：北大研究生，道教民俗研究学者，曾发表论文《唐道教考中之元始天尊》（《经世》第 47-48 合期，1939 年 9 月）颇有影响，后任教于西北联大，并从事考古研究。

《开蒙要训》：是我国古代儿童课本之一，为六朝马仁寿撰写。此书宋代于中原佚亡，幸敦煌藏经洞保存有 27 个写卷。

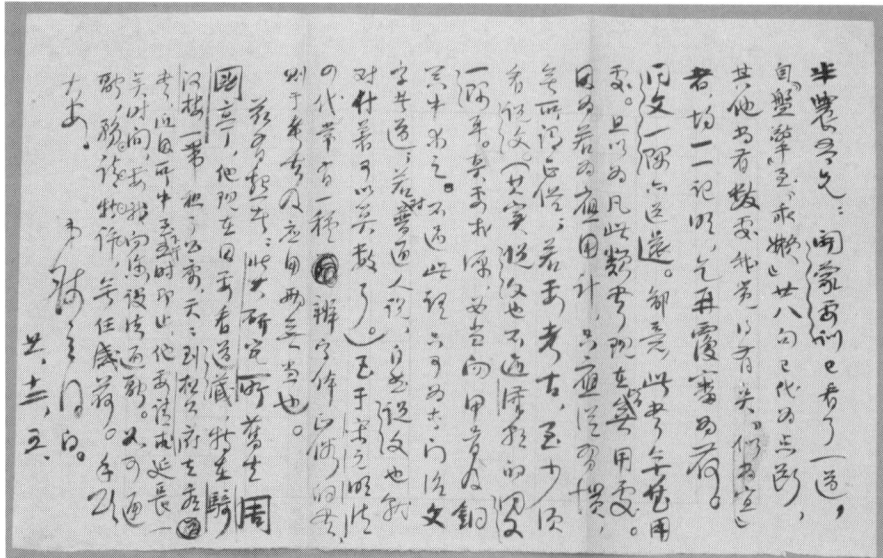

图四 钱玄同致刘半农信札第二通

## 二、钱玄同与刘半农关系考略

钱玄同要大刘半农 4 岁，在 1917 年夏天的北京大学开学季，27 岁的刘半农进入北大任教，若论国学的功底和执教的经历，彼此间还是有些差距，

钱玄同的资历显然要比刘半农深厚许多，但是为了"新文化"的共同目标，两人很快的就走到了一起。

北京的"五四新文化运动纪念馆"展出了一封刘半农写给钱玄同的信，署日期为 1917 年 10 月

16日，也就是刘半农到北大任教两个多月以后所写(图五)。信中刘更多谈及的是文学改良的问题，同时又担心新文化运动有被阴干导致半途而废的可能，因此想和钱玄同面谈。这封信是两人早期交往的实证，更是五四新文化运动的重要史料。从信的内容来看，首先是钱玄同写信给了刘半农，这让初来乍到的刘半农异常惊喜，因此很快就写了回信，并在信的最后，表达了想和钱玄同成为好友的愿望(图六)，就此开启了两人十七年的心照神交。

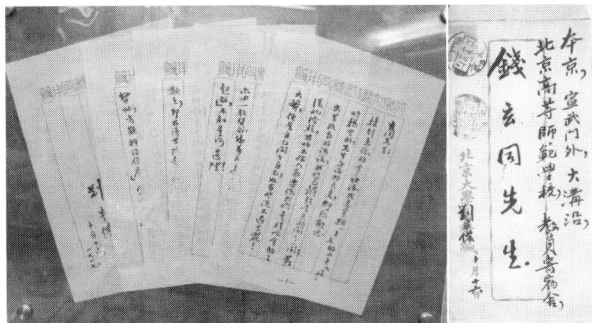

图五　五四运动纪念馆中展示的
刘半农致钱玄同信和信封

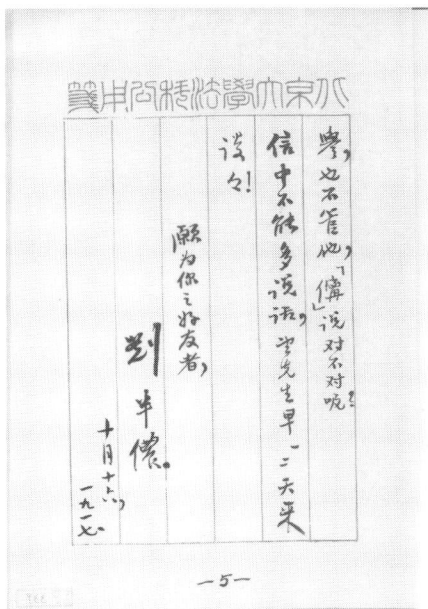

图六　钱玄同致刘半农信札的最末页

在信中，刘半农还当仁不让的说："譬如作戏，你、我、独秀、适之，四人，当自认为'台柱'，另外再多请名角帮忙，方能'押得住座'"，显然，在刘半农的眼中，他已然将钱玄同当作自己的战友了。无独有偶，胡适后来在《新文学的建设理论》一文中说道："这时候，我们一班朋友聚在一处，独秀、玄同、

半农诸人都和我站在一条路线上，我们的自信心更强了"④。胡适的这句话，更加印证了，在新文化运动的初期，面对重重阻力，"四大台柱"的合作和团结起到了至关重要的作用，钱和刘就此义无反顾地投身到文化革命的滚滚洪流当中。

刚来北京的刘半农尚未摆脱在上海卖文时的一些"封建习气"，时常在谈话间流露出"才子佳人""红袖添香"的口气，是钱玄同、周作人、鲁迅等不断的对其进行讽刺，甚至将他的名字"半农"改为了"半伦"，最后刘半农接受了好友们"攻击"，逐渐放弃了这种旧感情和旧思想。钱玄同在新文化运动中与刘半农可谓是黄金搭档，如果将陈独秀、胡适比喻为旗手，那么钱玄同、刘半农肯定就是先锋官。"双簧信"事件就是他俩自编自导的一场杰作，有力地推动了"五四"新文化运动向纵深发展(图七)。此后两人又同是国语统一筹备会会员(图八)，与周作人、胡适等共同提出了"国语统一进行方法"的议案和《请颁行新式标点符号议案》⑤。

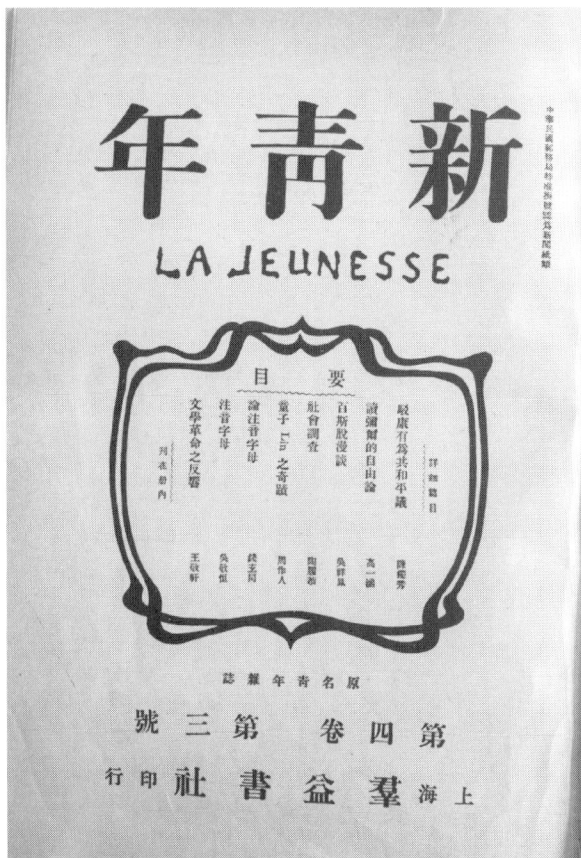

图七　刊登在《新青年》杂志1918年4卷3号的
双簧信——王敬轩之《文学革命之影响》

图八　1919年国语统一筹备会合影(四排左四为刘半农,其右前为钱玄同)

1918年,北大开始举行全国范围的征集歌谣活动,此项提议是由刘半农最先提出,得到了钱玄同、周作人、沈尹默、沈兼士等人的大力支持,并由此五人组成了歌谣征集组⑥,后来随着歌谣征集工作影响力的逐步扩大,在此基础上又成立了歌谣研究会,刘与钱俱为此做出了巨大的贡献。1926年,刘半农的代表诗集——《瓦釜集》出版,这是一部新诗史上具有里程碑意义的诗集,他开创性地采用了方言写作的民歌体形式,其书面题签就是钱玄同所书,足可见刘半农对钱的倚重(图九)。

1925年,刘半农留学归国后回到了北大,在他的倡议下,成立了"数人会",成员以在京的音韵学学者为主,共计六人,除钱玄同与刘半农以外,成员还有赵元任、黎锦熙、汪怡、林语堂,大家经常聚会,共同讨论有关方言和语音等学术问题⑦。此外钱与刘都有着深厚的《语丝》情节,《语丝》杂志创刊于1924年,发起人为周作人、钱玄同等,鲁迅则是《语丝》的灵魂人物。刘半农归国后也自然成为了《语丝》的重要撰稿人,他们志趣相投,观点相近,共同为《语丝》撰写了大量反帝反封建思想的文章,刘半

农称钱的为人是"激昂慷慨"、其文章是"富于讽刺的锋芒"(图十)。

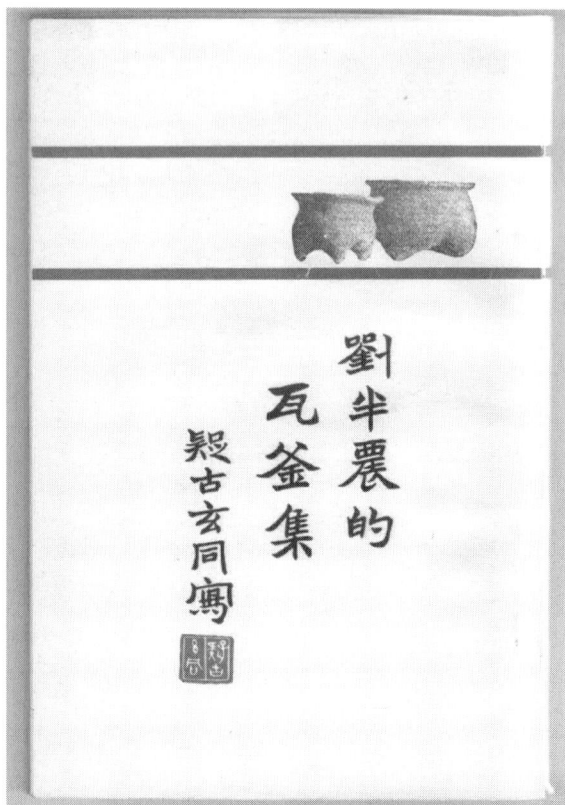

图九　《瓦釜集》书影(刘半农著,钱玄同题签)

图十　苦雨斋五四时期同人合影

（从左至右沈士远、周作人、刘半农、沈尹默、马裕藻、沈兼士、徐祖正、苏民生、钱玄同）

此后钱玄同开始专注于学术研究，主要参与"国语统一会"的工作并专职于北师大国文系主任一职。而刘半农则供职于北京大学，虽不同校，但两人交往并未疏远，通信也是沟通联络的常用方法之一。钱、刘二人是好友，不仅表现为同一战壕的战友，更是学术上的诤友。两人一见面就是"抬杠"。1926年，刘半农应成舍我之邀，担任《世界日报·副刊》的主编，钱玄同致信给刘半农，反对他担任主编一职，并表示绝不会给刘任何的稿件于该杂志上发表。为此刘半农发表了一篇《与疑古玄同抬杠》的文章，算是对钱玄同的公开回复。文中刘还用戏谑的笔调写道："我们两个宝贝是一见面就要抬杠的，真是有生之年即抬杠之日，如今从口头上抬到笔上，不得不有打油诗以作纪念：闻说杠堪抬，无人不抬杠，有杠必须抬，不抬何用杠，抬自犹他抬，杠还是我杠，请看抬杠人，人亦抬其杠"。

林语堂之《人间世》第一卷第十三期上刊登了一篇钱、刘之轶事，摘录如下："欢喜冤家　刘半农与钱玄同相识于民国六年，缔交至今仅十七年耳，而每相见必打闹，每打电话必打闹，每写信必打闹，甚至作为文章亦打闹。虽总角时同窗共砚之友，无此顽皮也。交友至此，信是人生一乐"；"玄同昔常至余家（按：刘半农家），近乃不常至，所以然者，其初由于余家畜一狗，玄同怕狗，故望而却走耳，今狗已不畜，而玄同仍不来，狗之余威，固足吓玄同于五里之外也。"

另外还有则典故，那就是钱玄同与保守派论战时，曾愤言"人到40岁就该死，不死也该枪毙"。话是说出去了，问题也就来了。1927年，钱玄同四十岁时，有人就以此说事，现今都以为这件事情，胡适是始作俑者，其实闹的最凶的是刘半农，抬着杠就找上门来了。他发起在《语丝》上专门出一纪念专号，刊登两人之合影照（图十一），以纪念即将被"枪毙"的钱玄同。还好此事被沈尹默给劝阻而未能施行，而这张照片却成了1934年林语堂《人间世》杂志纪念刘半农专号上的扉页。照片的来源是周作人的收藏，周还专门在上面写下了刘半农要"枪毙"钱玄同这事，钱、刘的合影本来就不多，而这张却成为了经典。

影合生先二同玄钱農半劉

图十一　刘半农与钱玄同1927年摄于北京孔德学校

（《人间世》1934年17期纪念刘半农专号）

从个人情感而言，钱对刘于1934年的早逝是极为痛惜的，《钱玄同日记》®1934年7月14日条："…得幼渔电话云，半农于今日下午二时一刻逝世，殊为惜痛……自闻半农噩耗，一幕一幕地想起来，拟撰一挽联，未毕，又拟于《国语周刊》上写一纪念文"；7月16日条："半农于今晨八时在协和地窖殓，友人往者甚多，我未往，七时项回家，偕婠、强二人(雄孔德有事)至北大一院门口候路祭……即移灵后门外之嘉兴寺,我亦送往,安柩时又行三鞠躬礼……四时又往嘉兴寺,因接三也"。

钱玄同其时已患有严重的高血压症,故未能去协和医院参加半农的入殓,而是偕妻子和三子钱三强在路边等候,与送葬队伍会合后一起送至嘉兴寺。7月18日条:"…九时归,动手做《亡友刘半农先生》一文,甫半,明日上午必须赶定"。从以上记述可看出钱对刘在私人情感上还是相当深厚的,这是老朋友之间的真情流露。刘半农的墓碑背面的墓志铭是蔡元培撰文、章炳麟篆额,由钱玄同为其书写的(图十二)。

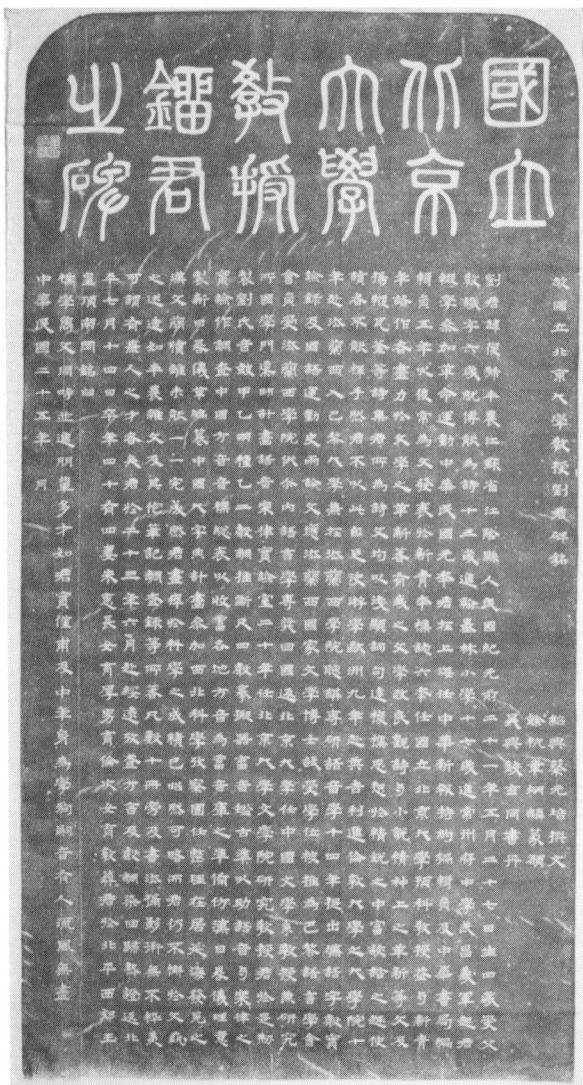

图十二　钱玄同书写的刘半农墓志

钱玄同撰写的《亡友刘半农先生》一文客观公正的对刘半农在国语运动上的三点贡献作了细致的罗列,对于这点钱应当是最有发言权的,这其中

并无夸大、溢美的成分,完全是客观而公正的评价:

"半农是一个富于情感嫉恶如仇的人,我回想十五年前他作文痛骂林纾、'王敬轩'、丁福保诸人时那种狂热的态度,犹历历如在目前,但他绝不是纯任情感的人,他有很细致的科学头脑,看他近十余年来对于声调的研究与方言的考察可以证明。这样一位虎虎有生气的人,若假以年寿,则贡献于学术者何可限量!……这实在是学术界——尤其是国语界一件很大的损害!"

此外,钱玄同为刘半农撰写的挽联,内容最为全面,竟然多达一百四十八字,上联叙述了其前半生投身于文学革命而取得之业绩:"当编辑新青年时,全仗带感情的笔锋,推翻那陈腐文章,昏乱思想;曾访江阴四句头山歌,创作活泼清新的扬鞭瓦釜。回溯在文学革命旗下,勋绩弘多,更于世道有功,是痛诋乩坛,严斥脸谱";下联则道尽了他后半生献身专业学术的硕果辉煌:"自首建数人会后,亲制测语音的仪器,专心于四声实验,方言调查;又纂宋元以来俗字谱,打倒繁琐谬误的字学举偶。方期对国语运动前途,攻陷无量,何图哲人不寿,竟祸起虮虱,命丧庸医"。也只有钱玄同才会对老朋友刘半农了解的那么的深刻了!

**三、对信札内容的考略**

钱玄同与刘半农的交往,过去都主要探究两人在"五四"新文化运动的这一段时期,至于晚年,似乎两人的关系淡化了,这种淡化主要体现在两人因为都开始专注于学问,而不再像五四时期那样有着饱满的文学革命的合作精神,除了聚餐时的晤面谈天外,其他都已经不复存在了。此次整理出了两通钱玄同致刘半农信札,这是两人晚年交往之史料,极为珍贵。这两封信恰恰说明一个事实:其实两人关系一直很亲密,"抬杠"只是文人间的"风雅"而已,相互的学术支持贯穿于两人交往的始终。

此次整理出钱玄同致刘半农信札共计有两通:第一通写于1932年的2月13日,署名为"龟竞",所用的信纸为"苦雨斋"信笺,故而从信笺上看,会误以为此信是周作人所写,但文人间互赠信笺为常事,用赠送之信笺写信就再自然不过了。因此此信还需从内容、字体及署名上来作判断:以"龟竞"

署名,钱玄同不常用,周作人《知堂回想录》⑨之"一二六 二马之余"条载:"…玄同本来也会喝酒,只因血压高怕敢多吃,所以曾写过一张酒誓,留在我这里…'我从中华民国二十二年七月二日起,当天发誓,绝对戒酒,即对于马凡将、周苦雨二氏,亦不敷衍矣。恐后无凭,立此存照。钱龟竞十。'下盖朱文方印曰龟竞…"。"龟竞"的出处即以此佐证。另外信中的字体也符合钱玄同的笔迹,因此确定此信出自钱玄同之手。这封信是因为语音学方面的问题,钱玄同征询刘半农的意见,从语气上看就是丝毫不客气,真是有生之年即抬杠之日。

第二通写于1932年12月5日,信的内容主要还是谈学术,并为周国亭请托延长阅览时间。钱玄同为《开蒙要训》断句,是为刘半农编著《敦煌缀琐》中辑的出版作准备,《开蒙要训》收录于《敦煌掇琐》之"教育类"目录之下,这是国内首次校录《开蒙要训》一书,此后一段时间内,国内的相关研究大多以此为基础进行。刘半农请钱玄同为自己的学术专著把关,可见彼此的相互支持是常态化的。至于对《同文一隅》的探讨,钱说其为合理,恐与刘不谋而合也。

注释:

①郑正恕:《重归刘半农故里江阴》,《解放日报》2005年02月21日。

②李可亭:《钱玄同传》,河南大学出版社,2002年,第1页。

③翁雪花、刁文伟主编:《文开新域流芳中华——江阴市博物馆藏"刘氏三杰"文物集萃》,故宫出版社,2019年,目录页。

④吴锐:《国学大师丛书(18)——钱玄同评传》,百花洲文艺出版社,1996年,第26页。

⑤徐瑞岳:《刘半农评传》,上海文艺出版社,1990年,第111页。

⑥徐瑞岳:《刘半农年谱》,中国矿业大学出版社,1989年,第62—63页。

⑦朱洪:《刘半农传》,东方出版社,2007年,第106页。

⑧钱玄同、杨天石主编(整理本):《钱玄同日记》,北京大学出版社,2014年,第1024页。

⑨周作人:《知堂回想录》(下),安徽教育出版社,2008年,第256页。

(作者单位:江阴市博物馆)

# 郝懿行与孙星衍交游考补一则

## ——兼论《山海经笺疏》所据《北堂书钞》底本

◇ 妙庆龄

**内容提要**：郝懿行与孙星衍均为乾嘉时期的考据名家，乾嘉文人之间交游甚密，学术交流也颇为频繁。今就郝懿行《与孙渊如观察书》中所提向孙星衍求抄明抄宋本《北堂书钞》中引《山海经》文一事考析，以探二人之间的学术交流互动，并理清原委，补其交游事迹一则。另可兼论郝氏《山海经笺疏》所据《北堂书钞》底本，据考当为孙氏所藏，王石华初校之明抄宋本《北堂书钞》。
**关键词**：郝懿行 孙星衍 交游 《山海经笺疏》《北堂书钞》

清代乾隆、嘉庆时期盛行以考据为中心的学术研究，从而形成了声势浩大的乾嘉学派，故梁启超言"乾、嘉间之考证学，几乎独占学界势力"[①]，也涌现了诸多考据名家，如阎若璩、钱大昕、段玉裁、孙星衍、高邮王氏父子及栖霞郝夫妇等。而乾嘉学派的兴盛壮大离不开乾嘉学者间的学术交流活动，师承友亲之交影响了彼此的学术倾向，郝懿行与孙星衍之交即是一例。郝懿行，字恂九，一字恂韭，号兰皋，山东栖霞人。孙星衍，字渊如、季逑，伯渊，江苏阳湖人，二人俱为乾嘉时期的经学大家，以文章考据闻名于世。然今关于郝懿行与孙星衍交游事迹考究则显薄弱，今人研究多仅据郝懿行文《与孙渊如观察书》，而未言孙星衍之互动，颇为粗疏。故今就目前所见文献爬梳考析，补孙星衍及郝懿行交游互动事迹一则，见微知著，以探乾嘉学者学术交际互动之影响。

### 一、问题的提出：郝懿行寄札孙星衍

郝懿行在《与孙渊如观察书》中言"至若寻山脉川，《水经注》是其潭奥；草木虫鱼，《尔雅》是其钤键。旁逮动植之伦，可以治疾疗病，《神农本草》又复足资津涉。其它是正文字，辨析异同，《玉篇》《广韵》《类聚》《御览》之属，是其华苑。已上书籍，殆将搜采无遗，唯《北堂书钞》未见写本……外将需检之书而此间未有者谨单开列。《开元占经》内引《山海经》，《北堂书钞》写本内引《山海经》及《尔雅》者，俱希钞示"[②]。据此可明郝懿行作《山海经笺疏》已经收集《水经注》《尔雅》《神农本草》《玉篇》《广韵》《类聚》《御览》等书，然未见写本《北堂书钞》，故而向孙星衍请求抄示其所藏写本《北堂书钞》中所引《山海经》及《尔雅》文，以作参考。郝懿行作为藏书家，尤重收藏善本古籍，其视孙氏所藏《北堂书钞》为难见之善本，在《古〈左传〉考》一文中再言"观察博雅好古，家藏多善本书，尝得《北堂书钞》，系古写本，在陈禹谟改刊之前，其中援引经传多与今本不同，此

其一也"③,盛赞孙氏所藏《北堂书钞》。

而孙星衍《明钞本〈北堂书钞〉跋》文也言"《北堂书钞》百六十卷,明人影宋抄本,虽文字讹舛,然是虞氏原书,可宝也"④,言明其本为影宋本,比之陈禹谟本删削增改之误漏,更接近原貌,故为难见之珍本。孙星衍尤为重视此本,广邀名家共校,据严可均言"阳湖孙渊如得《书钞》,卷首有云章阁及纫佩斋收藏印,不知何许人也。渊如作跋尾,别纸夹置卷首。其书中用丹笔改字者,王石华也。卷首用墨笔录锡鬯《类要跋》者,亦石华也。书中校语用墨笔者,余与洪筠轩也。……嘉庆中,渊如约王伯申略校,伯申约钱既勤同校"⑤,校者就有王石华、严可均、洪颐煊、王引之、钱东垣,可谓当时的学林盛举。

而观郝懿行向孙星衍请求抄写《北堂书钞》中所引《山海经》及《尔雅》之事,据郝氏所言,孙星衍还许其作叙文一事,《与孙渊如观察书》云"先生津逮后学,奖藉鲰生,前呈鄙著《山海经疏》,猥蒙激赏,并许辱作叙文,良深感佩"⑥。然就今所见《山海经笺疏》,未见孙氏序文,故此抄引《山海经》及《尔雅》文献一事,值得考析。此外,郝懿行谓"闻山尊说,先生不日南旋,以此且停,容再寄上,外将需检之书而此间未有者谨单开列。……"⑦,"山尊"即是"吴山尊",也即吴鼒,与孙星衍交游甚密,其妻为孙氏族妹。严可均言"己巳春,吴山尊去官南下,见是书,求得副本"⑧,己巳春,吴鼒去官为嘉庆十四年(1809),其求得孙氏所藏《北堂书钞》副本,可见二人情谊之深厚。而据《孙星衍年谱新编》郝懿行寄札于孙星衍为嘉庆十三年(1808)十二月⑨。故观孙星衍与吴鼒交游之密,吴鼒当早知孙星衍所藏写本《北堂书钞》之事,而与郝懿行言说之际未曾求得副本,因而郝懿行才寄札于孙星衍求其影写宋本《北堂书钞》中所引《山海经》及《尔雅》一事。

然就此难免多问,郝懿行寄札之时,孙氏等人校正工作已经开始,孙星衍是否抄示给郝懿行相关文献?而所抄示的《北堂书钞》中《山海经》及《尔雅》又是否包含其校正之文抑或是原本?皆有待探究。

**二、初证:考《山海经笺疏》所据《北堂书钞》底本**

据统计,郝懿行《山海经笺疏》及《尔雅义疏》所

见《北堂书钞》文分别为29条及2条,故选择以《山海经笺疏》为中心探讨郝氏所据是否为孙星衍所藏明人影宋抄本《北堂书钞》及孙氏所抄示文献原貌。

**(一)《山海经笺疏》所据《北堂书钞》为孙星衍藏本**

郝懿行在笺疏《山海经》"反缚两手与发"文引言"《北堂书钞》四十五卷引则有之;又上句作'梏其右足大道',下句'系之山木之上',与今本异。此据影钞宋本,虽多误字,极是善本"⑩,言明其所据为"影钞宋本"《北堂书钞》,与孙星衍所藏影宋抄本可相照应,为其一证。而今孙星衍所藏明人影宋抄本《北堂书钞》已被国家图书馆收藏,中华再造善本系列所收《北堂书钞》即是,以下称孙本,但因后期资金不足,未校勘完善,故今以孔广陶续校本为善,以下称孔本。除此之外,四库全书所收陈禹谟本《北堂书钞》也颇为重要,下文称陈本。故以孙本为主,旁以孔本及陈本对校,得出异文三则,可探究郝氏《山海经笺疏》所据《北堂书钞》底本为孙本。孙本文录入,正文后用":"写入相关引文。

1.一曰:在岐舌东,为虚四方。羿与凿齿战于寿华之野,羿射杀之,在昆仑虚东。郭璞注:凿齿,亦人也,齿如凿,长五六尺,因以名云。

懿行案:《北堂书钞》一百十八卷引此注,"人"下有"貌"字,经文"之"下无"在"字,此脱衍⑪。

孙本:战于寿华之野:《山海经》云:翠与凿齿战于寿华之野,射杀之翠,昆仑墟东。注曰:凿齿,忽人貌也,齿如凿,五六尺,因名云也⑫。

按:郝懿行所言与孙本同,郭注"亦人也"中"人"下存"貌"字,陈本及孔本俱无,即可证郝氏所据为孙本。而言经文"在昆仑虚东"无"在",孙本及孔本俱是,陈本则存"在",然引文后存"补"字,知此为陈禹谟删改后补,见其本之漏。孙本文"翠""忽"经王石华校改为"羿""亦",确是也。

2.有女子方浴月

懿行案:《北堂书钞》一百五十卷引,"浴"上有"澄"字⑬。

孙本:浴月:《山海经》云:有女子方澄浴月,帝后妻⑭。

按:孙本合郝懿行所引之言,"浴"上存有"澄"

字,而孔本及陈本俱无,可证。"后"王石华校改为"俊",二字形近,故易讹,今本《山海经》皆作"俊",王校确也。

**3.有九丘**

懿行案:《北堂书钞》引,"有"上有"地缘"二字,与鸟民连文⑮。

孙本:神民之丘:《山海经》云:盐长国有人,鸟首曰鸟民。地缘,有九丘,以水给之,名曰陶唐之丘,升得之丘、益之丘、昆吾之、叔人,天子之丘,是曰叔人丘。注曰:为丘作名⑯。

按:郝懿行所引《北堂书钞》文"地缘"与孙本同,而孔本作"四地相缘",陈本则无此文,明郝氏所据当为孙本。然孔本"四地相缘"为善,孙本于"陶唐之丘"再引此文即作"四地相缘"。

从以上三则异文对校即明郝懿行《山海经笺疏》所据《北堂书钞》当为孙本,其言"影钞宋本"《北堂书钞》即为孙星衍所藏明人影宋抄本《北堂书钞》。

**(二)论孙星衍抄示《北堂书钞》中《山海经》文原貌**

据严可均言"其书中用丹笔改字者,王石华也。卷首用墨笔录锡鬯《类要跋》者,亦石华也。书中校语用墨笔者,余与洪筠轩也"⑰,王石华校文用丹笔,卷首所录朱彝尊《大唐类要》跋文也为石华所为,严可均与洪颐煊则用墨笔以别。而郝懿行及孙星衍皆云此明人影宋抄本《北堂书钞》是多错漏,故孙氏抄示郝懿行之文时是否包含王石华及严可均等人校正成果,值得讨论明之。以下四例引文可论,补孙本原文及相关校正成果于后,以求明晰。

**1.服之者不霆。**郭璞注:不畏雷。霆,霹雳也,音廷挺之廷。

懿行案:《北堂书钞》一百五十二卷引此经,"霆"上有"畏"字,注无"雷霆"二字,今本脱衍也⑱。

孙本:半石有草,之不连:《山海经》云:半石有山草焉,生而秀也,大赤叶赤华,名曰嘉荣,服之不霆。注曰:不畏霹雳。

王石华校:"霆"前增"畏"⑲。

按:据郝氏所引《北堂书钞》文,"霆"上存"畏"字,且郭注无"雷霆"二字,孙本无"畏",然王石华校

增存,而今孔本、陈本及今本《山海经》皆存"畏",知王校之善,孔本当承袭王校之成果,故明此条参据王校。

**2.其上有水焉,甚寒而清**

懿行案:《北堂书钞》一百四十四卷引此经,亦作"清"⑳。

孙本:甚寒而清:《山海经》云:高前之山,上有水焉,甚寒而,旁台之浆,饮者不心痛也。

王石华校:"而"后增"清""旁"校改为"帝"㉑。

按:郝氏所引《北堂书钞》存"清",孙本则无,然王石华校改存,孔本继承王校,同作"清",知当参据王校,陈本同为"清"。

**3.与日逐走,入日**

懿行案:《北堂书钞》一百三十三卷,李善注《西京赋》《鹦鹉赋》,及张协《七命》引此经,竝作"与日竞走"㉒。

孙本:为邓林:《山海经》云:夸父与日鼟走,渴饮河渭,河渭不足,北饮大泽,未至道,走死,弃其杖,化为邓林矣。

王石华校:"鼟"校改为"竞"㉓。

按:郝氏所引言《山海经》"逐",《北堂书钞》作"竞",查孙本原文知其作"鼟"竞"乃王石华校改之文,证郝氏参据王校。然王校所据,正如郝懿行所举李善注《西京赋》《鹦鹉赋》,及张协《七命》皆与《北堂书钞》同作"竞",且陈本也作"竞"字,故王校善也。鹿忆鹿文《〈山海经笺疏〉引唐代类书考》提到此条,其提出《书钞》所引"夸父"文共有两条,分别于卷一百三十三,此为郝氏所参,另一于卷一百四十四,是也㉔。然郝懿行仅引言卷一百三十三之文,故其所见《北堂书钞》引《山海经》文当有缺漏。

**4.有叔得之丘**

懿行案:《书钞》引,"叔"上有"升"字㉕。

孙本:神民之丘:《山海经》云:盐长国有人,鸟首曰鸟民。地缘,有九丘,以水给之,名曰陶唐之丘,升得之丘、益盈之丘、昆吾之。叔人,天子之丘,是曰叔人丘。注曰:为丘作名。

王石华校:"给""升""益"校改为"络""叔""孟","升"前增"有","昆吾之"后补"丘、黑白之丘、赤望之丘、参卫之丘、武夫之丘、神明之丘"文㉖。

按：郝懿行言"叔"上有"升"显然是抄写文献人之误，将王石华校正"升"为"叔"理解为"叔"前增补"升"字，以"升叔得之丘"文抄写，误矣。今孔本、陈本仍作"叔得之丘"，今本《山海经》也未见"升"字，即可明之，然也反映了郝懿行参据了孙本《北堂书钞》中的王石华校注成果，故而才有此误。

从上述四则引文考析，即知孙星衍向郝懿行抄示的《北堂书钞》文包含了王石华校正之文，而是否包含严氏等人校注成果，则需另论。孙星衍于其本《北堂书钞》篇首用丹笔所记"嘉庆七年正二月，又属王石华兄手校一过"(图一)，即明王石华于嘉庆七年以丹笔手校一遍，初步改定文之粗疏，而严可均与洪颐煊用墨笔以校当在其后。严可均谓"嘉庆中，渊如约王伯申略校，伯申约钱既勤同校，仅二十许叶而辍业。胡砚农助刻赀二百金，云将续寄四百金，渊如属余校刻。余竭八九月之力，校刻卷百三十二起至卷百六十止，砚农刻赀杳不续寄，余遂辍业"[22]，从严氏此语，知嘉庆中，王引之、钱东垣、严可均先后进行校注，然未能完成，陆续辍业，此时所本当为王石华嘉庆七年手校之本。而观严氏等人校注，一直未能完成，且开始较晚，郝懿行于嘉庆十三年寄札孙星衍，所见当仅王石华初校成果，从郝氏引文中也未见参据严氏等人墨笔校注之语，亦可证之。

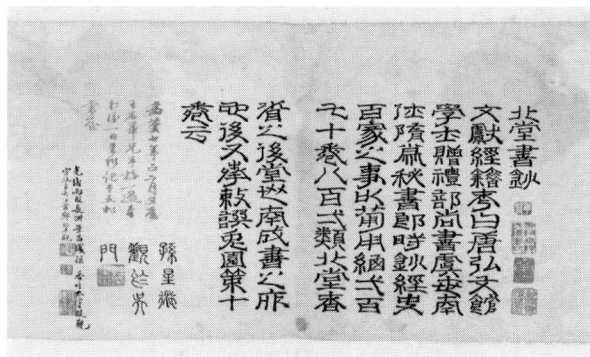

图一　孙星衍丹笔言王石华手校之语

(三)所引《北堂书钞》文与孙本不合处

在《山海经笺疏》29 条《北堂书钞》引文中，存有两条与孙本不符之文，值得考析，否则难免存疑。

1.有鸟焉，其状如雄鸡而人面，名曰兔徯，其鸣自叫也。

懿行案：《北堂书钞》一百十三卷引此经，"面"

作"首"，"鸣"作"名"，盖形、声之讹[28]。

按：依郝氏之言，《北堂书钞》引经"鸣"作"名"，然孙本正作"鸣"，与郝氏言之不符。鹿忆鹿言此条"其实尤袤本《山海经》也作'其名自叫'，同《北堂书钞》所引，可见各有出处"[29]，然今本《北堂书钞》，孔本及孙本皆作"鸣"，仅陈本作"名"，似合郝氏之语。但陈本非郝懿行所言"'面'作'首'"，故此条当不据陈本，"鸣""名"音近易讹，恐为抄写文献之手误。

2.是神也，主司反景。

懿行案：《北堂书钞》一百四十九卷引此经，"反"作"仄"，恐误[30]。

按：孙本《北堂书钞》卷一百四十九共引此文两次，皆与《山海经》文同作"反"，而非"仄"，故此条与孙本异。作"仄"文义不通，故郝懿行也言"恐误"，"反""仄"二字形近易讹。今《太平御览》卷四引经仍作"反"，故此或为抄写引文文献人之手误。

从以上两则与孙本相异引文考析，可明其中之误并非版本之别，而多为抄引之误。据统计，《北堂书钞》引《山海经》共 51 条，而《山海经笺疏》仅见 29 条，内容未完全利用，且存有抄写文字错误，因此抄写人是否为孙氏存疑，以其学术素养，不应如此简陋，下文将论。然仍可定郝懿行《山海经笺疏》所据《北堂书钞》底本为孙星衍藏王石华初校明抄宋本。

从郝懿行《山海经笺疏》中所据《北堂书钞》文献材料看，其向孙星衍请求抄示明抄宋本《北堂书钞》中相关《山海经》文献一事得到了落实。孙星衍给予了切实的回应，且展示了王石华初校《北堂书钞》的成果，为郝懿行完善《山海经笺疏》倾其之力，二人交游互动亦可得见，同时也明证了郝懿行《山海经笺疏》所据《北堂书钞》底本当为孙氏所藏王石华初校明抄宋本。

### 三、再证：探孙星衍书札之言

今关于郝懿行及孙星衍的交游研究少见，因相关文献少有而难深入，目前多仅据郝懿行《与孙渊如观察书》言二人师友关系，而少言孙星衍回应之文。郝懿行的著作保存较为完善，多以《郝氏遗书》刊出，但至民国时，国家动乱，郝氏家族衰微，郝懿行书札及未刊出著作多被售卖。闻一多《致游国恩》就言"郝兰皋后嗣携兰皋遗著二十余种来平求售，弟已看到，独无关《楚辞》者"㉛，知其时郝懿行之文当已散出，今人更难见之。但通过文献梳理，在胡适《跋郝懿行、孙星衍诸人手贴》中提到"刘叔雅收藏的清代学者手迹六件，二为孙星衍小简，一为马瑞辰书，一为藏庸论校刻《〈山海经〉笺疏》书，一为胡承珙约同人为郑康成作生日启，以上五件都是写给郝懿行的；又一件为郝懿行写而未发的小简，六件都是从栖霞郝家流出的。诸件中，藏庸的两纸长书最可供考证"㉜。据此可明，郝氏后人应进行了郝懿行书真迹的大量售卖，而刘文典就藏有两件孙星衍寄于郝懿行之简文，但可惜胡适并未关注，而仅言藏庸的两纸长书可供考证。

今《云南省志·人物志》言"此外，刘文典还辑录清代学者之间交往的书信，装裱成几幅长卷，其中孙星衍与郝懿行之间的信函居多。然而，遗憾的是这些极具学术价值的著作及资料，均因种种原因未能及时出版，除遗失一部分外，其余主要保存于北京及安徽有关部门"㉝。即知刘文典收藏了孙星衍与郝懿行交流的信函，并做了相关辑录整理工作，然而今有散佚，且去向不明，因此今人研究难免疏漏。但可幸的是，通过查找，发现安徽博物院存有刘文典所藏孙星衍寄于郝懿行书札，当为胡适所言两件小简之一。其文言有"当属人写《北堂书钞》中所引书文"(图二)，就此一句即可明矣，孙星衍收到郝懿行之书札，以札回应，但并非亲自抄写相关引文，而是令人抄之。

鹿忆鹿在其文《〈山海经笺疏〉引唐代类书考》一文中，分析了《山海经笺疏》中的《北堂书钞》引文，也发现了郝氏并未完全利用《北堂书钞》所引《山海经》之文，并且多次强调。言"若将《北堂书钞》实际引用《山海经》的条目与《笺疏》的引用相对照，便可发现郝懿行在进行校注的工作之际，并没有全数引用《北堂书钞》，许多内容被遗漏，或因与《艺文类聚》《初学记》二书的内容相近而被省略"㉞，其言或为一因。然今从孙氏书札之语，知此事非孙氏亲为，郝懿行收到《北堂书钞》中《山海经》文存有手抄误字及内容缺漏的问题，恐多为抄书之人粗检而成。如郝懿行于"见则其国为败。有九钟焉，是知霜鸣"所引言"《北堂书钞》一百八卷引此经及郭注，

'知'竝作'和'，疑今本字形之讹"㉟。此条今孙本卷一百八所引《山海经》文为"丰山九钟，是和气鸣。郭璞注云：霜降则钟鸣，故言和也"㊱，而郝懿行仅言"知""和"之异，未指"霜""气"之别，似其所见并非此条。而孙本卷一百五十二再引此文为"丰山有九种(王石华校为"钟")，是和霜鸣。注曰：霜降钟鸣，故言和也，物有自然感应"㊲。此条所引"气"正作"霜"，与郝氏所据更加贴近，故可知郝氏所见孙本《北堂书钞》所引《山海经》文献当有错乱，即明抄录人之粗漏。

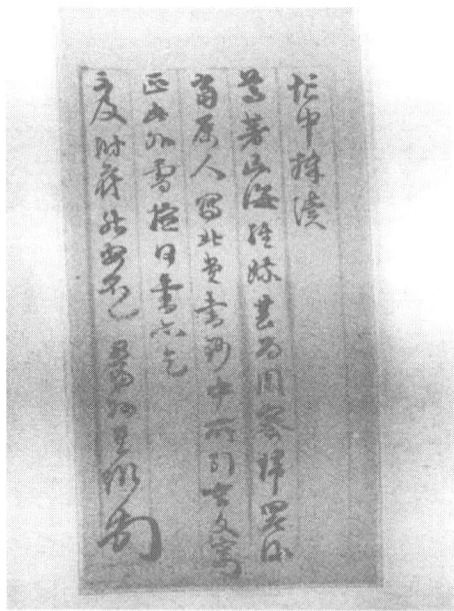

图二　孙星衍回复郝懿行书札㊳

四、小结

据郝懿行《与孙渊如观察书》，吴鼐告其孙星衍南旋消息，故郝氏乘此寄札求取其所藏明抄宋本《北堂书钞》中所引《山海经》及《尔雅》文。通过考定今《山海经笺疏》所据《北堂书钞》底本为孙本，及安徽博物院所藏刘文典捐献的原郝氏家族的孙星衍回复书札一则，即知二人此次交游互动往来属实。由孙、郝二人这次文献往来交游，可见乾嘉文人集体的学术传承，孙星衍于郝懿行，师重于友。因孙氏藏书丰富及学识深厚，郝懿行不仅向其请教学术，还求取文献书籍，而孙星衍也给予了及时的回应，其不仅命人抄示《北堂书钞》中《山海经》文，还附上王石华所校成果，见其提携后进的拳拳之心。今之《山海经笺疏》的完善不能脱离孙氏而论，故以此文补二人交游事迹一则，其余有待诸家推进。

注释：

①梁启超：《中国近三百年学术史》，山西古籍出版社，2001 年，第 24 页。

②[清]郝懿行：《郝懿行集》，齐鲁书社，2010 年，第 5228—5229 页。

③[清]郝懿行：《郝懿行集》，齐鲁书社，2010 年，第 5334 页。

④孙星衍所藏《北堂书钞》今存国家图书馆，中华再造善本中明清编存，此跋位于篇首。

⑤《清代诗文集汇编》编纂委员会编：《清代诗文集汇编》470，上海古籍出版社，2010 年，第 684 页。

⑥[清]郝懿行：《郝懿行集》，齐鲁书社，2010 年，第 5227 页。

⑦[清]郝懿行：《郝懿行集》，齐鲁书社，2010 年，第 5229 页。

⑧《清代诗文集汇编》编纂委员会编：《清代诗文集汇编》470，上海古籍出版社，2010 年，第 684 页。

⑨马振君：《孙星衍年谱新编》，黑龙江大学博士学位论文，2015 年，第 349 页。

⑩[清]郝懿行撰、沈海波校点：《山海经笺疏》，上海古籍出版社，2019 年，第 231 页。

⑪[清]郝懿行撰、沈海波校点：《山海经笺疏》，上海古籍出版社，2019 年，第 195—196 页。

⑫[清]孙星衍、王石华、严可均等校：《北堂书钞》，中华再造善本古籍，卷一百十八。

⑬[清]郝懿行撰、沈海波校点：《山海经笺疏》，上海古籍出版社，2019 年，第 290 页。

⑭[清]孙星衍、王石华、严可均等校：《北堂书钞》，中华再造善本古籍，卷一百五十。

⑮[清]郝懿行撰、沈海波校点：《山海经笺疏》，上海古籍出版社，2019 年，第 312 页。

⑯[清]孙星衍、王石华、严可均等校：《北堂书钞》，中华再造善本古籍，卷一百五十七。

⑰《清代诗文集汇编》编纂委员会编：《清代诗文集汇编》470，上海古籍出版社，2010 年，第 684 页。

⑱[清]郝懿行撰、沈海波校点：《山海经笺疏》，上海古籍出版社，2019 年，第 150 页。

⑲[清]孙星衍、王石华、严可均等校：《北堂书钞》，中华再造善本古籍，卷一百五十二。

⑳[清]郝懿行撰、沈海波校点：《山海经笺疏》，上海古籍出版社，2019 年，第 175 页。

㉑[清]孙星衍、王石华、严可均等校：《北堂书钞》，中华再造善本古籍，卷一百四十四。

㉒[清]郝懿行撰、沈海波校点：《山海经笺疏》，上海古籍出版社，2019 年，第 210 页。

㉓[清]孙星衍、王石华、严可均等校：《北堂书钞》，中华再造善本古籍，卷一百三十三。

㉔鹿忆鹿：《〈山海经笺疏〉引唐代类书考》，《东吴中文学报》2021 年第 41 期，第 74 页。

㉕[清]郝懿行撰、沈海波校点：《山海经笺疏》，上海古籍出版社，2019 年，第 312—313 页。

㉖[清]孙星衍、王石华、严可均等校：《北堂书钞》，中华再造善本古籍，卷一百五十七。

㉗《清代诗文集汇编》编纂委员会编：《清代诗文集汇编》470，上海古籍出版社，2010 年，第 684 页。

㉘[清]郝懿行撰、沈海波校点：《山海经笺疏》，上海古籍出版社，2019 年，第 36 页。

㉙鹿忆鹿：《〈山海经笺疏〉引唐代类书考》，《东吴中文学报》2021 年第 41 期，第 77 页。

㉚[清]郝懿行撰、沈海波校点：《山海经笺疏》，上海古籍出版社，2019 年，第 54 页。

㉛闻一多：《闻一多全集》册十二，湖北人民出版社，1993 年，第 269 页

㉜胡适：《胡适全集》卷 13，安徽教育出版社，2003 年，第 191 页。

㉝李景煜：《云南省志》，云南人民出版社，2002 年，第 530 页。

㉞鹿忆鹿：《〈山海经笺疏〉引唐代类书考》，《东吴中文学报》2021 年第 41 期，第 94 页。

㉟[清]郝懿行撰、沈海波校点：《山海经笺疏》，上海古籍出版社，2019 年，第 173 页。

㊱[清]孙星衍、王石华、严可均等校：《北堂书钞》，中华再造善本古籍，卷一百零八。

㊲[清]孙星衍、王石华、严可均等校：《北堂书钞》，中华再造善本古籍，卷一百五十二。

㊳此图附在诸伟奇《刘文典张秋华伉俪捐赠文物追述》一文中，仅附图，未见释文。

（作者单位：贵州大学文学与传媒学院）

# 征稿启事

《常州文博论丛》是常州博物馆主办的连续性学术辑刊,本论丛立足常州,兼及周邻地域,是面向国内公开发行的文博类综合性学术刊物,主要征稿范围涵盖文物研究、博物馆学研究、考古学研究、文化遗产研究、历史学及地方史志研究、文化名人研究以及自然研究类论文等。本刊旨在加强业界同仁的交流与争鸣,促进常州文博事业的发展,提升常州文博的科研水平,推动文博行业的繁荣。为了保证刊物的高质量出版,现对论文来稿的要求、格式及规范等统一作如下要求:

一、须严格遵守学术规范,无剽窃、抄袭行为;切勿一稿多投,文责自负。

二、普通论文篇幅以 4000 至 6000 字左右为宜,考古报告、简报类一般不超过 10000 字。

三、来稿须提供文稿的电子文本(word 格式)。

四、论文依次由标题、作者、工作单位、摘要、关键词、正文、尾注或参考文献组成。务请在来稿正文前提供中文摘要(200 字左右)、关键词(3~5 个),摘要应能客观反映论文或报告的主要内容,文博类论文的注释和参考文献一律采用尾注,以序号①、②、③的形式标注;自然科学类论文可以在后文标示出参考文献。

论文注释详尽、准确。著作类包括作者、著作名称、页码、出版社、出版时间,译著可在作者前加国别。古文献类包括作者、文献名称、卷号、本纪或列传等名称、出版社或版本、出版或刊印时间、页码。期刊论文类包括作者、论文名称、期刊号、页码。文集或辑刊论文类包括作者、论文名称、编者、文集或辑刊名称、出版社、出版时间、页码。学位论文类包括作者、论文名、学校名、学位名、时间、页码。

例如,巩启明:《仰韶文化》,文物出版社,2002 年,第 1 至 8 页;司马迁:《史记》卷 11《孝景本纪》,中华书局,1959 年,第 439 至 450 页;宋向光:《博物馆定义与当代博物馆的发展》,《中国博物馆》2003 年第 10 期,第 1 至 6 页;毛昭晰:《关于良渚遗址的发现》,载浙江省文物考古研究所编,《浙江省文物考古研究所学刊》(第八辑),科学出版社,2006 年,第 9 至 13 页;郑奕:《博物馆教育活动研究》,复旦大学博士学位论文,2012 年,第 22 页。

自然博物类论文参考文献格式为:作者、出版时间、论文或著作名称、刊物名称或出版社名称、期卷号和页码。

例如, 汪筱林, 周忠和,2002。辽西早白垩世九佛堂组一翼手龙类化石及其地层意义。科学通报,20:1521-1527;张弥漫主编,2001。热河生物群。上海:上海科学技术出版社,1-150.

五、论文插图清晰,插图单独打包,与论文一并投递。图片须为 JPG 格式,扫描件 300 像素以上,照片500K 以上,图片命名清楚。

六、本论丛有权依据审稿专家意见对来稿提出修改建议,并会及时告知作者;在最后出版前有权对文字内容进行文辞语法上的适当删改,如不同意,请在来稿前告知。

七、来稿请注明作者信息,包括单位全称、地址、电话和邮编。

八、本刊不收版面费,并实行实付稿酬的用稿制度。

九、本论丛坚持以质论稿、择优录用的原则,并实行匿名审稿制,稿件一经采用,即通知作者本人,征稿截止日期为每年 8 月 30 日,如当年 9 月 30 日前未收到用稿通知,可另投他处。

十、未尽事宜,请咨询《常州文博论丛》编辑部。

地址:江苏省常州市龙城大道 1288 号常州博物馆《常州文博论丛》编辑部　　邮编:213022

电话:(0519)85165080—8020　　联系人:代培培　　投稿邮箱:wbeditor@czmuseum.com